新时代大学生创业教育的理论与实践研究

王慧颖　詹明　著

电子科技大学出版社
University of Electronic Science and Technology of China Press

图书在版编目（CIP）数据

新时代大学生创业教育的理论与实践研究 / 王慧颖,
詹明著. -- 成都 : 电子科技大学出版社, 2019.7
ISBN 978-7-5647-7369-4

Ⅰ. ①新… Ⅱ. ①王… ②詹… Ⅲ. ①大学生 – 创业
– 研究 Ⅳ. ①G647.38

中国版本图书馆CIP数据核字(2019)第185469号

新时代大学生创业教育的理论与实践研究

王慧颖　詹　明　著

策划编辑　　杜　倩　李述娜

责任编辑　　李述娜

出版发行　　电子科技大学出版社
　　　　　　成都市一环路东一段159号电子信息产业大厦九楼　邮编　610051

主　　页　　www.uestcp.com.cn

服务电话　　028-83203399

邮购电话　　028-83201495

印　　刷　　定州启航印刷有限公司

成品尺寸　　170mm×240mm

印　　张　　14.75

字　　数　　300千字

版　　次　　2019年7月第一版

印　　次　　2019年7月第一次印刷

书　　号　　ISBN 978-7-5647-7369-4

定　　价　　58.00元

前　言

　　创业是经济活力之源，更是社会进步之翼。在科技创新驱动发展的国家战略背景下，在深化创新创业教育改革成为高等教育综合改革的重要抓手和有力推手的前提下，我国实行激励高校毕业生自主创业政策，还为高校毕业生创业建立专项基金。《国家中长期教育改革和发展规划纲要（2010—2020 年）》《教育部关于全面提高高等教育质量的若干意见》都强调了高校创业教育的重要意义，指出了创业教育的目标要求和发展方向。大学生是大众创业的生力军，高校应该承担起大学生创业教育的重任，深化高等教育改革，激发大学生的创造力，培育大学生群体的创业精神、创业意识，培养大学生投身创业实践所必备的创业技能，促进创业带动就业，这是高等教育和整个社会必须重视的工作。

　　本书在当代科技创新的时代背景中探讨当代大学生创业教育的理论与实践问题，以对"创业"这一概念的本质及特征探讨为起点，分析大学生创业教育的时代背景，归纳总结其他国家在创业教育方面的经验和教训，在统筹国内外经验与现实要求的基础上，提出了科技创新视域下大学生创业教育的新理念和新模式，辅以国内部分高校在创业教育实践方面的创新案例，为大学生创业教育的继续发展提供了有效经验，并指明方向。

　　综上，本书兼具理论探讨与实证分析，是对大学生创业教育发展具有颇多益处的研究，希望能为有志于社会主义建设的青年大学生提供创业帮助，并为创业教育发展贡献一二。

作者

2019 年 2 月

目 录

第一章 创业的内涵及本质概论

第一节 创业的实践性本质

"创业"是开展创业及创业教育研究的核心范畴，也是从哲学角度分析创业相关问题的逻辑起点。然而，究竟如何理解和界定"创业"，人们的看法至今仍不一致。从哲学角度来说，这既是必然的又是正常的，不同类型的创业所展示的是创业的某一侧面或某一层次，它们总是从特定的视角去观察创业，自然很难取得统一的认识。但是从哲学角度研究"创业"，这种认识上的不一致便成为首先要解决的问题，否则就不可能"多中见一"，在众说纷纭、歧见迭出的各种"创业"概念中科学地抽取"创业"的一般概念，以确立自己的逻辑起点；更不能从世界观的高度去审视复杂多变的创业现象，进而揭示机理的深层本质，洞见创业世界的奥秘，进行有效的创业教育实践。

一、"创业"是一个历史演变着的多义范畴

创业作为人类的一种自主活动，是随着社会进步和人的发展而变化的。反映到语言中，"创业"一词不仅有着广义和狭义之分，同时还经历了从古义到今义的演化。在古代，由于自然经济的分工和社会协作比较简单，创业一词有时甚至不用于经济活动而用于政治活动。诸葛亮在《前出师表》中写道"先帝创业未半，而中道崩殂"，指的是创帝王之业；这种观点后世也有沿用，比如我们可以说，毛泽东领导中国人民进行新民主主义革命，建立了中华人民共和国，是在创立无产阶级大业。

"创业"一词被人们主要作为甚至专门当作经济管理领域的概念来使用，是从近代开始的。在近代，随着资本主义商品生产的出现和发展，社会分工日趋细密，

人类在经济领域的活动越来越被重视；特别是现代，企业与企业、地区与地区、国家与国家之间的竞争主要不取决于资源、人力的多寡，而取决于科技、经济发展水平的高低。在人们的认识领域中，"创业"一词的外延和内涵逐渐发生了历史性转变，演化为我们今天看到的多种创业概念。

"创业"一词由"创"和"业"组成。所谓"创"就是创造，即创建、创立、创新之意，《辞海》的解释是"创立基业"。《孟子·梁惠王》有："君子创业垂直，可继也。"这里所谓的"创业"是广义上的创业，是指"事业的基础、根基"。既可以是古代的"帝王之业""霸王之业"，也可以是百姓家业、家产和个人事业。关于"业"字，其含义也有很多。《现代汉语词典》对"业"有如下解释：学业；业务、工作；专业、就业、转业、事业；财产、家业、企业等，可见"业"的内涵极为丰富。同样，"创业"的内涵也极其丰富，有性质、类别、范围和过程、阶段等方面的区别与差异。

在现代社会中，"创业"被普遍用于描述开创某种事业的活动，与保持前人已有成就和业绩的"守业"是相对的。改革开放以来，创业就指一切个人或团队创立自己的产业的活动，如开店、办厂、创办公司、投资做生意等生产经营活动。在高等教育中表述的"创业"主要是指：以所学知识为基础，以技术、工艺、产品、服务的创新成果为支柱，以风险投资基金为依托，开创性地提供有广阔前景的新技术、新工艺、新产品、新服务，直至孵化出新的高新技术企业甚至新产业部门的一系列活动。

从"创业"这个概念在汉语使用中所表达的意思分析，创业一般强调三层含义：第一，强调创业开端的艰辛和困难；第二，突出创业过程的开拓和创新意义；第三，侧重于在前人的基础上有新的成就和贡献。而对"业"的范围没有什么限制，主要体现一个新的结果。因此，创业是一个过程，创业是一个主体通过主观努力而取得的新的结果。

理论研究对"创业"有很多表述，国内外具有代表性的主要有以下几种：

李志能等认为："创业是一个发现和捕捉机会并由此创造出新颖的产品或服务和实现其潜在价值的过程。"

刘常勇认为，创业是一种无中生有的历程，是创业者依据自己的想法及努力工作来开创一个新企业，包括新公司的创立、组织中新单位的成立，以及提供新产品或者新服务，以实现创业者的理想。

宋克勤认为，创业是创业者通过发现和识别商业机会，组织各种资源提供产品和服务，以创造价值的过程。创业包括创业者、商业机会和资源等要素。

雷家骕等认为，创业的目的就是为了实现商业利润。创业是"发现、创造和利用商业机会，组合生产要素，创立自己的事业，以获得商业成功的过程或活动"。

刘建钧认为，创业是"一种创建企业的过程，或者说是创建企业的活动"，创业需要一个创业的实体，这个实体通常就是企业。他强调了创新与创业的区别，指出创业活动必然涉及创新，但创新并不必然是创业活动。

罗天虎主编的《创业学教程》将创业定义为"社会上的个人或群体为了改变现状、造福后人，依靠自己的力量创造财富的艰苦奋斗过程"。创业就是一个创造和积累财富的过程，创业活动具有开拓性、自主性和功利性等基本特征。

由美国巴布森学院（Babson College）和英国伦敦商学院（London Business School）联合发起，加拿大、法国、德国、意大利、日本、丹麦、芬兰、以色列等十个国家的研究者应邀参加的"全球创业监测"项目，把创业定义为"依靠个人、团队或一个现有企业来建立一个新企业的过程，如自我创业、一个新业务组织的成立或一个现有企业的扩张"。此外，国外还有众多学者对创业一词进行了不同侧面的解读，详见表1-1。

表1-1　国外学者对创业的定义

学者	创业的定义	关键词
Hoselitz	创业是承受不确定性，协调生产性资源，引入创新和提供资本的活动	不确定性、生产性资源、创新
Cole	创业是发起和创建以盈利为目的的企业活动	发起、创建、盈利、企业活动
Casson	创业是对稀缺资源的协调整合	稀缺资源、协调整合
Knight	创业是承受不确定性和风险而获取利润	不确定性、风险、利润
Howard H.Stevenson	创业是一个人追踪和捕获机会的过程，这一过程与其当时控制的资源无关。后又进一步指出，创业就是察觉机会、追逐机会的意愿及获得成功的信心和可能性	察觉机会、追逐机会、意愿、信心、可能性
Jeffry A. Timmons	创业是一种思考、推理和行为方式，这种行为方式是机会驱动、注重方法和与领导能力的平衡。创业导致价值的产生、增加、实现和更新，不只是为所有者，也为所有的参与者和利益相关者	机会驱动、价值的产生、增加、实现和更新

学者	创业的定义	关键词
J. A. Sehumpeter	创业就是在市场及行业内进行"创造性毁灭"，同时创造新产品或新的商业模式	创造性毁灭、创造新产品
Robert C. Ronstad	创业是一个创造增长财富的动态过程	创造增长财富、动态过程
P.Drucker	创业不仅是创组织或开展新业务，更是一个创新的过程。在这个过程中，新产品和新服务的机会被确认、被创造，最后被开发出来产生新的财富	创新的过程、机会确认、价值创造
Shane & Venkataraman	创业是创造新事物，包括新产品或服务、新市场、新生产过程或原材料，组织现有技术的新方法。强调机会的识别和利用	创造新事物、机会的识别和利用
Gartner	创业的内涵主要表现在创业者的个人特性和他的创业行为结果两个方面	创业者的个人特性、创业行为结果
Vesper	创业就是商业进入，不管该方式是通过创建新企业还是收购，也不管该行为是独立的还是发生在现有企业内部	商业进入
London Business School	创业定义为依靠个人、团队或一个企业，来建立一个新企业的过程，如自我创业、一个新的业务组织或一个现有企业的扩张	建立一个新企业、过程
Harvard Business School	创业是在不拘泥于当前资源条件的限制下对机会的追寻，将不同的资源组合以便利用和开发机会并创造价值的过程	开发机会、创造机制、过程
Babson College	创业是一种思考、推理和行动的方法，它强调机会，并要求创业者有完整缜密的实施方法和讲求高度平衡技巧的领导艺术	机会、注重方法、领导艺术

这些定义都描述了创业的一个或几个侧面，如强调了识别机会的能力，正确预测下一个不完全市场和不均衡现象在何处发生的套利行为与能力。西方有影响和有代表性的创业定义主要立足于四个方面，即创业家个性与心理特质、识别机会的能力、获取机会、创建新组织与开展新业务，其中的两个方面涉及创业机会。

创业是人类基本的生存方式，是一切财富的源泉，是促进国家昌盛、社会繁荣、人民富有的必然手段。人类的历史就是创业的历史，社会文明与物质文明无不是创业者劳动和智慧的结晶。

从范围上讲，创业有广义、狭义之分。广义上的创业，泛指人类一切带有开拓意义的社会变革活动。因此，从广义上说，一切有益于国家、社会、人民利益的活动，都可以称之为创业。广义创业涉及的领域非常广阔，无论政治、经济、军事、文化艺术事业，只要人们从事的是前无古人的事业，都可称之为创业。前文提到的刘备创帝业和毛泽东领导中国革命胜利，热心公益事业的人建立公益性组织、扶贫组织和志愿者组织，创立扶贫公益事业，都可属于广义的创业。而从狭义上讲，创业就是社会上的个人或群体自己开展的以创造财富为目标的社会活动，开创属于自己的经济组织，获得经济上的收益。这种活动对于整个人类来讲，也许是有许多前人的经验的，但对创业者本身来说，则是从未经历过的、从头开始的事业。在当今改革开放的背景下，一系列白手起家开拓出新局面的企业领导者所做的工作都是狭义上的创业活动。根据上述分析，我们可以给创业下一个明确的定义：创业是指社会上的个人或群体、为了改变现状、造福后人，依靠自己的力量创造财富或开拓新局面的艰苦奋斗过程。

二、创业是人类一种特殊的实践活动

与当下社会对创业认识上存在的巨大分歧不同，从哲学角度对创业所做的定义比较统一，都认为创业是人类社会特有的某种"活动"。至于究竟是什么性质的活动，创业这类活动同人类其他活动有何区别及联系，人们的看法又不一致。大概可以归纳为如下三类：一是将创业看成一种可观察、可量化的组织商业活动，认为创业就是组织调配资源、指挥控制作业人员的感性活动。这种观点将决策等思维活动排除在创业活动之外，认为创业虽离不开决策、政策、计划等思维形式，但它们本身不属于创业。二是认为创业既包括创业的感性活动，又包括指导创业实践的理性思维活动，主张创业是一种"社会活动"。三是认为创业是一种特殊的社会实践，而且是社会实践的一种基本形式。

对于创业的这三种看法，第一种显然是片面的，因为创业既不是无思想的纯感性活动，也不是无行动的纯理性活动，而应当是感性和理性、行为和思想的统一。任何一个完整的创业过程，都必须经历由预测、决策、计划到组织、指挥、调控这样两个大的阶段，缺一便不能完成创业。

既然第一种看法有其明显的片面性，是否意味着第二种观点可以成立？的确，第二种观点很全面，认为创业既包括创业者的一系列主观认识活动，又包括组织、指挥、调控创业活动对象的现实活动或实践活动。不过这种观点却回避了一个重要的内容，即创业这种"社会活动"中的两类活动究竟有无主从之分？或者说，究竟是创业的实践活动决定创业的理性活动，还是相反？因此，第二种观点虽全面但缺乏深刻性，没有明确揭示创业的本质。而回避创业本质的"全面"只能是肤浅的"全面"，它无助于人们从哲学高度去认识创业。

笔者赞同第三种看法，认为创业在本质上是一种特殊的社会实践活动。至于为什么要把创业的本质归结为一种特殊的社会实践，可从以下四个方面加以阐述。

第一，创业是人类的一种目的性活动，它不同于动物的本能活动和人类的无意识活动。众所周知，动物也在活动，但动物的活动主要是由遗传获得的本能活动，缺乏明确自觉的意识为指导。某些高等哺乳动物虽开始具有人类意识的萌芽，其行为也有某种高于其他动物的目的指向性，但这终究是一种本能行为，它始终无法意识到其行为的意义。人类既有同动物相似相通的本能活动，又有与之完全不同的目的性活动。人作为一个有生命的自然存在物，先天具有求生存、求安全的生物本能，这类活动是由先天遗传获得的无意识行为。而人之为人，人高出于一切动物的地方在于人还有另一类活动，即由各类意识支配着的目的性活动。创业便是其中之一。在人类早期的创业活动中，就包含创业者明确的目的性和计划性。随着创业活动的发展，创业的目的越来越复杂、计划越来越周密，以致发展到今天，创业决策和计划已成为创业过程中一项重要工作，成为创业活动成败的关键环节。可见，创业活动是人类的一种目的性活动，目的性是它的第一重本质属性。

第二，创业是一种自觉的自组织活动，它按照自觉的目的和复杂的方式将参与创业者高度组织起来。根据系统论的观点，任何系统都是自组织。系统各要素之所以能按照一定的结构方式组成有序的系统组织，都有它内在的组合机制。从简单的原子到复杂的生命，各类自然物无不自成系统，也无不具有自身特有的组织功能和组织机制，否则自然界便将处在永无秩序的混沌离散状态。人类社会作为由众多的人和不同的物组成的最复杂的特殊物质体系，同样是一个自组织体系；不过，它同自然物质系统存在着明显的区别。自然系统是由物理的、化学的、生物的各种组织机制来发挥其组织功能的，其组织过程是一个自然过程。人类社会领域中很多经济和社会活动都不可能自然地组织起来，而必须借助于自身特有的组织机制，这其中重要的形式之一就是创业。马克思主义哲学认为，从猿到人经历了十分漫长的历史进程，劳动最终将人从动物中提升出来。而严格意义上的劳动不是原始个体分散的觅食活动，而是将个体有序组织起来的社会组织活动。可见，创业活动不仅以其明确自觉的目的性与动物的本能活动区别开来，还以其自觉的组织性与自然系统自发的组织性区别开来。

第三，创业是人类实现目的的对象化活动，是主观见之于客观的实践活动。

人类有目的的活动可以划分为两类：一类是客观见之于主观的认识活动，另一类是主观见之于客观的实践活动。前者即主体对客体的反映，其进程由外到内、由客观到主观，目的在于认识客观世界；后者即主体对客体的能动改造，其进程刚好相反，表现为从内到外、由我及物，目的在于将主体自身的需要、意志、追求加以实现。显然，人类这两类活动都有明确的目的计划，但二者的目的指向却刚好相反。黑格尔将后一类活动看成绝对理念的对象化（或物化、或异化、或外化）过程，马克思则将其看成人类实现自由自觉本质的实践活动。毫无疑问，创业作为有明确目的指向的人类自组织活动，离不开诸如预测、目标、决策、计划等思维形式，而且在整个创业过程中，无论是组织（企业和社会组织）的创建，还是组织在具体活动中的控制、协调、激励、引导诸环节，也无不渗透着创业者的意向、偏好和创业组织成员的情绪、追求。

第四，创业是一种特殊的实践活动。在通常意义上，实践被定义为人类改造客观世界的现实活动，其基本特征是"改造"或"对象化"，即按人的目的需要去变革、改变已有的对象和秩序，创建能满足人的需要的新对象和新秩序。创业则有所不同，它是一种特殊的实践活动，与通常所说的实践活动存在着两点区别：其一，两类实践的对象性客体不同。一般实践是以外部客观世界为其作用对象，实践者直接面对的是自然和社会环境；创业作为计划、组织、控制各类实践活动的特殊实践，创业者直接面对的不仅是外部自然界和创业组织以外的社会环境，而且包括参与各类实践活动的人和组织，是以各类实践活动为其作用对象。其二，两类实践的主体不同。一般实践的主体是指直接参与改造自然和变革社会的多数人，包括从事生产实践的工人、农民、工程技术人员，从事科学实践的科研人员和从事各类具体社会实践的人（如普通士兵、警察、政府各级各类事务人员等），以及直接配合这些实践活动的辅助人员（如物资储运人员、信息传输人员、资金保管人员等等）。而创业实践的主体则指规划指导各类实践活动和组织指挥各类实践主体的少数人，即创业者。当然，这两类不同实践主体的划分只具有相对的意义，因为在现实生活中有的人兼有双重身份，但是二者之间的区别又是明显的，在任何时候和任何地方，创业实践的主体总是指直接从事各类创业活动的少数人而不是直接参与其他实践的多数人。如果看不到二者的这种区别，就抹杀了社会分工，无法理解创业何以是一种特殊的实践活动。

综上所述，我们不难看出，创业不是人类无目的的本能活动，而是有目的、有计划的自觉活动；本质上不是有目的的人类认识活动，而是根据已有认识实现目的的实践活动；不是直接改造客观世界的一般实践活动，而是计划、组织、指导、控制一般实践活动去实现创业目标的特殊实践活动；不是局限于一时一地的实践活动，而是人类社会无时不有、无处不在的基本实践活动。因此，如果用以上内容来概括创业，可以说创业就是创业者为达到一定目标而对某类实践活动进行的组织行为过程或特殊实践活动。

三、创业的基本特征

创业既然在本质上不能归结为某种思想而只能归结为实践，说明它具有实践的一般特征，即它是一种以其他各类实践为对象的特殊实践，又蕴含着一系列区别于其他实践的具体特性。

首先，创业作为一种实践，无疑具有各类实践共有的客观性。这是因为：第一，无论何种创业，都是由创业主体有目的地作用于创业客体的活动。无论是创业主体——人，或是创业客体——人、财、物、时间、空间、信息，都是不以个人意志为转移的客观存在。这说明创业的两大基本要素是客观的。第二，创业活动虽然是人们有目的的、受创业者思想控制的活动，但本质上不能归结为思维活动，而应归结为实践活动。创业过程主要不是从客观到主观的内化认识过程，而主要是从主观到客观的物化实践过程。任何创业及其环节虽然体现了创业者的目的、意志、思想、情感，但科学有效的创业结果总是受客观规律的制约和创业实践的决定。因此，创业过程从根本上看不是创业者主观随意的纯思维过程，而是创业者通过种种创业中介实现主观的行为发生过程。第三，任何创业活动最终都会形成某种结果，产生一定的创业效应。这种创业效应可能与人们期望、预料的相符或不符，不同的人对此必将做出不尽相同或者完全相反的评价。这说明创业效果具有主观差异性。但是，人们对效果的评价是一回事，效果的实际存在状态是另一回事，它不会以人们的好恶为转移，这说明创业活动的结果也是一种客观存在。由此可见，无论是创业的基本要素还是它的现实过程，是创业的效果还是人们运用创业的艺术，都体现了创业的客观性。

其次，创业作为人类一种自觉的社会实践，还具有明确的目的性和周密的计划性。这里所谓的目的，是指创业活动所要达到的目标；所谓计划，是根据预定目标的要求和实际提供的多种可能进行决策和制定计划。如前所述，创业活动区别于生物本能活动和人类下意识活动的地方，首先在于创业活动在进行之前一般都预先设定了目标和计划，这说明创业活动具有目的性和计划性。但是，一般社会实践活动也有目的和计划，这就必须对二者的目的计划进行比较。按照人们通常的理解，一般的实践在于改造客观世界或探索客观规律。而创业者对创业目的则看法不一，有所谓盈利说（认为创业目的在于赚钱盈利）、效率说（通过创业提高生产效率或工作效率）、功能放大说（通过创业谋求组织系统的最大功能或最佳效益）和社会效益或社会责任说。一般实践的目的在于改造客观世界固然不错，但却过于笼统，因为实践是具体的、多样的，不同的实践各有其特殊的目的内容。而认为创业的目的在于盈利或在于提高组织工作效率等，既不完全符合创业的真正目的，也割断了创业目的同实践目的的统一关系。其实，创业的目的同实践活动的目的是一致的，这种一致性从两个方面表现出来：一方面，实践的需要产生了相应的创业项目，实践的目的从根本上决定和制约着创业的目的，没有离开一定实践目的的创业目的。脱离实践的目的而另设创业的目的，这种目的要么是不真实的，要么必然因背离它的对象的目的注定不能实现。另一方面，创业作为经济和社会领域的特殊实践，首要的任务就是给实践定方向，赋予实践活动明确的目的性；其次是通过各种手段，统一创业组织成员的行为目的和控制整个实践过程沿着既定的目的运行，创业的目的又集中表现了实践的目的。脱离了创业的目的，参与实践活动的各个人的目的就不可能统一起来，整个实践活动就会因此而丧失自己的目的。可见，一般社会实践同创业这一特殊实践都有目的，都具有目的性，二者的目的是一致的。

最后，创业作为人类社会的特有形式，具有诸如内聚性、协调性和有序性等特征。这里所说的内聚性包括两层含义：其一，创业是具体的，具体的创业有它特殊的实践对象和作用范围。如果创业的对象错位或创业范围无限扩大，势必造成创业活动的混乱和创业失控。这就意味着，创业是针对一定对象和在一定范围内的活动，创业的内聚性，首先是指创业给它作用的实践活动确定对象和划定范围，以使实践系统同环境的内外界限一目了然。其二，创业的内聚性还指创业对实践系统内组织成员的凝聚功能。各类实践活动是由一个个实践者共同参与的群体活动，如果没有创业通过各种方式将他们联系、凝聚在一起，就不可能有社会的"合力"，自然也谈不上实践。所谓协调性，是指要实现创业目标，就要对实践活动进行协调，这既包括组织成员行为的协同一致，也包括对组织系统各成员之间关系的调整处理；既包括对实践过程中人和物、物和物多种因素的合理配置与适当调整，也包括正确处理组织与环境的复杂关系、维护二者的动态平衡。这就是说，协调是各类创业活动实现自身预期目的的手段，以保证它所创业的实践沿着既定的方向正常进行。所谓有序性，是相对于无序、混沌、离散而言，它是对事物一种存在状态的描述。在社会生活中，经济繁荣、政治稳定、思想统一、秩序井然表现了社会系统的有序性。而经济失调、政局动荡、思想混乱和旧的秩序被破坏，则意味着社会的无序。各类社会实践的作用在于破坏已过时的有序状态而追求更新的有序状态，因而它必然伴随着对旧秩序的种种破坏，引起各种各样的失衡、震荡、分化、混乱等无序现象。而要克服这种无序达到新的有序，创业者应当尽量减少实践过程的盲动性和混乱性，以使各类改造客观世界的活动有序地进行并最后建立起新的秩序。

四、创业的二重性

通过研究经济领域的活动不难发现，一切经济创业也有二重性；不仅以建立企业为目的的创业有二重性，社会创业也有二重性。包括生产企业创业在内的所有企业创业的二重性，是指创业既同生产力又同生产关系相联系，既反映生产力的需要又受生产关系的制约，既包含如何合理有效地组织生产、进行分配和交换的技术性，又包含实现创业者的生产目的，维护某种生产关系的社会性。以实现公益目的而开展的社会创业的二重性，是指社会创业的手段性和目的性。前者包括如何设置最佳的组织模型，有效地控制社会创业活动组织和人员的行为方式，提高工作效率；后身体现为社会组织的价值取向。

可见，任何创业都有二重性，即创业的自然性（技术性）和创业的社会性。自然性（技术性）包括创业的科学决策程序、计划的制定方法、合理的组织原则、有效的指挥艺术和严密的调控机制等；社会性指创业的各类社会属性，包括创业者的社会地位或所属阶级的阶级性、创业者的价值观念和价值取向、创业关系的社会性质以及创业所产生的社会意义。这就意味着，创业作为一种特殊的社会实践活动，尽管它具备前文提到的多种属性，但归根到底可归结为这两类基本属性。其中，创业的技术性遵循效率原则，反映了创业活动的客观规律，表现了创业的科学性和通用性，属于创业的自然本质；创业的社会性则不同，它所遵循的是价值原则，反映了创业者的主观意图和价值取向，代表着某种特殊的社会关系，属于创业的社会本质。

创业二重性理论的提出，对于我们深入理解创业和正确对待创业具有重要的意义。

首先，创业二重性表明，创业既不是无目的、无计划的纯感性活动，又不是纯理性的认识活动和思维活动，而是目的观念的对象化活动，是主观和客观、目的和手段、观念和技术相统一的特殊实践活动。这就告诉人们，任何创业都是由两重基本属性共同规定的，缺一便不称其为创业。如果只看到创业某一方面的属性，就会对创业的本质做出错误的判断。

其次，创业的自然性表明，创业虽是人类一种有目的、有计划地组织、调控某类实践活动的能动活动，但人们的目的计划必须合乎创业的实际，不得违背创业活动的运行规律。任何一项有效的创业活动，都是创业者正确认识创业实际和遵循创业规律办事的结果。如果以为创业既然是创业者的活动，创业者可以随心所欲、任意妄行，就抹杀了创业的客观自然性，其结果是无法进行科学有效的创业活动。

最后，创业的社会性表明，创业作为由其他实践所决定并反映一定社会关系的特殊实践，还具有时代性、民族性、阶级性、社团性等特殊性，不同的创业之间存在着严格的界限，不容混淆和机械照搬。

第二节　创业的基本类型与社会方位

一、创业的基本类型

现代社会是一个分工精细又高度协作的有机系统。历史发展到今天，因社会分工日趋细密和各分工系统之间相互协调的要求日益迫切，使创业活动呈现出空前的繁复性和多样性，也使创业活动的系统性和综合性问题更加突出。因此，要深刻认识创业的本质和规律，就必须对现代创业的基本类型及其相互关系有所了解。为此，本章将现代创业划分为经济创业和社会创业两大系统，并简要说明两者之间的关系。

（一）现代创业类型的多维划分标准

现代社会既然是一个复杂的有机系统，其创业也就具有多种多样的形式。而当人们从不同视角区分创业时，很自然地便产生了纷然杂陈的各种创业类型。

现代社会是一个结构复杂的开放社会。在这个社会中，如果按创业范围的广狭作社会学划分，可以将创业区分为家庭创业、企业创业。现代社会是科技进步生产力向纵深发展的社会。在这个社会中，除传统的创业领域——农业领域之外，还有其他众多的领域，诸如工业领域创业、商业领域创业等。

上述多种创业分类，从不同侧面或不同层次向人们描绘了创业在现代社会的复杂性和多样性，自有其分类的根据和特定的意义。但是必须指出，这些分类，其着眼点或是管理学的或是经济学的，而且相互交叉重叠，缺乏必要的哲学概括和系统分析，不利于我们从整体上把握现代创业的复杂结构。从哲学观点来看，创业是创业主体——社会的人和创业客体——人和物的互动过程。因此，要对现代创业进行更高层次的分类，首先应以创业主体的性质为依据，这是主位划分法；其次应以创业客体的性质为依据，这是客位划分法。主位划分法是分析创业主体的创业意识和创业方式，侧重回答"谁来创业"和"按什么思维方式去创业"；客位划分法是分析创业客体的性质、结构和状态，侧重回答"干什么"。

在现代，要区别复杂的创业类型，客位划分法显得更为重要。根据创业客体对象的不同性质，我们可以将现代社会创业区分为商业创业和社会创业两类基本形式。

（二）商业创业

所谓商业创业，是以社会经济活动为对象的创业形式。它既包括对物质生产经营活动中人力人才、物质资金、能源信息、交通运输的创业，也包括对生产、分配、交换、消费活动的控制；既包括协调人类生产、生活同生态环境的动态平衡，还包括对人类自身生产的合理控制以及对人才的正确使用。在古代自然经济条件下，家庭是社会物质生产和人口生产的基本单位，因而经济活动主要是在家庭内部以极其简单的形式进行的，创业空间较小。到商品经济高度发展的现代，家庭作为人口生产的基本单位仍被保留下来，而作为物质生产的基本单位则被破坏，日益被企业所代替。自近代企业产生以后，经济发展主要包括三个层次：一是企业，二是部门经济，三是国民经济。此外，同社会物质生产关系密切、直接影响社会经济活动的环境、人口、人才也应列入影响经济发展因素的范畴。

商业创业的主要载体——企业是专门从事商品生产、商品交换或提供服务并进行自主经营、独立核算的经济单位，它产生于手工工场时期，而在现代成为普遍的经济形式。企业按其所从事的生产经营活动，可分为工业企业、农业企业、商业企业、交通运输企业、金融企业、建筑企业、旅游和服务性企业等。

企业作为现代社会的经济支柱，具有商品性、营利性、经营独立性等特征。所谓商品性，是指企业所从事的是以交换劳动产品（或服务）为目的的经济活动，这与自给自足的自然经济大不相同。所谓营利性，是指企业必须盈利，进行以盈利为目的的商业性活动，以实现自我扩张、自我发展。如果不盈利或不打算盈利，不能称其为企业。企业必须具有独立的或相对独立的自主经营、独立核算的权力，否则便不可能保证达到自己的目的，而变为非企业的其他组织。

商业创业作为人类的社会行为，有以下几个基本特征。

第一，社会性。创业是人类最基本的生存方式，是一切财富的源泉。由于人类的持续创业活动，才有社会的繁荣、国家的昌盛以及现实生活中享受到的物质文明和精神文明。创业活动源于社会需求，也适应于社会需求，因此一切创业活动必须按社会的准则与规律行事。

第二，开拓性。从历史与社会角度来看，创业活动是持续的，永恒的；而对于创业者来说，所创之业则是从未经历过的、从头开始的事业。就目前而言，一种创业是人类空前未知的事业，在事业自身发展过程中，必须通过创业活动来取得成果，而其他运营的过程还是有其他行业可以借鉴。另一类事业于人类已经有过尝试和体验，甚至有比较普遍的尝试，但对创业者来说仍是一件未知的事业，虽然可以借鉴、模仿、学习前人（乃至国外）的经验和方法，但是必须从头做起。只有创造与创新，才有突破与成功，才能开拓新的事业。

第三，自主性。创业从来就是一种独立自主的行为。创业者一般有身处逆境者、不满足现状者、锐意进取者和有志向、有成功欲望者。未来的事业是自己选定的意愿，从创业伊始到整个创业过程，都需要独立自主、自力更生，靠自己的能力去完成创业目标，实现当家作主的理想。

第四，功利性。创业是一项充满功利性的事业，是创造财富、积累财富的过程。创业的过程是一个艰苦奋斗、耗费心血和体力，并承担风险的过程。无论创业者采取什么手段和方式创业，积累财富是创业的目标。财富的多少也是衡量创业业绩的重要标志。即使要完成其他的公益事业，在市场经济条件下也必须通过财富来达到目的。

商业创业是带有普遍意义的人类行为，尤其是在经济领域，不同的时代、不同的领域、不同的个人和团体都存在着创业活动，这就使创业活动表现为多种多样的类型。商业创业的基本类型主要有以下几种。

从创业的时代背景看，创业可分为传统创业、现代创业两种类型。这两种类型的创业活动由于社会条件不同，在创业的水平、特点、手段上表现出极大的差异。

从创业的宏观环境看，创业有国内创业和海外创业两种类型。这两种创业类型反映了创业活动的广度。由于创业空间的反差，也就决定了它们在创业形式、内容及风格上的不同。

从创业的微观环境看，创业又有内部创业和外部创业两种类型。这两种创业类型反映了创业活动的深度。内部创业特指一个组织内部的一些集体的创业活动，外部创业特指一个独立的社会组织的创业活动。

从创业的模式看，创业则表现为独自创业、合伙创业、家族创业、集团创业等四种类型。这些类型反映了创业活动的本质、规模和利益关系。

从创业的发展阶段划分，创业又有初次创业、再创业、持续创业三种类型。初次创业是指事业的草创时期的活动；再创业是在初次创业结束后，为达到原定目标而继续的创业活动；持续创业是在创业成功后，为巩固和扩大创业成果而不间断地进行的创业活动。

从创业的动机看，创业有自发创业、自主创业、自觉创业三种类型。自发创业通常是为环境所迫、争取生存的创业活动，具有很强的被动性；自主创业是为适应环境需要、争取发展的创业活动，具有更多的主动性；自觉创业往往是为改造环境、造福社会的创业活动，是人对客观世界能动性的反映。

（三）社会创业

既然可以有以营利为目的的商业创业，那么是否有不以营利为目的的非营利性创业呢？随着时代的进步，社会创业、公益创业的概念越来越被国人所熟知。

社会创业（Social Entrepren urship），有时也被称为公益创业，是近年来在全球范围内逐步被认可的一种全新创业理念，它是一种旨在实施追求社会价值和商业价值并重的创业活动。社会创业在涵盖非营利性机构的创业活动和营利性机构践行社会责任活动的同时，还强调个人和组织必须运用商业知识来为社会创造更多的价值。

J.格利高里·迪斯（J.Gregory Dees）从四个方面来界定社会创业，分别是：选定一项使命来创造和体现社会价值（而不仅仅是私有价值）；发现和不断寻找新的机会来实现这项使命；不断创新，调整学习过程；不受当前资源稀缺限制的大胆行动。

浙江大学陈劲、王皓白对社会创业者定义如下：社会创业者是那些具有正确价值观，能够将伟大而具有前瞻性的愿景与现实问题相结合的创业者。他们对目标群体负有高度的责任感，并在社会、经济和政治等环境下持续通过社会创业来创造社会价值。他们在物质资源和制度资源稀缺的情况下，为了实现自己的社会目标，不断发掘新机会，不断进行适应、学习和创新。

从创业的角度看，社会创业者和企业创业者有很多相似点，但也有很多差异和不同。南开大学国际商学院王仕鑫、廖云贵就对社会创业者与企业创业者之间的差异进行了分析，指出社会创业者与企业创业者具有许多共同特质。但社会创业者的活动及社会价值创造过程都和社会使命密切相关，因此具有区别于企业创业者的特征。主要表现为以下几个方面。

1. 社会价值驱动

社会创业者肩负社会责任，以创造社会价值为使命。在从事社会活动的过程中，社会创业者不存在任何个人财富动机，具有高尚的道德情操和自我约束能力。他们自我实现的途径不是创造个人价值而是创造社会价值。社会创业者希望通过长期努力最终解决社会问题并创造社会福利，他们在实现愿景过程中能够获得极大的成就感和满足感。在不存在任何利益驱动的情况下，高效创造社会价值是社会创业者自我驱动的重要原动力。

2. 建立愿景能力

愿景是社会创业者自我激励的重要来源，建立适当的愿景是社会创业者实现自身使命的重要条件。由于社会问题具有长期性和复杂性，社会创业者在寻求解决社会问题的途径过程中需要不断尝试，甚至不断经历失败。在此过程中，社会创业者只有建立适当愿景并围绕愿景不懈努力，才能克服来自社会和个人的种种诱惑，实现自我激励。愿景也是社会型组织吸引大量志愿者的重要保障，由于社会型组织不存在利润驱动因素，同时社会价值具有难以识别和归因的特性，因此明晰的愿景可以使志愿者通过社会创业清晰地认识到自身活动可能创造的社会价值以及最终解决社会问题的可能性，从而使志愿者和社会创业者为实现共同目标而不断努力。

3. 具有良好的信用网络

社会创业者在吸引和激励他人实现共同愿景的过程中，必须具备良好的个人信用和组织网络，以获取所需的各种资源。首先，社会创业者在其服务领域应具有良好的道德情操、地位和声誉。这有助于组织愿景被他人认同和接受，同时有利于产生扩散效应，使行之有效的解决方式为其他人所模仿，从而有利于社会问题的最终解决。其次，社会创业者应与政府、商界组织以及个体建立广泛联系，这对于社会型组织以低成本从网络中获取各种资源十分重要。

4. 联盟合作能力

由于社会问题的产生和解决涉及诸多领域并耗费资源，因此社会创业者单凭个体和组织的自身资源很难实现愿景，而建立联盟是解决问题的一种重要途径。社会创业者需要同政府机构建立合作关系以获取政府津贴和宣传支持，需要同企业建立联盟以获取财务方面的支持，需要同与自身愿景相关性强的社会型组织建立联盟以集中力量共同解决复杂问题，同时需要与媒体建立合作关系以提高公众对于社会问题的关注度并获得广泛支持。

虽然社会创业还没有一个学术界认可的统一的定义，但是，从社会创业的产生动因、内涵与特征、类别、影响因素、作用形式与机理等角度入手开展的社会创业研究却已经有许多成果。

约翰逊认为社会创业是一种混合模式，从社会创业承担组织的性质来说，这种模式既包括营利组织的活动，也包括非营利组织的活动，以及与政府跨部门的合作。上述描述表明，社会创业有着多种承担主体和多种形式，既包括非营利企业实现可持续发展、完成社会使命、进行商业运作等活动，也包括营利企业和非营利性组织开展社会福利性质的商务活动，还可以包括营利企业基于提高企业形象、承担社会责任而开展的社会活动。格利高里·迪斯提出，将社会创业和投资的经济回报分开来研究。他认为社会创业包含两个概念，一是利用变革的新方法解决社会问题并且为全社会创造效益，二是引用商业经营模式产生经济效益。斯坦福大学商学院创业研究中心认为，社会创业主要是采用创新方法解决社会焦点问题，采用传统的商业手段来创造社会价值（而不是个人价值），它既包括营利组织为充分利用资源解决社会问题而开展的创业活动，也包括非营利组织支持个体创立自己的小企业。加拿大社会创业研究中心提出，社会创业主要体现在两个方面：首先，其盈利部门的活动强调社会参与的重要性，并且奖励表现良好的成员；其次，社会创业家还鼓励企业参与非营利性的活动，以便提高组织效率，并且树立长期的可持续发展战略。中国公益创业研究中心提出，社会创业指个人、社会组织或者网络等在社会使命的激发下，追求创新、效率和社会效果，是面向社会需要、建立新的组织、向公众提供产品或服务的社会活动。

虽然社会创业概念还没有统一，但是社会创业的活动已经在国内外蓬勃开展。与此同时，与社会创业概念相关、工作内容相近的公益创业也成为人们关注的话题。公益创业指个人或者社会组织在社会使命的激发下，追求创新、效率和社会效果，是一种面向社会需要、建立新的组织并向公众提供产品或服务的社会活动，是一项新兴的事业。它主要强调创建非营利性组织、兼顾社会效益的企业和志愿公益活动三个方面的内容。

社会创业的兴起与发展主要有以下三方面的原因。

第一，20世纪80年代起，以发达国家为代表的国家采取新自由主义经济政策，导致政府对非营利组织的直接资助经费不断减少，政府对福利事业的资助大幅削减，"市场失灵"导致人们对非营利组织提供的社会服务的需求有增无减，引发非营利性组织迅速发展。非营利组织可以提供的满足社会需求的资源十分有限，要提高运作效率和实现可持续发展，实现更好地提供公益服务的目标，就必须引入商业化操作和市场化运作手段提高自身效率。因此，"企业家"和"创业"概念开始被引入公益领域，社会创业理论和实践正是在这种背景下应运而生的。

第二，经济的市场化和全球化导致社会财富不断向私营组织集中，社会问题进一步加剧，社会迫切需要企业承担更多的社会责任和更主动地解决复杂的社会问题。在发展中国家，政府等公共机构所能提供的公共资源难以充分满足社会需求，促使更多的私营企业与非营利组织结成联盟，进行社会创业活动，以实现投资的商业价值与社会价值的双重回报。

第三，商业和公益事业之间的界限正在消失。公益事业部门和商业部门结盟合作以实现整个社会的创新和福利增长正成为一种解决问题的模式。不同类型的部门具有各自的资源和优势，合作可以整合利用各自的资源和优势，增强为社会服务和创造社会价值的能力。

社会创业主要包含两方面的含义：一方面，企业组织需要强化社会责任，即社会创业的社会维度；另一方面，非政府组织、公共服务部门和第三部门等非商业组织要采用商业运作的方式来实现社会目标，即社会创业的创业维度。社会性和创业性正是社会创业的关键特征所在。

社会创业的社会性特征体现在以下四个方面。

第一，目的和产出的社会性。社会创业的目的是为了解决社会问题，而不是营利。社会创业的目标是促进健康福利事业，提高人们的生活水平。第二，社会创业的核心资本应是社会资本。社会关系、网络、信任和合作这些社会资本能为创业带来实体资本和财务资本。第三，组织的社会性。社会创业组织是新型的公民社会组织，并不归股东所有，也不把追求利润作为主要目标。第四，社区性。社会创业往往具有一定的服务区域性，大多致力于改善作为社会创业基地的街区和社区的某项或某些事业。

社会创业的创业性特征主要体现在以下四个方面。

第一，机会识别能力。社会创业者善于发现人们没有得到满足的需求，并利用那些未被充分利用的资源满足这些需求。第二，紧迫感、决心、雄心和领导天赋。社会创业者的创业动力不是利润或股票价值，而是使命感。第三，创新精神。社会创业者一定要进行创新和变革，开发新的服务项目，组建新的组织，才能更大限度地满足社会需求。第四，有经营活动。社会创业不同于传统非营利组织的主要区别就在于资金来源，传统非营利组织主要依靠募捐维持，独立生存能力相对较弱，而社会创业能够自给自足，其经营收入是主要资金来源，但也不排除募捐。社会创业正日益超越民间非营利部门的范畴，大型私营企业也通过与非营利组织合作进入教育和社会保险等市场，成为一种将社会需求和个体需求有机结合起来的社会性企业。

二、创业的社会方位

创业是实现创业目标的特殊实践，因此，创业的存在必然有着它无可估量的多种社会价值。不过，要寻求它所存在的社会方位和认识其社会价值绝非易事，这需要将它置于社会系统的大背景之下，分别考察它与经济、政治和文化的复杂关系。

（一）创业和经营管理

在经济领域创业活动中，"经营"和"管理"是使用频率最高的两个词汇。但是对于"经营"和"管理"的关系人们很少注意，从而使我们在概念上发生某种程度的混乱。

之所以发生"经营"和"管理"混用的情况，首先同汉语的习惯有关。在古汉语中，"经"含有通盘谋划或从长计议之意；"营"含有营造和操办之意。"经""营"合用，是指通过深思熟虑去参与某项事业，其意与我们现在所说的"管理"大致相当。所以，在日常用语中，很难对经营和管理做出明确的界定，"经营""管理"常常连用或相互代用也就不足为奇了。

在西方学术界，"经营"和"管理"则是两个相关但含义不同的经济学范畴。法约尔认为，人们常常将经营和管理等同看待是很有害的，应当对二者进行区分。在《工业管理和一般管理》一书中他指出："所谓经营，就是努力确保六种固有职能的顺利运转，以便把事业拥有的资源变成最大的成果，从而导致事业实现它的目的。"他所说的管理，只是经营的六大职能（技术职能、商业职能、财务职能、安全职能、会计职能、管理职能）之一。很明显，法约尔所理解的"经营"，指的是企业（特别是大企业）的整个经济活动；而他所理解的"管理"，只是作为经营的一个环节或一个方面，其职能包括对经济的计划、组织、指挥、协调和控制。

不过西方还有另一类理解，其代表有霍金森和西蒙。霍金森在其《领导哲学》中认为管理就是政策的制定，它包括"哲学""计划""政治"三个环节；经营则是政策的实施，它包括对人员的组织动员，对问题和效果的检查。也就是说，管理同经营相比较，前者更为根本，因为只有按照某种哲学制定政策和编制某一经营计划的行为才称得上管理，而经营不过是执行既定政策计划的行为。西蒙同霍金森的观点大致相同，认为管理就是决策。按照他们的意见，管理同经营并非属种关系，经营不能包含管理，而是思想和行为、计划和执行的关系，二者很难划出一条截然分明的界线。

笔者认为，仅仅把管理理解为政策计划的制定等决策活动是极不全面的，因为管理绝不限于这类活动，还包括诸如组织、指挥、协调、控制等活动。同时，不应将经营和管理当作种属概念关系，不能笼统地说经营包含管理，而应将二者看成相互交叉的逻辑关系，具体分析它们之间的相互作用。首先应当明确规定，所谓经营，是专指现代企业的经济活动，而超出企业经济活动的范围，不得使用"经营"一词（如古代那样泛用）。在这种场合，即在企业经济活动的领域，企业管理便属于企业经营的一个环节，或者说经营包含管理。但是还必须看到，管理又不是企业所独有的，而是一种普遍的社会实践活动。因此，如果超出企业经济活动的范围，或者将企业置于社会大系统之中来观察，我们便会发现两类现象：其一，不是只有企业的经营活动需要管理即企业管理，企业之外的其他任何实践活动也需要管理，管理有其广泛的社会性；其二，企业的经营活动既需要企业内部的企业管理，还必须接受行业组织和国家的宏观管理。这两类现象说明，管理具有比经营更宽泛的适用范围，管理又包含经营。

管理和经营的上述复杂关系告诉人们，在创业活动中，既不可能没有经营，也不可能缺少管理。在企业内部，创业者的企业管理必须纳入其经营的轨道，为整个企业的经营活动服务。管理和经营的关系处理得当，企业和组织的创业活动便会正常进行，整个社会的综合实力也会同时增强。

（二）创业管理和生产力

生产力即人类征服自然、改造自然的能力，它是由劳动者、劳动对象和劳动资料三种基本要素按一定方式构成的动态物质系统。唯物史观认为，物质资料的生产是人类社会赖以存在和发展的基本实践，生产力则是推动社会历史进步的最根本的动力。在整个社会大系统当中，生产力居于决定一切的基础地位。判断一种事物是否具有合理性，归根到底是看它对生产力有无积极的推动作用。

那么，创业同生产力之间究竟是何关系？或者说，创业对生产力起着哪些作用？显然，回答这些问题既涉及如何全面理解生产力概念，也关系到对创业的社会价值的认识。

首先，应当肯定，经济领域创业作为以实现企业经济效益为目标的特殊实践，是社会生产力的一个内在要素，对生产力起着多种积极作用。通观古今各种形式的生产力，可以看到这样一些现象：其一，生产什么和怎样生产，这是生产力得以形成的先决条件。但是生产什么（生产目的）和怎样生产（生产计划）不可能由生产力的其他要素决定，而必须由生产的决策者考虑。其二，现实的生产力不可能自发形成，劳动者、劳动资料和劳动对象如何按一定的比例结合并组织成现实的生产力，也必须借助于企业经营者（创业者）来实现。创业者只有发挥组织功能，生产力的各类基本要素才可能构成能动的生产力系统，而缺乏组织或组织不善就谈不上现实的生产力或形不成有效的生产力。其三，生产力所要解决的是人和自然的矛盾，生产力的活动过程不可避免地要出现这样那样的矛盾。这些矛盾显然也不可能自然地得以解决。要解决这些矛盾，便需要创业者通过生产管理对之进行调整和控制。以上事实说明，创业者所进行的生产运作管理工作虽然不是生产力的实体要素，但从来都是它的重要因素。当创业者为生产力确定生产目标和制订生产计划时，生产运作管理工作就成为生产力的决策计划要素；当创业者围绕计划目标而对生产力的各类要素进行最佳配置时，生产运作管理工作就成为生产力的组合要素；当创业者对生产力的现实运动进行调整时，生产运作管理工作就成为生产力的指导要素。因此可以说，创业者的一系列管理、决策工作也是生产力或是生产力的组成部分。

其次，在创业管理和生产力之间，不仅创业管理的许多作为生产力的要素对生产力起着多重作用，同时生产力又从根本上决定和制约着创业管理，生产力对创业管理也具有多重作用。在古代自然经济条件下，人们凭借手工工具进行生产，生产力的社会化程度低，这决定了当时的生产多采用家长式的经验管理形式，管理主要凭习俗、经验、强制指挥来进行。而从近代开始，随着商品经济的高度发展和生产的社会化，生产管理的地位不仅日益突出，创业者管理的内容和方式也逐渐发生变化。在资本主义手工工场中，虽然同样使用手工工具，但因出现了初步的工序分工，生产便只能由工场主来行使统一指挥和管理，手工业工人开始丧失了家庭手工业和行会手工业时期的独立性。随着机器代替手工，出现了资本主义早期的工厂，分工更细，协作性更强。与此同时，一方面工人被降低到简单操作某一机器的附属地位，另一方面又产生了最早的专职生产管理阶层，管理开始具有过程性和专业性。再往后，随着生产力社会化程度的进一步提高，一方面机器的专业化程度愈来愈高，生产进程需要创业管理的环节越来越多；另一方面，随着劳资关系日益紧张，对生产者的创业管理问题日益突出。为解决这两个方面的问题，仅靠原有的创业管理经验和对雇佣劳动者的简单命令被证明是行不通的，这就刺激了近代资本主义创业管理理论的产生。到现代特别是当代，传统的工业在发达的资本主义国家相继为更先进的现代企业所取代，生产具有国际性，出现了各式各样的管理方式。可见，并非创业者管理单方面对生产力起着促进作用，由于创业者的管理工作也受制于生产力，生产力对创业者管理也起着促进作用。在考察创业者管理工作和生产力之间的关系时，人们较多注意到的是前者，往往认为创业企业的生产力落后是创业者管理水平落后所致。事实上，初创企业管理的落后有它更深层的根源，即企业的生产力在总体上的落后。

再次，让我们来具体分析一下创业管理的社会价值。如前所说，创业管理作为生产力的内在要素之一，起着计划、组织、指导生产的多重作用。因此，从抽象的意义上讲，创业管理具有无可估量的社会价值。尤其在当代，生产率的提高已经主要不取决于劳力、工时和资源的投入，而主要取决于创业者管理方式的改善。但是深入思考后我们又会发现，并非所有的创业管理活动都对生产力起推进作用，如果管理不善或不当，生产力会遭受摧残。这就意味着，创业者管理工作不是无条件地构成推进生产力的积极要素，有时它会转化为阻碍、破坏生产力的消极要素。究竟创业者的管理工作是有益的还是有害的、是发挥正面的社会价值抑或产生负面的否定价值，关键不在于创业管理本身，而在于创业管理者如何进行创业管理。

一般而言，创业者的管理工作对生产力沿着什么方向起作用可以通过以下几点来鉴别：第一，创业管理所确定的生产目标是否正确。这里的生产目标是指创业者为生产确定的生产方向，它包括企业的产品类型或服务项目，一定时期内企业应完成的产品数额或服务总量。所谓目标正确是指创业者确定的目标有实现的可能性，能激发、调动本企业职工的最大工作热情，能以最低的投入换取最大产出的营利性。显然，创业者在选择生产目标时符合以上条件，才可以被肯定是有效的；反之，如果选择的目标过高、缺乏现实的可能性，或者目标过低、缺乏挑战性和营利性，一开始就会将生产引入歧途，这对生产力不仅无益，反而有害。第二，创业管理对生产力诸要素的匹配组合是否合理。生产经营管理的一项重要使命是按照生产目的的要求合理配置资源即组织人力，而配置组合是否合理，直接关系到生产效率的高低。如何配置资源和组织人力是一门深奥的学问，其基本要求是人尽其才，物尽其用，以有限的人力、物力和财力，形成最佳的生产格局和组织网络。系统论认为，系统的总体功能不等于各要素功能的代数和，而是大于或小于其代数和。创业者如果能合理配置资源和组织人力，便能发挥生产力的最大效应，使其生产总量大于各人单干时的总和。相反，如果创业者随心所欲地配置资源和组织人员，造成物资和人力的浪费，其结果不仅不能发挥生产系统的最大效益，反而大大低于单干时的生产总和，给企业生产带来的只能是负效应。第三，创业者管理工作对生产过程的调控是否恰当。创业者对生产过程的调控包括创业管理人员对作业人员行为的指挥引导、对生产情况的了解和督促、对生产过程诸矛盾的处理、对组织成员之间关系的调整和对他们工作热情的激励等。所谓创业者对生产过程的调控适当，即指创业者对员工指挥有方、引导有效；对生产情况了然于胸；对各种矛盾能及时处理；能激励组织成员为企业多做贡献，善于解决员工之间的利益矛盾以形成和增强团体意识；等等。相反，如果创业者滥用权力、指挥无方、形象不佳、无力引导员工为企业自觉工作，或者创业者对生产不懂行、不了解，或者出现矛盾"绕道而行"，其结果只能是给生产带来混乱。

通过以上分析，我们可以对创业管理和生产力的关系做出如下归纳：第一，创业管理和生产力是两个内涵不同的概念。生产力是人类征服自然、改造自然的能力，创业管理则是创业者管理企业的特殊实践。如果不加限制地说创业管理是生产力或生产力的组成要素，就将二者看成了一个包含另一个的种属关系，这显然是对创业管理的狭隘理解。第二，创业管理同生产力又有着密切的交互关系，主要表现为，任何一种形式的创业管理归根到底都是由一定的生产力水平所决定、所制约的。在此意义上可以认为，生产力决定创业管理水平，创业管理形式的选择必须符合生产力的要求、适合生产力的发展状况。第三，创业管理既可促进生产力的发展，也可阻碍、延缓以至破坏生产力的发展。如果创业者工作得当，创业管理形式适合生产力的发展水平，它就会促进生产力的发展，从而具有积极、肯定的社会价值。如果创业者工作失误或不当，创业管理形式不适合生产力的发展水平，那它就损害生产力，产生负面社会价值。创业管理这两种不同性质的社会价值，反映了创业管理对生产力的两种反作用。对此，创业者应有清醒全面的认识。

（三）创业和政治

在当今创业教育领域，大多数人常常将创业当成纯经济学范畴来使用，因此较多注意到创业同经营管理、创业同生产力之间的关系，而极少注意到创业同政治的关系。

创业是人类基本的生存方式，是一切财富的源泉，是促进国家昌盛、社会繁荣、人民富有的必然手段。人类的历史就是创业的历史，社会文明与物质文明，无不是创业者劳动和智慧的结晶。其实，政治同创业的关系非常密切。

回顾当代的中国经济发展史，不难发现改革开放以来，中国的发展就是一部"创业史"。客观地说，当代中国人民的创业史是从改革开放开始的。

邓小平在南方谈话中提出"发展才是硬道理"的命题，当时很多人只简单地理解为强调发展经济的重要性。事实上，"发展才是硬道理"这个命题一直贯穿在邓小平理论之中。我们可以从以下四个角度去理解。

第一，"中国发展得越强大，世界和平越靠得住。"邓小平站在时代的高度，对时代特征进行了科学的分析，提出了和平与发展是当代世界的主题。在和平与发展问题上，邓小平认为和平是发展的条件，发展是实现和平的出路，"越发展和平的力量越大"，因此，发展问题是核心。中国是人口最多的发展中国家，中国越发展，在国际事务中的作用就会越大，对世界的和平和稳定的贡献就越大。"发展才是硬道理"是一个带有时代性和国际性的命题。

第二，只有发展了，人们才能拥护社会主义。经济发展，人民生活水平提高，社会主义才会赢得与资本主义相比较的优势，人民才能从内心里拥护社会主义，才能更好地坚持社会主义。

第三，只有发展，才能解决中国所面临的所有问题。中国要解决的问题千头万绪，对外要反对霸权主义，维护世界和平，对内要尽快提高人民的生活水平，还要实现国家统一。这些问题的解决都依赖于中国的发展。

第四，中国要善于把握时机，加快发展。中国过去丧失了发展的机会，一直没有改变经济落后的状态，现在要加快发展。中国经济发展要力争隔几年上一个台阶。

（四）创业和文化

同上述忽视或看轻政治对创业的作用的倾向所区别，最近几年，我国创业界对"文化"问题表现出兴趣，"企业文化"受到学者和企业家的欢迎。但是问题也接踵而至：究竟什么是文化？文化同创业企业到底是什么关系？

笔者认为，文化有广义和狭义之分。不同的是，"文化"同"创业"之间不具有直接的同一性，而是相互交叉的两个概念，彼此间的关系非常复杂。按照马克思的观点或对文化作广义理解，"文化"就是"人化"，即人的本质的对象化。马克思认为人之高于动物，在于他们不是坐等自然的恩赐，而是能通过实践向自然索取。换言之，人之所以为人的秘密，不是像动物那样消极地适应环境，而是按照自身的需要通过实践去能动地改造自然、改造社会和自身，不断地创造一个个适合人的生存和发展的人文环境。这个人文环境即是人的自由自觉本质的对象化，创造人文环境的活动过程也就是自然的"人化"过程或创造文化的过程。因此，凡是由人所创造或被打上人类意志印记的一切，包括各类器物、组织、制度和意识形态，都属于文化范畴。创业作为人类特有的自觉的自组织活动，无疑是人类自由自觉本质的一种体现。

文化除去上述的广义理解，还有两种狭义理解。一种是相对于社会经济、政治而言的文化，即毛泽东所说的观念形态的文化。观念形态的文化是指反映一定经济和政治的精神产品或社会意识，它既包括构成上层建筑的各种社会意识形态，如宗教、道德、艺术、政治、法律、思想、哲学等，又包括各种科学技术。另一种专指文学艺术。此外，体育、杂技、卫生也应列入文化范围。很明显，作为一种观念系统或作为某种精神现象的狭义文化同作为一种特殊实践的创业是两个不同的概念。当我们在狭义上使用文化一词时，就不能再说创业是一种文化。

弄清了文化的两种含义，我们便有可能阐明创业和文化的关系。

一方面，创业作为广义文化的一种，对其他文化具有渗透性和能动性。这里所说的渗透性，是指凡是由创业者创造的文化成果，都渗透着创业者的理念。这里所说的能动性，是指创业者对企业和其他形式的创业组织所开展的活动所发挥的功能。创业之于广义文化，绝非可有可无。相反，凡涉及人们共同创造的文化成果，很多都是依靠创业者的努力而产生和实现的。进一步说，即使是由个人创造的文化产品，也并非同创业无关。同样的道理，我国今天的创业企业文化建设是以创业者个人为主体的创造性活动，别人或社会必须充分尊重他们的劳动并尽量提供必要的条件；同时，创业企业文化建设又必须以"四项基本原则"、国家法律法规为依据，自觉接受社会主义文化体系的协调。

另一方面，文化对创业也起作用，创业也离不开文化。文化对创业的作用具体表现为以下几种类型。

第一，器物文化是创业不可或缺的物质条件。器物文化即人类精神的物化，包括各类物质产品。很明显，任何创业者都必须借助一定的物质手段。特别是现代化的创业活动，各种先进复杂的创业工具如计算机、现代通信设备等更不可少。

第二，制度文化决定着创业的根本性质。所谓制度文化，是人们在改造社会的过程中形成的各种制度的总称，主要有经济制度、政治制度和法律制度。诚然，创业活动有时也可以表现为建立一种组织制度，在此意义上创业也属于制度文化的一种。但是制度文化要比创业活动更宽泛、更根本，一个社会或一个企业的制度，是由它当时的生产关系的性质决定的，并受到政治法律制度更具体、更严密的多重制约，也就是说，创业企业内部制度的确立，从根本上取决于当时生产关系（根本的经济制度）的性质和要求；而创业活动的进行又必然受其政治法律制度的保护或影响。

第三，意识形态文化在创业过程中对企业或组织具有组织和控摄作用。意识形态作为一种观念形态的文化，具有多种社会作用，对企业或组织主要表现为组织和控摄两个方面。如前所述，创业的实质是建立一个目标一致的创业组织去实现创业者的目标。而人与人的追求、爱好、理想、目的等价值观念存在着差别以至于对立。怎样才能将不同价值观念的人组织在一起而进行协调有序的工作呢？其中一个重要的手段就是运用一种意识形态去同化别的意识形态，以形成团体的凝聚力。如果做不到这一点，组织或将解体，或者虽未解体，但因思想分歧、内乱不已而名存实亡。这里的所谓控摄是指各类意识形态对创业根本目的的定向控制，具体到创业活动而言，就是团体内部所形成的共同价值观念对组织行为的定向控制，通过对组织成员的思想控制达到行为的一致，其目的是保证组织目标的实现。

第四，传统文化对创业组织的影响和制约。传统文化是观念文化的一种，它通常被理解为历史文化的延续、传承或存留。传统文化因民族、地域而异，其性质有优劣之分；形式也多种多样，主要表现为风尚、习俗、思维定式、民族精神和传统的生活方式。从理论上说，既然文化对创业活动具有多种作用，那么沉淀于现实文化体系中的传统文化也必然对创业起作用。从现实来分析，传统文化对创业活动的影响主要有以下几点：首先，传统文化中的民族精神是一个民族在长期文化演变中保留和继承下来的精神财富，它具有巨大而持久的向心力和凝聚力。创业者如若注意发扬民族精神，就可以强化团体观念和激励组织成员的工作热情。日本企业创业成功的秘诀之一，即在于企业家们历来重视培育日本传统的"家族精神"和"危机意识"，拒斥美国的"个人本位"。相反，如果以为民族精神与创业无缘，创业组织在遇到困难时，就可能引发混乱。其次，传统文化之所以历久不衰，证明它包含一种巨大而隐秘的心理惯性。这种心理惯性以不同的方式不自觉地支配着人们的精神生活，形成某类固定的思维方式。很显然，创业者经常面对的直接对象既然是活生生和思维着的人，那么创业者就必然要面对某类思维方式并可能与之发生冲突。因此，高明的创业者就应当了解、利用以至想方设法改变组织成员的思维定式，这样才谈得上知人善任。如果无视组织成员的思维方式，或者企图以权力强制人们按创业者的方式去思考，就会造成上下级之间的心理冲突，阻断信息的传输和反馈，创业活动很可能进展不畅。最后，传统文化作为历史文化在现实中的积淀还表现为某一地区或某一国家人们共同的习俗、风尚和生活方式。了解和面对这些习俗和生活方式对创业者也很重要，如企业在预测市场需求、确定生产目标的时候，除要考虑原料、技术、成本、利润等情况外，还必须了解消费者的生活习惯和生活方式。如果不了解他们生活所需，那计划就有盲目性，经营就会冒很大的风险。又如在创业时，还必须了解组织成员的习俗、信仰和风尚，以便因势利导。如果对他们的生活方式和风俗习惯不了解，将很可能造成创业者和员工之间的冲突。

总之，文化同创业之间是既对立又统一的辩证关系。一方面，文化离不开创业，创业渗透于各类文化之中并影响、制约着文化。创业组织的性质、形式和水平从一个特定的侧面折射着文化的性质和水平的高低，反映了人类社会的文明程度；另一方面，创业又离不开文化，各类文化也渗透于创业活动之中，并影响、制约着创业组织的发展。文化同创业的关系既然如此密切，就要求创业者勿忘组织文化建设。

第三节　创业的动机与动力

一、创业动机

在人类历史上，创业动机的差异是巨大的。心理学研究表明：需要产生动机，动机导致行为。人们的创业冲动是在各种需要的刺激下产生的，需要是产生创业的直接原因。因此要分析创业的动机，就要首先探讨人类的需求。

（一）人类的需要特征分析

需要是人的行为的动力基础和源泉，是人脑对生理和社会需求的反映（人们对社会生活中各类事物所提出的要求在大脑中的反映）。心理学家也把促成人们各种行为动机的欲望称为需要。

人类在社会生活中，早期因维持生存和延续后代而形成了最初的需要。人为了生存，就要满足自己的生理需要，如饿了就需要食物；冷了就需要衣服；累了就需要休息；为了传宗接代，就需要恋爱、婚姻。人为了生存和发展，还必然产生社会需求，如通过劳动，创造财富，改善生存条件；通过人际交往，沟通信息，交流感情，相互协作。人的这些生理需求和社会需求反映在个体的头脑中，就形成了需要。随着人类社会生活的日益进步，为了提高物质文化水平，人类逐步形成了高级的物质需要和精神需要。人有生理需求和社会需求，即需要，就必然去追求、去争取、去努力。因此，正如一些心理学家所说："需要是积极性的源泉。""需要——这是被人感受到的一定的生活和发展条件的必要性。……需要激发人的积极性。""需要是人的思想活动的基本动力。"

人类的需要有下列表现形式：第一，任何需要都有明确的对象。或者表现为追求某一种东西的意念，或者表现为避开某一事物、停止某一活动的意念。第二，一般的需要有周期性，周而复始；比较复杂的需要虽然没有周期性，但在条件适合时，也可多次重新出现。第三，需要随社会历史的进步而不断发展。一般由低级到高级、由简单到复杂、由物质到精神、由单一到多样。

此外，人的需要又表现为以下特征。

第一，目的性。人的需要不是空洞的，而是有目的、有对象的，而且随着满足需要的对象的扩大而发展。人的需要的对象既包括物质的东西，如衣、食、住、行，也包括精神的东西，如信仰、文化、艺术、体育；既包括个人生活和活动，如个人日常的物质和精神方面的活动，也包括参与社会生活和活动以及这些活动的结果，如通过相互协作，带来物质成果；通过人际交往，沟通感情，带来愉悦和充实；既包括想要追求某一事物或开始某一活动的意念，也表现想要避开某一事物或停止某一活动的意念，这些意念的产生都是根据个人需要及其变化决定的。各种需要彼此之间的区别就在于需要对象的不同。但无论是物质需要还是精神需要，都必须有一定的外部物质条件才能满足。例如，居住需要房子，出门要有交通工具，娱乐要有场所，等等。

第二，阶段性。人的需要是随着年龄、时期的不同而发展变化的。也就是说个体在发展的不同时期，需要的特点也不同。例如，婴幼儿主要是生理需要，即需要吃、喝、睡；少年时代开始发展到对知识、安全的需要；到青年时期发展到对恋爱、婚姻的需要；到成年时，又发展到对名誉、地位、尊重的需要等。

第三，社会制约性。人不仅有先天的生理需要，而且在社会实践中，在接受文化教育的过程中，发展出许多社会性需要。这些社会需要受时代、历史的影响，又受阶级性的影响。在经济落后、生活水平低下时期，人们需要的是温饱；在经济发展、生活水平提高的时期，人们需要的不仅是丰裕的物质生活，也开始需要高雅的精神生活。具有不同的阶级属性的人的需要也不一样，资产阶级需要的是不劳而获、坐享其成；工人阶级需要的是自由、民主、温饱和消灭剥削。由此可见，人的需要又具有社会性和历史与阶级的制约性。

第四，独特性。人与人之间的需要既有共同性，又有独特性。由于生理、遗传因素、环境因素、条件因素不同，每个人的需要都有自己的独特性。年龄不同的人、身体条件不同的人、社会地位不同的人、经济条件不同的人，都会在物质和精神方面有不同的需要。

需要在人的个性发展中起着重要作用，它是人的心理活动与行为的基本动力。

马克思主义认为，个体的需要是个体行为积极性和动力的源泉和基础。人有了物质和精神方面的需要，才会产生行动的积极性；正是个体的这种和那种需要，才促使、推动人们去从事这项或那项的活动，去完成这项或那项的任务。

正如马克思所说，人们第一个历史活动就是生产这些需要的资料，即生产物质生活本身。正是人的各种需要去促使人们追求各种目标，并进行积极的活动去实现这些目标，以满足需要。人对某一方面事物的需要越强烈，其积极性就越高，动力就越大。因此，需要总是带有动力性、积极性的，而且需要的水平也总是在不断提高的。

需要总是在不断地更新、不断地增加，需要又总是推动人们去不断地努力、不断地奋斗。

需要在人的个性心理中也起着重要作用。需要是人类认识过程的内部动力。为了满足需要，个人必须通过认识过程解决一定的问题，完成一定的任务。需要在人的个性心理活动中往往又以情绪表现出来。凡是能够满足人的需要的事物，则产生肯定的情绪；凡是不能够满足人的需要的事物，则产生否定的情绪。情绪是反映人的需要是否满足的标志，与人的需要毫无关系的事物则不会引起人们的情绪和注意。需要对人的意志的形成和发展也起着积极的推动作用。个人物质和精神方面的需要、社会的需要，会促使人们为了满足这种需要和适应这种需要坚持不懈地努力，并在这一过程中形成自己的意志和决心。

（二）从马斯洛需要层次理论分析创业者创业动机

美国著名社会心理学家、人格理论家和比较心理学家马斯洛提出了需要层次理论，该理论的五个层次刚好是人类创业的五种基本动因。

马斯洛认为，人类的需要是分层次的，它们由低到高是生理的需要、安全的需要、社交的需要、尊重的需要、自我实现的需要。

生理上的需要是人们最原始、最基本的需要，如吃饭、穿衣、住宅、医疗等。若不满足，则有生命危险。这就是说，它是最强烈的、不可避免的最底层需要，也是推动人们行动的强大动力。显然，这种生理需要具有自我和种族保护的意义，是人类个体为了生存而必不可少的需要。当一个人存在多种需要时，如同时缺乏食物、安全和爱情，总是缺乏食物的饥饿需要占有最大的优势，这说明当一个人为生理需要所控制时，那么其他一切需要都被推到幕后。

安全的需要要求劳动安全、职业安全、生活稳定、希望免于灾难、希望未来有保障等，具体表现在：①物质上的。如操作安全、劳动保护和保健待遇等；②经济上的。如失业、意外事故、养老等；③心理上的。希望解除严酷监督的威胁，希望免受不公正待遇，工作有能力和信心。安全需要比生理需要高一级，当生理需要得到满足以后就要保障这种需要。每一个在现实中生活的人都会产生安全感的欲望、自由的欲望、防御实力的欲望。

社交的需要也叫归属与爱的需要，是指个人渴望得到家庭、团体、朋友、同事的关怀、爱护、理解，是对友情、信任、温暖、爱情的需要。社交的需要比生理和安全需要更细微、更难捉摸。它包括：①社交欲。希望和同事保持友谊与忠诚的伙伴关系，希望得到互爱等；②归属感。希望有所归属，成为团体的一员，在个人有困难时能互相帮助，希望有熟识的友人能倾吐心里话、说说意见，甚至发发牢骚。而爱不单是指两性间的爱，而是广义的，体现在互相信任、深深理解和相互给予上，包括给予和接受爱。社交的需要与个人性格、经历、生活区域、民族、生活习惯等都有关系，这种需要是难以察悟，无法度量的。

尊重的需要可分为自尊、他尊和权力欲三类，包括自我尊重、自我评价以及尊重别人。与自尊有关的需要，包括自尊心、自信心，对独立、知识、成就、能力的需要等。尊重的需要包括：①渴望实力、成就、适应性和面向世界的自信心以及渴望独立与自由。②渴望名誉与声望。声望是来自别人的尊重、受人赏识、注意或欣赏。满足自我尊重的需要导致自信、价值与能力体验、力量及适应性增强等多方面的感觉，而阻挠这些需要将产生自卑感、虚弱感和无能感。基于这种需要，人们愿意把工作做得更好，希望受到别人重视，借以自我炫耀，指望有成长的机会、有出头的可能。显然，尊重的需要很少能够得到完全的满足，但基本上的满足就可产生推动力。这种需要一旦成为推动力，就将会令人具有持久的干劲。

自我实现的需要是最高等级的需要。满足这种需要就要求完成与自己能力相称的工作，最充分地发挥自己的潜在能力，成为所期望的人物。这是一种创造的需要。有自我实现需要的人，似乎在竭尽所能，使自己趋于完美。自我实现意味着充分地、活跃地、忘我地、全神贯注地体验生活。成就感与成长欲不同，成就感追求一定的理想，往往废寝忘食地工作，把工作当作一种创作活动，希望为人们解决重大课题，从而完全实现自己的抱负。

在马斯洛看来，人类价值体系存在两类不同的需要：一类是沿生物谱系上升方向逐渐变弱的本能或冲动，称为低级需要和生理需要；一类是随生物进化而逐渐显现的潜能或需要，称为高级需要。人都潜藏着这五种不同层次的需要，但在不同的时期表现出来的各种需要的迫切程度是不同的。人的最迫切的需要才是激励人行动的主要原因和动力。人的需要是从外部得来的满足逐渐向内在得到的满足转化。

在高层次的需要充分出现之前，低层次的需要必须得到适当的满足。低层次的需要基本得到满足以后，它的激励作用就会降低，其优势地位将不再保持下去，高层次的需要会取代它成为推动行为的主要原因。有的需要一经满足，便不能成为激发人们行为的起因，于是被其他需要取而代之。

这五种需要不可能完全满足，愈到上层，满足的百分比愈少。任何一种需要并不因为某一个高层次需要的发展而消失，各层次的需要相互依赖与重叠，高层次的需要发展后，低层次的需要仍然存在，只是对行为影响的比重减轻而已。高层次的需要比低层次的需要具有更大的价值。热情是由高层次的需要激发的。人的最高需要即自我实现就是以最有效和最完整的方式表现自己的潜力，只有这样，才能使人得到高峰体验。

人的五种基本需要在一般人身上往往是无意识的。对于个体来说，无意识的动机比有意识的动机更重要。有丰富经验的人通过适当的技巧，可以把无意识的需要转变为有意识的需要。马斯洛还认为，人在自我实现的创造性过程中，产生出一种所谓的"高峰体验"的情感，这个时候是人处于最激荡人心的时刻，是人的存在的最高、最完美、最和谐的状态，这时的人具有一种欣喜若狂、如醉如痴、销魂的感觉。

根据马斯洛的需要层次理论，创业者的创业动机可以概括为争取生存的需要、谋求发展的需要、获得独立的需要、赢得尊重的需要、实现自我价值的需要。

二、创业的原始动力：需要

历史唯物主义告诉我们，社会的基本矛盾是生产力和生产关系、经济基础和上层建筑的矛盾，它是推动社会发展的根本动力。在创业的动力问题上，我们也坚持这一点。但是人们往往忽视的是马克思提到的根本动力背后的动力。人们为什么要生产？人们为什么要交往？人们为什么还要创造精神产品呢？因为人有需要和新的需要，需要是人类各种实践活动和社会基本矛盾背后的原始动力。

需要在这里指的是人的需要。人的需要和动物的需要有本质区别。"通过实践创造对象世界，改造无机界，人证明自己是有意识的类存在物，就是说人是这样一种存在物，它把类看作自己的本质，或者说把自身看作类存在物。诚然，动物也生产。……但是动物只生产它自己或它的幼仔所直接需要的东西；动物的生产是片面的，而人的生产是全面的；动物只是在直接的肉体需要的支配下生产，而人甚至不受肉体需要的影响也进行生产，并且只有不受这种需要的影响才进行真正的生产；动物只生产自身，而人再生产整个自然界；动物的产品直接属于它的肉体，而人则自由地面对自己的产品；动物只是按照它所属的那个种的尺度和需要来构造，而人懂得按照任何一个种的尺度来进行生产，并且懂得处处都把内在的尺度运用于对象；因此，人也按照美的规律来构造。"❶这说明，人的需要不是动物式的直接需要、片面的需要和肉体需要，人的需要是多层次、全面的、立体化的需要体系。除了直接需要，还有间接需要；除了肉体的需要，还有其他的物质需要、交往的需要和精神需要；除了必要需要，还有奢侈需要。这些需要的满足依赖于自然界，但是很少直接来源于自然界。人类需要的特点决定了人类超越性的存在方式，决定了人们必须进行物质生产、交往和精神生产才能满足自己的需要，解决匮乏的问题，实现超越。需要是人们发挥能动性的源泉，是人们创造活动的根据。正是在这个意义上，我们说需要是创业活动的原始动力。

在研究创业活动动力的过程中，我们必须坚持历史唯物主义的原则。马克思关于历史唯物主义的第一个规定就是："我们首先应当确定一切人类生存的第一个前提，也就是一切历史的第一个前提，这个前提是：人们为了能够'创造历史'，必须能够生活。但是为了生活，首先就需要吃喝住穿以及其他一些东西。因此第

---

❶ 马克思.1844 年经济学哲学手稿［M］.北京：人民出版社，2006.

一个历史活动就是生产满足这些需要的资料，即生产物质生活本身。"❶人类的需要正是在这个基本需要的基础上发展起来的，包括创业活动在内的各种实践活动也是在满足人类第一个前提的生产实践的基础上丰富起来的。

需要作为创业活动的原始动力主要表现在两个方面。一方面，人的需要是最贴近主观能动的客观现实，它在起点触发了人的整个创造性的活动过程。需要是人的内部客观存在的一种缺乏和不平衡状态。它不但体现了人的存在和发展对于客观世界的依赖，而且表达了人的超越性的生存方式。需要和人的主观世界关系密切，一旦产生就会激发人的欲望。这说明需要是客观存在的，但是它最贴近人的意识世界，充满了主观能动的色彩。需要作为客观现实，一旦产生就会在第一时间转化为主体的欲望。欲望是主体能动性的催化剂，它在主体意识世界的萌动，会调动一切理性和非理性的精神因素，使需要变成主体自觉的价值目标。这个价值目标作为对现实的超越又必然地和客观世界产生矛盾，即客观世界不能直接满足人的需要。为了解决这个矛盾，使客体满足主体的需要，就需要发挥人的主观能动性，认识和利用客观规律，变纯粹的客观世界为人化的客观世界。这个过程的实现在现代社会很多情况下是依靠创业活动来完成的。创业活动为人类提供新的物质工具和生产方法，使原来人们利用过的资源能够更好地满足人们的需要，使原来人们无法利用的资源成为人们可以控制的物质产品；创业活动通过协调组织内部人与人之间的关系，提高人们的生产效率，为人类提供更多的产品。

另一方面，人的需要和人的本质的一致，决定了需要是人类创业活动内在的必然的推动力量。马克思在《詹姆斯·穆勒〈政治经济学原理〉一书摘要》中曾说："人的本质是人的真正的社会联系，所以人在积极实现自己本质的过程中创造、生产人的社会联系、社会本质，而社会本质不是一种同单个人相对立的抽象的一般的力量，而是每一个单个人的本质，是他自己的活动，他自己的生活，他自己的享受，他自己的财富。因此，上面提到的真正的社会联系并不是由反思产生的，它是由于有了个人的需要和利己主义才出现的，也就是个人在积极实现其存在时的直接产物。""这些个人是怎样的，这种社会联系本身就是怎样的。"❷这说明，人的本质，如马克思在《关于费尔巴哈的提纲》中提到的，在其现实性上是一切社会关系的总和，人们之间的社会关系又是人们在生产、交往、精神生产等各种现

---

❶ 中共中央马克思恩格斯列宁斯大林著作编译局.马克思恩格斯选集（第1卷）[M].北京：人民出版社，2012.

❷ 中共中央马克思恩格斯列宁斯大林著作编译局.马克思恩格斯选集（第1卷）[M].北京：人民出版社，2012.

实的实践活动中形成的，而人的各种实践活动不过是为了满足人的需要，它们是每个人需要的展开、交融和结合。因此，人的需要和人的本质具有一致性，人们在实践中满足自己需要的过程，就是人的本质实现的过程。人的本质的生成、人的新的需要的满足和创业活动是同一个过程，需要作为人类创业活动的动力具有内在必然性。

需要作为创业活动的原始动力，它的特点决定了创业活动的基本面貌。首先，需要鲜明的主观能动性决定了创业活动浓重的主观色彩。创业活动是人类实现超越的方式，它是现实的，也是观念的，观念的超越先于现实的超越。人的意识不是对客观世界的镜面反映，尽管它的信息来源于客观世界，但是它在被需要激发开始自身活动的时候起，就已经开始在头脑中利用一切精神因素，构建一个超越的蓝图。人们随后对这张蓝图的运用，就是人的本质力量的实现，处处体现主观能动性的作用。技术和制度资源的选择、调整、建设等都是在需要和需要所激发的主观能动性的引导下完成的。

其次，需要的无限超越性决定了人类创业活动的无限发展。需要的社会性推动一般制度创业活动和制度革命。马克思在《论犹太人问题》一文中说："把人和社会联结起来的唯一纽带是天然必然性，是需要和私人利益，是对他们财产和利己主义个人的保护。"人为了满足自己的需要就要生产，而无论是物质生产还是精神生产，都不是孤立的个人的生产，而是社会性的生产，也就是说，一切生产都是一定生产关系中的生产。需要也不是抽象的需要，而是一定社会关系中的需要，它联结着人与人、人与社会。

人的需要是一个历史范畴，需要总是一定历史阶段、一定社会关系中的需要。需要具有无限超越的性质，当人的最初的需要得到实现之后，就会产生一个新的需要。新的需要不会在自然中得到直接的满足，又呼唤再次实现。然后又产生新的需要、新的活动。可以说，整个人类历史，就是人们不断地实践、不断地满足需要、不断地通过创业等一系列实践活动满足人的新的需要的过程。在工业社会，资本追求剩余价值的本性促使资本家在创业活动中不断开发人的需要潜力，被激发的新的需要又促使人类开始新一轮的实践活动。马克思说："以资本为基础的生产，……创造出一个普遍利用自然属性和人的属性的体系，创造出一个普遍有用性的体系，甚至科学也同一切物质的和精神的属性一样，表现为这个普遍有用性体系的体现者，而且再也没有什么东西在这个社会生产和交换的范围之外表现为自在的更高的东西，表现为自为的合理的东西。"❶人类在物的控制下，为了满足自身的需要，创业者利用可以利用的一切，不仅包括以机器为核心的技术，而且包括分工和协作；不仅包括微观的企业制度，而且包括国家体制；不仅包括制度前提，而且包括科学和一切精神产品。即将到来的知识经济社会是人类的当代需要在更高的层次上与客观世界的碰撞。原有的工业生产方式对自然资源的掠夺已经造成常规资源的短缺，人类的生存环境受到威胁，不但无法满足人类发展的需要，而且与人类已有的需要背道而驰。人类创业活动的方式必须发生改变。在这个时代问题面前，人类的回答是，只有依靠知识的强大创造力，才能解决这个矛盾，满足人类新的需要。我国当前处于社会主义初级阶段，具有多元经济的特点，即不仅包括农业经济、工业经济，而且融合了知识经济的特点，但是总的来说，其主要矛盾是人们日益增长的物质文化需要同落后的社会生产之间的矛盾。根据我国社会的特点，解决这一矛盾的方式最主要的是依靠知识的力量，实现大众创业、万众创新。

最后，需要的全面性决定创业活动的全面展开和人的全面发展的价值目标的确立。人类的需要不仅是无限发展的，而且是全面的，这包含两层意思：一是指需要涉及的领域是全面的，不仅有物质需要，而且有精神需要和交往需要；二是指需要在各个领域内的展开也是全面的。需要的不断全面化，必然要求实现需要的手段的不断全面化。它推动着创业活动在物质生产领域、交往领域和精神生产领域的全面展开。

需要的全面性也催发了人的全面发展的价值目标的确立。马克思在《1844年经济学哲学手稿》中曾说：全面发展的人"同时就是需要有完整的人的生命表现的人，在这样的人身上，他自己的实现表现为内在的必然性、表现为需要"。❷这说明，人的自由而全面的发展不是外在给予的，而是人自身发展的必然性，这一内在的必然性表现为需要。需要是人发展的标志，需要内容的不断丰富、水平的不断提高，标志着人越来越接近全面而自由的发展目标。只有在人的全面的需要得到确立和满足的时候，人的全面发展的价值目标才能实现。

需要是人的本质的体现，是人的内部的一种不平衡状态，也是人对外部环境的依靠和追求，它总是处于主观欲望和客观现实的矛盾之中。矛盾在未得到解决

---

❶ 中共中央马克思恩格斯列宁斯大林著作编译局.马克思恩格斯全集(第46卷上)[M].北京：人民出版社，2012.

❷ 中共中央马克思恩格斯列宁斯大林著作编译局.马克思恩格斯全集(第46卷上)[M].北京：人民出版社，2012.

之前，表现为匮乏；在解决之后，表现为超越。需要就是在匮乏和超越之间的一种不平衡状态。人的一切创业活动都以需要作为原因和根据，需要是创业活动的原始动力。

三、创业的直接动力：利益

需要和利益是经常同时出现的两个概念，具有密切的关系。它们都体现了主体与客观世界的对立统一关系，具有相似的结构，都是人类创造活动的原因。但二者之间存在差别，其差别主要表现在两个方面：其一，需要反映的是人对客观需求对象的直接欲求，而利益是人对客观需求对象更高层次的理性关心、兴趣或认识；其二，需要反映人对客观对象的直接依赖关系，利益反映人与人之间的社会关系。由此可见，在人与客观世界的对立统一关系中，需要和利益都是客观存在的，具有对应关系，但是需要是一个起点，它表现为人对客观需求对象的直接欲求和依赖关系，表现为一种间接可能性；而利益是一个结果，它是建立在人的实践理性和实践活动及其成果基础上的需要的满足，表现为人们对于物质生活条件和精神财富的分配关系，具有直接的现实性。因此，我们说需要是创业活动的原始动力，利益是创业活动的直接动力。

诚然，人们会因为理想和爱好而从事创业活动，但是由于创业活动的艰辛性和风险性，大多数的创业活动是在利益的驱使下完成的，利益是"人民生活中最敏感的神经"，追求利益是人类一切社会活动的直接动因。那么什么是利益呢？赵家祥把利益的构成归结为三个方面：需要是形成利益的自然前提，社会关系是构成利益的社会基础，社会实践活动及其成果是构成利益的手段和资源。并在此基础上，归纳了利益的实质。"利益的实质是需要主体以一定的社会关系为中介，以社会实践为手段，占有和消费需要对象，从而使需要主体和需要对象的矛盾状态得到克服，即需要的满足。这时，需要主体就转化为利益主体，即利益的承受者。从利益的抽象意义看，它的实质就是需要的满足。但从利益的现实性和具体实现来看，其实质必然是一定的社会关系的体现。"❶王伟光也认为："所谓利益，就是一定的客观需要对象在满足主体需要时，在需要主体之间进行分配时所形成的一定性质的社会关系的形式。"❷这说明，所谓利益是指需要的满足和需要的社会化，它既以客观现实为依托，具有现实性，又随着人类社会的发展而发展变化，具有历史性，它是现实性和历史性的统一。作为一个现实范畴，利益的基本含义很广，

---

❶ 戴维·米勒.社会正义原则［M］.南京：江苏人民出版社，2008.

❷ 王伟光.利益论［M］.北京：中国社会科学出版社，2010.

包括生产力和物质生活条件、交往和交往关系、精神生产和精神财富；作为一个历史范畴，利益总是在一定水平的生产力之上、一定性质的社会关系之中的利益，所有利益的现实性都归结于一定历史阶段的现实性。利益对于创业活动的推动作用就体现在现实性与历史性的统一之中，这是一个辩证发展的过程，不同历史阶段的利益内容、格局和特点直接决定了创业活动的面貌和特点。

在资本主义社会，随着生产力的发展，人们追求利益的方式发生了转变，人们在基于物的平等关系下，通过财富最大化的方式，展开了对于经济利益的直接追求。马克思对此描述说："利益被提升为人的统治者。利益霸占了新创造出来的各种工业力量并利用它们来为自己服务；由于私有制作祟，这些本应属于全人类的力量便为少数富有的资本家所独占，成为他们奴役群众的工具。商业吞并了工业，因而变得无所不能，变成了人类的纽带；人与人之间的一切关系（个人的或国家的），都被归结为商业关系，或者换句话说，财产、物成了世界的统治者。"❶"正如古代国家的自然基础是奴隶制一样，现代国家的自然基础是市民社会以及市民社会中的人，即仅仅通过私人利益和无意识的自然的必要性这一纽带同别人发生关系的独立的人，即自己营业的奴隶，自己以及别人的私欲的奴隶。"❷"实际需要、利己主义就是市民社会的原则；只要政治国家从市民社会内部彻底产生出来，这个原则就赤裸裸地显现出来。实际需要和自私自利的神就是钱。"❸资本主义已经扯下古代社会温情脉脉的面纱，在自己的宪法中清晰地写下了"私有财产神圣不可侵犯"。物与物的关系掩盖了人与人之间的关系，人们的一切行为都是在私欲和利益的驱使下的活动，人们成了自己利益的奴隶。资本的饕餮本性使其不断追求剩余价值的最大化，创业活动成为资本扩张的力量。

马克思在《资本论》及其手稿中有很多关于资本逻辑的论述。他指出，资本利用所有手段的目的，也是唯一的目的，就是为了满足资本的本性，为了创造剩余价值。"如果说以资本为基础的生产，一方面创造出一个普通的劳动体系，——即剩余劳动，创造价值的劳动，——那么，另一方面又创造出一个普遍利用自然属性和人的属性的体系，创造出一个普遍有用性的体系，甚至科学也同人的一切物质的和精神的属性一样，表现为这个普遍有用性体系的体现者，而且再也没有

❶ 中共中央马克思恩格斯列宁斯大林著作编译局 . 马克思恩格斯全集（第 1 卷）［M］. 北京：人民出版社，2012.

❷ 中共中央马克思恩格斯列宁斯大林著作编译局 . 马克思恩格斯全集（第 2 卷）［M］. 北京：人民出版社，2012.

❸ 中共中央马克思恩格斯列宁斯大林著作编译局 . 马克思恩格斯全集（第 1 卷）［M］. 北京：人民出版社，2012.

什么东西在这个社会生产和交换的范围之外表现为自在的更高的东西，表现为自为的合理的东西。"❶也就是说，资本为了自身利益的需要利用一切东西，同样，资本为了生产剩余价值的需要也利用科学，利用新知识、新技术和新制度。资本主义对于利益的直接追求和无限扩张的特点，客观上成为创业活动的直接动力。

我国正处于社会主义初级阶段，虽然可以通过国家制度实现全体公民在法律面前人人平等但是资本等要素参与社会分配还将在相当长的历史时期存在，利益作为创业活动的直接动力也是客观规律。即便在公益创业活动中，创业者不追求私利，但其所追求的公共利益仍然是利益的表现形式。

不只各种利益本身，利益矛盾和利益冲突也是推动创业活动的直接原因。利益分为个人利益和共同利益。个人利益是每个主体特殊的利益，它在人类历史上不断丰富和发展；共同利益是个体利益重合的部分，它大致可以分为两个层次：一是整个社会的共同利益，二是社会中某一团体的共同利益。另外在全球化的今天，还存在人类的共同利益。共同利益在历史上由于其实质内容的不同，还可以分为真实的共同利益和虚假的共同利益。在生产力发展的一定阶段，个人利益由于自然需要和个人在社会经济、政治关系中的地位、分工的不同而存在差异。在生产力不够发达和资源短缺的情况下，存在差异的个人利益之间必然存在矛盾甚至冲突，这一点在阶级社会表现得尤为明显。不同团体、不同国家的利益也是独立的，它们之间也存在利益矛盾和冲突。利益的矛盾和冲突必然表现为人与人之间关系的对立、恶化和危机，在阶级社会会出现阶级斗争和战争。在解决利益矛盾和冲突、推动社会发展方面，创业活动是强有力的杠杆。

综上所述，利益建立在一定的生产力和物质生活条件、一定的交往和社会关系、一定的精神生产和精神产品之上，利益是创业活动的直接动力。利益在不同的历史阶段具有不同特点，利益的这些特点决定了不同时期创业活动的特点。利益的分化、丰富和发展必然推动创业活动在知识、技术和制度领域的全面发展。同时，现实社会中的人也存在利益矛盾和冲突，在解决矛盾和冲突、维护和促进社会稳定和发展的过程中，创业活动也扮演着其应有的角色。

---

❶ 中共中央马克思恩格斯列宁斯大林著作编译局.马克思恩格斯全集(第46卷上)[M].北京:人民出版社，2012.

第四节　创业的主客体关系

一、创业活动主体

创业活动是创业活动主体能动地作用于创业活动客体的对象性活动，是创业者按照自己选择的目标和行动方案通过创业实践去付诸实施的过程。无论是创业活动目标的确定，还是行动方案的选择，创业活动主体始终是起主导作用的决定性因素。在一定意义上，可以将创业活动看成是创业活动主体的一系列复杂的活动，看成是由创业者的理性思维、情感意志、实践行为组成的主体性活动。

（一）主体和创业活动主体

主体和客体是哲学中两个极其重要的范畴。所谓主体，是指按照一定目的去认识和改造客观对象的人。所谓客体，是指被认识和被改造的客观对象。主体和客体不同于主观和客观。主观是指人的精神世界，客观是指个体意识之外的客观世界或客观存在。主体无疑是人，但又不能认为凡是人皆为主体。缺少自我意识、居于被动地位的人不是主体。只有具有明确自我意识、居于主动支配地位的人才是主体。创业活动系统是由人和物组成的，其中物的因素不可能成为主体，多数处于参与具体活动地位的人也不是主体，只有处于支配地位的人才是主体。概而言之，创业活动主体就是创业过程中从事创业核心活动的创业者。

创业活动主体作为主体的一种，有其不同于其他主体的特殊规定和特定要求，主要表现为以下几个方面。

首先，创业活动主体一般应当具有进行创业活动的专门知识。知识是人们对客观对象的浅层感知和深层认识的总称，按照它所反映的客观对象，知识可以分为自然知识、社会知识、人的知识等各种类型。知识作为人类认识世界的成果和改造世界的武器，是一种无形的财富和巨大的力量。不过，因为知识是一个令人眼花缭乱、无比丰富的宝库，人的一生不可能、也没必要掌握其全部，而只能学习、掌握尽可能多的有关知识。工农业生产者主要应掌握关于制造和种、养殖的自然知识，工程技术人主要应掌握有关的自然科学知识和技术知识，科学家主要掌握某一领域的科学知识，医生主要应掌握人体的生理病理知识，等等。创业者无疑也要有知识，而且似乎要掌握更多的知识。这主要包括：第一，有关所创业活动领域的科学知识和专门技术。比如金融家应通晓货币的一般理论和货币融通的基本程序；电机厂厂长应对电学理论有一定了解并熟悉电机制造的工艺流程；学校校长应懂教育学理论并熟悉教学每个环节的操作原则。总之，创业者虽不一定是某行的专家，但起码应是内行而不是外行。第二，尽可能通晓有关的社会科学知识。创业活动作为一种社会实践活动，自始至终是在社会大系统中进行的。创业活动主体要实现自己的意图，有效地实现创业目标，除了需要通晓有关专业技术知识之外，免不了还要同整个社会打交道，因而还必须掌握尽可能多的社会科学知识。比如一个创业企业领导要办好企业，除了要懂得该企业的生产经营知识之外，还应掌握与企业经营有关的政治、法律、历史、经济、国际关系、国内形势等多种社会科学知识。如果缺乏这些知识，就不能在复杂多变的社会环境中审时度势、选择时机；不可能做到科学决策、应付各种变化；也不能在竞争中纵横自如、立于不败之地。一般来说，创业活动主体的决策权越大，越应掌握更多的社会科学知识；愈是高层的创业活动人员，愈应具有政治、法律、历史等知识。第三，要特别熟悉关于人的知识。创业活动的对象既包括物，也包括人，创业活动的重要工作之一就是做人的工作。因此，作为一个创业活动主体，应当熟悉自己的下属或团队成员，懂得人的生理、心理、需要、追求、信仰、期待和他们的行为规律，掌握有关的生理学知识、心理学知识、社会学知识、行为科学知识等人学知识。如果不懂得人，将活人看作死物；或者对人知道得很少，片面地将人看作"经济人""工具人"，就无法搞好创业活动。相反，只有掌握有关的人学知识，了解人的心理活动和思想变化，才可能沟通主客体的关系，将创业者的意图化为创业组织成员的行动。第四，作为创业活动主体，特别是创业活动主体中的决策人物，还必须学习运用哲学。哲学是各门科学知识的最高概括，具有观照世界和改造世界的多种特殊功能，它为创业者提供纵观全局、预测未来、揭示因果、防微应变的方法论，也为创业者如何正确决策确定价值坐标。是按照唯物主义观点还是按照唯心主义观点来决策，是以系统辩证的方法还是以形而上学的方法来处理创业活动中的有关问题，直接关系到创业活动的成败。所以，不懂哲学的人往往很难成为一个成功的创业者，现代社会的创业者应当学好哲学。

其次，创业活动主体还应具备丰富的创业活动经验和实践能力。知识作为创业活动主体的一种理论储备，只是创业活动的一个前提条件，它只意味着创业者具备搞好创业活动的可能。要使可能变为现实，创业者还应将各种知识转化为相应的创业活动能力，不断地在创业活动实践中学会如何具体应用这些知识。这就是说，创业活动的知识很重要，没有足够的相关知识自然谈不上能力的培养，因为能力不是凭空产生而是由知识转化而来的，那种将知识同能力、理论同实践对立起来、片面强调实际创业活动能力的观点是不正确的。但同时也应该看到，知识并不等于能力，有知识而无能力只能是空谈家而不可能成为创业者，在此意义上，能力比知识更为重要。当年恩格斯对少数奢望党的领导地位的年轻干部曾经这样说过："他们那种本来还需要加以深刻的批判性自我检查的'学院式教育'，并没有给予他们一种军官官衔和在党内取得相应地位的权利；在我们党内，每个人都应该从当兵做起；要在党内担任负责的职务，仅仅有写作才能或者理论知识，甚至二者全都具备，都是不够的；要担任领导职务，还需要熟悉党的斗争条件，掌握这种斗争方式，具备久经考验的耿耿忠心和坚强性格，最后还必须自愿地把自己列入战士的行列中。" ❶我国古代法家在选拔高级官员时也提出："宰相必起于州郡，将帅必起于卒伍。"这都说明知识不等于能力，能力是在创业活动实践中从知识逐步转化而来的。

创业活动主体的创业能力有多方面的表现，比较重要的包括观察判断能力、专业技术能力、人事组织能力和分析综合能力。观察是指对形势的观察、预测，以便及时提出战略性目标；判断是指在多种计划方案中果断准确地选择某一最佳方案。所谓观察判断能力就是创业者根据自身的有关知识在特定情势下进行科学决策的能力。在这里，没有相应的知识是无法对形势进行深刻分析和对方案做出理智果断的选择的，而只能是武断决策或盲目拍板。如果创业活动主体仅有相关知识而缺乏敏锐的洞察能力和沉着大胆的决断作风，那么就只能瞻前顾后、犹豫不决，结果必然失去稍纵即逝的机会。所以，观察判断能力是创业活动主体特别是创业组织核心决策层所应具备的基本能力。所谓人事组织能力即领导能力，其核心是如何看待人、怎样处理组织内外的人际关系。作为一个创业者，必须要有识才的慧眼、爱才的热情、用才的技巧、护才的胆略和驭才的谋略，才能将不同专长、气质、性格、职责的人才合理组织起来。相反，无识才之眼、容才之量、用才之能、护才之胆、驭才之谋的人，只能是孤家寡人。这种人事组织能力固然依赖于"人学"知识，但主要是通过人事组织工作的实践逐步培养的。所谓专业技术能力，是指创业者对创业项目的特殊活动的了解熟悉程度，包括专业知识的运用能力和技巧及对专业工作环节的了解和操作等。这种能力是指导创业组织内下属开展工作不可缺少的基本功，不具备这种能力就无法进入指挥别人工作的创业者角色。当然这并不是要求创业者门门通、样样精，而只是要求对该专业的各个环节、各个方面要有基本的、全面的了解，绝非外行。如果一个创业企业厂长对该厂生产的基本知识和工艺流程茫然无知，或者只懂技术，不懂财务，不懂销

❶ 中共中央马克思恩格斯列宁斯大林著作编译局.马克思恩格斯全集（第22卷）［M］.北京：人民出版社，2012.

售，那么他就只是一个名义上的厂长，绝非一个事实上的创业企业领导者。所谓综合分析能力是指创业者的思想技能，是指创业者分析综合创业活动系统各个方面、各种情况而对系统各活动要素进行有效控制的理性思维能力。从创业活动决策确定目标开始，到目标的最终实现，创业者自始至终围绕着如何达到优化的创业目标而不断调控创业系统组织各部门、各环节的活动，而要做到这一点，没有固定不变的模式可循，必须随时分析现状、综合情况。这种分析综合也是无法直接从书本上学到的，只能在创业活动实践中逐渐摸索。

再次，创业者常常同一定权力相联系。所谓权力，是按照预定方式引起别人心理或行为变化的权威和能力。它是通过约定俗成或通过法律程序所赋予的一部分人对另一部分人的影响力和支配权。对于权力的欲望，人皆有之。但权力欲并不可能无条件地转化为现实的权力，拥有权力的人只能是少数。一般情况下，创业者正是创业组织内部权力的拥有者。所谓创业活动主体，一定要有相应的影响、支配别人的权力。至于这种权力是通过习惯由一些人传递给另一些人，还是通过某种法律、制度赋予一些人，都是创业活动主体在创业活动进程中不断拥有的质的规定性。只有获得现实的创业活动决定权力的主体才能成为真正的创业活动主体，否则就不能区别创业活动主体和创业活动客体，创业者就无权决策，无法对创业组织成员行使指挥、调度、奖惩、控制，创业活动就可能会成为一句空话。中外传统文化中有一种观点认为，权力欲是人性中邪恶的一面，权力无论其性质如何，统统是有害的。在这种观点看来，人生来是平等的，不能有支配别人的想法和行为。它们主张社会不应由权力而应由"仁义""礼让"或理性道德来治理。现代无政府主义更是反对一切权力，主张打倒权力的象征——国家和政府。其实，权力欲并非都是邪恶的，权力也不都是有害的。相反，在有分工、有协作的社会生产和生活中，权力欲的产生和权力的运用不仅是必然的，总的说来还是合理的。罗素认为，权力是社会科学中的基本概念，是社会组织赖以维持和社会活动得以开展的关键。自有人类社会以来，只有通过权力，才能促进生产的发展和社会的繁荣。恩格斯在《论权威》中更明确地指出："联合活动，互相依赖的工作进程的复杂化，正在取代各个人的独立活动。但是，联合活动就是组织起来，而没有权威能够组织起来吗？"❶可见，权力是社会活动的产物，也是创业活动主体质的规定。如果失去权力或有权力不敢运用，创业活动主体就不复存在，因此，世界上绝没有无权的创业领导者。

❶ 中共中央马克思恩格斯列宁斯大林著作编译局.马克思恩格斯全集(第18卷上)[M].北京：人民出版社，2012.

最后，创业活动主体还同威信联系在一起，创业者个人或领导层的威望和信誉是创业活动主体的又一质的规定性。所谓威望，是指创业者良好的品德和超常的能力在创业组织成员当中造成的特殊影响力。所谓信用，则是创业者和创业组织成员通过长期交往、相互沟通所形成的后者对前者的尊重和信任。与权力不一样，威信不是由习惯和法律自外赋予创业活动主体的，而是创业组织成员对创业活动主体的一种认同，是创业者自身造就并通过创业组织成员所赋予的。在一部分人影响另一部分人的心理行为的意义上，创业活动主体的威信也是一种权力，因为凭借威信同样可以达到支配别人的目的。所不同的是，权力是一种强制影响力，威信是一种自然影响力，前者是由地位决定的，后者是自发产生的。所以，权力同威望并不一样，不能认为有权必威、有权必信，威信同权力是构成创业活动主体的两个并列的内在规定性。

有一种观点认为，创业活动既然是一部分人支配另一部分人的行为活动过程，那么权力之中就包含着威信，威信是从权力地位中自然产生的。根据这种看法，有权必威，有权必信，权力——权威。事实完全不是这样，权力和威信并不具有必然的联系。有权是否同时具有威信，这要看创业者如何看待权力和运用权力，看他是否正确地对待创业组织成员。一般说来，只有不迷信滥用权力的当权者才有可能恰当地运用权力，由此才能逐渐树立威望并取信于民。相反，认为权力是万能的，以为有了权就有了一切，就可以颐指气使、以权压人，企图采用简单的行政命令手段去进行创业活动，必然引起创业组织成员的反感和抵制，创业活动主体就会因失去创业组织成员的信任而成为虚设的主体。可见，要搞好创业活动，除去要掌握一定的权力，还要辅之以创业者的威信，使创业者不是从形式上而是从实质上接受创业活动指令。

知识、能力、权力、威信，这四者就是创业活动主体必备的四重规定性，缺一则不可能成为真正成功的创业活动主体。

（二）创业活动主体的系统结构

创业活动是一种复杂特殊的社会实践活动，不可能通过一人来单独进行，而必须协同一部分人来共同完成。随着社会分工的发展和社会生活的日趋复杂，现代社会的创业活动主体系统也日趋复杂，参与创业活动的人各有其不同的职责。现代社会创业活动主体系统结构的变动性日益明显，结构的优劣对创业活动的效率起着十分巨大的作用。

在复杂的系统中，居于创业活动主体系统最高层的是决策人员，他们是具有决策权和对整个创业活动系统负有最终责任的领导者，其任务是确定创业活动目标，选择决定实现目标的某种方案。为使创业活动决策科学化而避免主观武断，各级决策机关还设有规模不同的智囊团或思想库。在现代，大型企业中凡进行计划、统计、预测、咨询、研究的专家或团体，均属一定决策层次的不同类型的智囊团体。智囊团是决策层的思想库，是专门为决策进行调查研究的智囊。它的职责不在"断"而在"谋"，专为决策层提供最优化的理论、策略和方法。决策人员和智囊人员的关系即"断"和"谋"的关系：谋是断的基础，断是谋的结果，二者既不等同、彼此区别，又相互依赖、彼此促进。创业活动主体系统越发展，断和谋的职能越清楚、越完善，彼此配合协调也越自觉。

复杂创业活动主体系统的第三层次是执行人员。执行人员是创业活动主体系统中的基干部分，其任务是根据决策者的决策方案制订具体计划、组织和指导操作人员、贯彻执行方案。一个创业企业，董事会的决策是通过诸如项目经理、车间主任等各级执行人员贯彻实施的。创业活动中的执行并非机械照搬、简单执行，具体部门岗位因有不同情况，上级决策不可能详尽规定各个方面的内容，这就要求各级执行机关必须根据实际，将上级决策具体化，对上级决策包括不到的部分再决策。所以执行过程同时也是决策过程，执行人员不但执行，也有进行中观决策的任务。一般来说，执行某一决策的中间环节越多，或者说执行链越长，其执行人员就负有越重的中观决策的任务。只有在一个层次少、执行链短的部门，决策人员和执行人员的职责才是分明的。这就是说，在理论上，我们可以而且必须将决策层和执行层相对分开来加以研究。但在事实上，尤其在体系庞大的创业活动人员系统内，最高层的决策人员和智囊人员是确定的，而中层的执行人员同时负有不同程度的决策任务，执行人员同中层决策人员常常是混而为一、不能截然分开的。

为保证决策的贯穿实施，随时了解决策是否符合实际以及执行部门是否按照决策执行，创业活动主体系统还可以设置专职的监督人员，其任务是跟踪捕捉执行过程中的偏差信息，并将它及时反馈到决策层。如果属于决策同实际的偏差，便由决策层修改原有决策；如果属于执行中的偏差，则由核心层要求执行人员纠正偏差。在决策的执行过程中，设想原决策的绝对完美、绝对理想和设想执行中绝对准确、绝对一致是不现实的。由于多种原因，决策的执行必然是一个矛盾的过程，监督人员的任务就在于及时发现执行过程中的矛盾。只有借助于监督控制，才能保证执行人员步步逼近决策目标。在工厂中产品质量检验人员就是监督人员。

国家的监察部门、社会舆论团体、财务审计机关等则是专职的监督人员。一般来说，创业活动主体所创业活动的对象越复杂，监督人员越多、越职能化，其作用、地位越突出，创业活动主体的发展也越完善。而当创业活动主体系统发展不足或部门所管对象比较简单时，监督人员常常是由决策人员兼任的。但是不管在哪种情况下，监督人员都不得缺少，更不应由执行人员兼任。否则就等于取消了监督，"监""守"合一，就会给各种形式的"监守自盗"提供可能，从而使创业活动失控而流于混乱。另外，监督工作是一项十分复杂、极为严肃的工作，监督人员不仅要有相关的专业知识以便能敏锐、及时地发现问题，更要求有对事业的忠诚和对事不对人的高度责任心，敢于向上反映问题并督促纠正偏差。改革开放之初，一些传统创业活动不重视监督人员的地位和作用，导致传统创业活动落后低效。

总之，创业活动主体系统是由上述四个子系统有机组合而成的，决策人员、智囊人员、执行人员和监督人员共同构成了统一的创业活动主体。其中，决策人员是整个系统的"大脑"和"灵魂"，决策是否恰当和及时，直接关系着创业活动的成败；智囊人员作为决策人员的助手，是整个系统的"外脑"或"思想库"，帮助少数决策者"运筹帷幄、决胜千里"；执行人员则是创业活动的"躯干"或"主体"，决策只有通过他们的创业活动才会变成现实；而监督人员相当于创业活动系统的"眼睛"和指示仪，对创业活动起着监控、调整、跟踪和定向等多重作用。在创业活动中，上述四类子系统必须各司其职、协同配合，如果其中任何一类人员不司其职、不尽其能，创业活动主体的创业活动功能就得不到正常发挥；如果互相掣肘、扯皮内讧，创业活动主体系统便会因内耗而解体。

（三）创业活动主体的行为方式

创业活动主体要想有效地开展创业活动，除了要优化创业活动主体系统之外，正确的行为方式同样非常重要。如果创业活动主体的行为方式不正确，即使是一个人员素质高、系统结构优良的创业活动系统，也很难实现良好的创业活动效果。

创业活动主体的行为方式即创业活动主体的活动方式或工作方式，是在特定的文化环境和组织环境中长期形成的思维定式和行为模式。文化环境和组织环境不同，创业者认识和处理问题的方式也不同，从而形成形形色色的创业活动行为方式或类型，主要有以下几种。

第一种类型，独断型。这是官僚主义创业活动方式的一种，其表现为武断自信，听不进别人意见，凡事无论大小皆由一人独断，要求别人绝对服从、唯命是遵。独断型是专制主义的基本创业活动方式，资本主义初期的企业主习惯于这种工作方式，工厂的一切大小事务悉由企业主一人独断。独断型是民主型的对立面，它将创业活动中的指挥决策职能片面放大，排斥民主决策和民主监督。在现代，这种创业管理形式显然已不合时宜。

第二种类型，放任型。这是与独断型刚好相反的另一种创业者工作方式，其表现为创业者不愿或不敢行使自身应有的权力，该管的不管，放任下属"自由"行事。放任型创业活动方式的产生有其复杂的历史文化原因，在现实中也存在各种各样的具体表现。中国道家"无为而治"的思想，资产阶级人道主义抽象的自由平等观及蔑视权力的无政府主义思潮，都可以诱发和导致放任型的创业管理方式。在现实中我们常常可以看到，有的创业者抱着"无为而无不为"的宗旨，以为少揽权才能发挥下属的积极性，结果适得其反；有人错误地将权力和民主对立起来，以为权力必然破坏人们的自觉性，结果这个集体因缺乏约束机制而各行其是，成了一盘散沙；有的领导视权力为祸水，害怕行使权力会触怒雇员而使自己孤立无助，因而对周围许多违纪甚至犯法行为装聋作哑、听之任之，等等。

第三种类型，事务型。这种创业者活动方式既不同于独断，独断型是指大小事个人独揽专断，具有排他性；也不同于放任，放任型是完全或基本放弃创业活动，任由他人擅行其是。所谓事务型的创业者活动方式，是指创业者分不清自己该管哪些事，常常忘记自己的职责而纠缠于不该管的事务，从早到晚、成年累月陷入数不清的日常事务当中。之所以出现事务型的创业者活动方式，主要原因是创业者缺乏现代经济活动的主体观念，忘记了自己在创业活动系统中的职责。

第四种类型，以事为中心型。这是相对于以人为中心而言的一种较普遍的创业者活动方式。所谓以事为中心，是指创业者仅以工作为中心，而将人当作实现其工作目的的手段。具体说来，它可以区分为以盈利为目的的财务活动、以工作效率（生产效率或行政效率）为目的的经营活动和以产品质量为目的的质量控制活动三类创业行为方式。创业活动作为一种能动的特殊实践活动，有其明确具体的组织目的或行为目标，无论何种创业活动，都应提高工作效率并保证产品质量或服务质量。对于以企业创业活动为基础的创业活动，做好财务工作以保证其盈利，确实也是创业活动的重要目的之一。从这个意义上说，对以事为中心不能简单地加以责难，它作为创业活动主体行为的一种方式，应予以适当肯定。但是必须看到，这种方式并非理想的创业活动方式，而且可以说是一种失去根本目的、中心错位的创业活动方式。这是因为，任何一种创业活动都是通过人并为了人的群体活动，人不但是手段，更是目的。产品质量、工作效率以及财务增收只是创业活动的短近目的而非根本目的。另外，为了提高工作效率、保证产品质量和使企业盈利增收，必须依靠组织成员的共同努力。可见，这种行为方式是建立在对人性错误估计基础上的创业活动方式，是轻视人的机械创业活动方式。如果说这种方式在一定时期或某些领域曾经并正在发生作用，那也仅证明当时的人或那里的人自主意识太低或太受压制。随着社会的进步、人的觉醒、创业活动对象的复杂化和现代化，这种方式显然已暴露出它的弱点和缺陷，创业者不得不转向以人为中心的现代创业活动方式。

第五种类型，以人为中心型。这是现代社会普遍公认的最好的创业者活动方式，但又是创业活动主体难以准确把握的行为方式。这种创业活动方式首先要确认人是创业活动的根本目的，一切创业活动行为和创业活动工作最终都是为了满足人的需要。其次要确认人是创业活动的中心，一切创业活动工作、创业活动行为都应通过人来开展。这里的人既指创业者，也指创业组织成员。而要做到这一层，就不能将作为创业组织成员（一般说是雇员）的人当作单方面接受创业者指挥的纯粹受动者，而应看成有追求、有需要、有权利、能创造的能动者。既然如此，传统的独断专制和习惯采用的以事为中心的创业活动方式就应被排斥在创业者的行为方式之外，创业活动就不再只是少数创业者的事情。要实现这一目标，创业活动主体需要做好如下几方面的工作：首先，充分尊重和信任广大员工，注意广泛吸取员工的意见，做到择善而从，并将此形成习惯和制度；其次，充分调动广大员工的积极性，培养他们的能动性和创造性，善于依靠人而不仅仅依靠制度和命令去开展各项创业活动；最后，增加创业活动决策的透明度，使员工拥有必要的知情权。以上三点如果付诸实行并成为创业主体自觉的行为方式，创业活动主体同雇员就能融为一体，进而使创业活动高效率地持续进行下去。

二、创业活动客体

客体是相对于主体而言的对象，创业活动客体是创业活动主体所作用的对象。创业活动既然是创业活动主体作用于创业活动客体的特殊实践活动，那么在研究创业活动主体的规定、要求、系统结构和活动方式之后，就必须进一步考察创业活动对象的规定、特点、组织结构和活动方式。

（一）创业活动客体及其构成要素

客体在一般意义上，是主体有目的、有计划相作用的对象。其中，凡被人们有目的、有计划地认识和考察的对象，就是认识客体；凡被人们有目的、有计划地加以控制和改造的对象，就是实践客体。因此，客体范畴是一个包容甚广的哲学范畴，凡人类思想所及和活动相加的一切对象，无一不可以客体相称。

什么是创业活动客体呢？统而言之，即是人们常说的创业活动的对象。不过这种说法太概念化，为了使客体有其具体规定，明确创业者应当面对什么是一个十分关键的问题。一般人们认为，创业活动的对象是人、财、物三种基本要素，也有人认为时间和信息在创业活动过程中的作用很重要，要再加上时间和信息。

创业活动作为一种特殊的社会实践活动，是创业活动主体按照某种预定目的进行创业活动的特殊实践。因此，从事计划决策、组织指挥、控制调整的人是创业活动主体，而被计划、组织、指挥、控制的实践活动则是创业活动的客体。这种客体不是通常意义上消极被动的静态客体，而是特殊意义上积极能动的动态客体。这种客体既包括实体性因素人、财、物，也包括非实体性的功能因素和结构因素，如人的思想状态、人的活动方式、人员组织结构、人与人的信息沟通以及被人控制的时空等。创业活动客体之所以成其为创业活动主体有效作用的对象性客体，正是由于上述诸要素进入了被控制的实践活动领域。如果创业活动客体不是某一正在进行的实践活动，诸要素没有进入现实的实践活动领域，那么无论是人还是物，也无论是时间还是信息，都不可能成为创业活动的对象。

因此，应当把创业活动客体确定的人的实践活动系统，即凡是构成实践活动的一切因素，都看成创业活动客体的构成因素。还应当指出，实践的类型是多种多样的，因而构成每种创业活动客体的具体要素也多少不一、性质各异，不能用经济管理的客体要素套用一切创业活动的客体要素。不过，从创业活动哲学的角度来看，无论何种创业活动客体，都是由从事某种实践活动的人和实践赖以进行的物两类要素所构成。其中，人的要素包括人的思想（价值观念、意志情绪、认识能力）、人的行为（行为方式、行为趋向、行为方法）、人员结构（组织结构）和人际关系等；物的要素则包括物资、资金、环境、时间、空间和信息等。下面是对上述因素的具体分析。

第一，人的思想。说人是创业活动客体要素，自然应包括人的思想，因为人是有思想的理性动物，而不是无思想的机器或动物。但是思想作为一种无形的精神现象，能成为人所影响的客观对象吗？如果可以的话，又该如何理解客体的客观性？答案应是肯定的，这是因为人的思想虽然无形但并非不可捉摸。人的思想对于个人来说诚然是一种反映客观的主观，但当它作为被他人认识和影响的对象时，又是一种被反映被掌握的客观。列宁当年在考察革命的客观形势的时候，就曾将被剥削者的情绪、希望、决心等精神状态列入客观条件之一，这说明创业组织成员的思想虽然是一种无形的精神，但对于创业者来说则同样具有可知性和客观对象性。创业活动既然是一部分人与另一部分人一起实现的某一实践活动，那么创业活动主体自始至终就必先了解创业组织成员的意愿，控制他们的情绪、激励、热情，培育他们的才智、同化他们的观念，从而使创业组织成员的思想成为可预测、可感知、可跟踪控制的对象。

第二，人的行为。人的行为即人的现实活动，同人的思想比较，它具有明显的客观物质性和目的方向性。当人未进入创业企业的时候，其活动是由自己支配的自主活动，个人既是主体又是客体。而一旦进入创业企业，同创业者发生关系，其活动就不再是完全自主的，而必须受制于人，成为受创业活动主体支配的对象性客体。创业活动之所以可能，正在于一部分人的行为方式、行为趋向以至活动方法不能任由自己支配而须接受别人的引导、规定及指挥。创业组织成员干什么、怎样干、为什么而干，都要由创业者来决定。在有的创业活动领域，创业组织成员的行为方法也成为被规范的对象，如在生产类的创业活动中，就可能依据泰勒的理念将工人的操作动作做出省时、省力、省料的一系列规定。当然，这不是说雇员的一切行为都必须接受创业者的严密控制，如果这样，人就成为毫无自立性和创造性的机器。

第三，人员结构。作为创业活动客体要素的人不是以个体的方式而是以群体的方式而存在。群体究竟以何种结构方式进行活动，对创业活动的成效影响极大。因此，创业活动客体要素不仅包括作为创业活动客体的人的思想、人的活动，还包括人与人的组合方式或组织状态。创业者只有根据不同的创业活动目的来建立创业活动组织系统并根据情况的变化随时调整组织结构，才能使创业活动卓有成效。

第四，人际关系。人际关系是指组织内人与人之间发生的关系，它既包括创业活动主体之间的关系，也包括创业活动主体同雇员以及雇员之间的关系。正是由于组织内人与人的关系常常不和谐，需要调整，人际关系才成为创业者关注的对象。无论在什么样的人群系统中，人与人之间总会产生各种各样的矛盾，这是任何组织设计者预先不可能防止的，是不以创业者的主观意愿为转移的。建立一个无矛盾的组织系统的设想显然是一种幻想，而对组织中人际关系中的不和谐感到不可理解甚至不知所措，则近乎无知。

第五，物资。在哲学中，物质是相对于精神而言的客观实在，它包括很广，不仅财是物质，人也是物质。而物资则不是一个哲学概念而是一个经济学概念，它是指人类物质生产和生活不可缺少的自然资源、生产资料和生活资料。物资作为人们进行生产实践和生活消费的对象是显然的，但成为创业活动的要素则需要加以说明。当自然物资未进入生产和生活领域的时候，是以资源形式存在的，资源的种类主要有土地、森林、矿藏和水域等。自然资源进入生产领域之后，便被生产实践改造为材料、能源、工具、设备等生产资料，直接同生产资料打交道进行物资保管、设备维护及保卫的人员（如仓库保管和资财保卫人员）是创业企业基层人员；而从事产品供销计划制订、库存控制、物资调拨、设备引进或更新等工作的则属创业企业高层人员。生产过程完结、自然资源转变为消费品之后，还将经过分配和交换环节，最后进入社会消费领域，这其中每个环节都离不开企业经济活动。物资是人类经济活动的对象，正是以各种不同形式的物资为客体，才形成五光十色的创业活动之网。

第六，资财。资财是资金和物资的价值表现。所谓资金，即用于某种活动的实有货币；所谓物资的价值表现，是以货币为价值尺度对物质财产数额（金额）所做的计算。人类自进入文明社会以来，无论从事哪类实践活动（特别是经济活动），都离不开对物质资料价值的正确认识和合理使用。而要正确认识和合理使用物质资料的价值，就必须合理地聚财、生财、用财。在商品生产高度发展的现代社会，要使创业活动更科学、更有效，资财无疑起着越来越重要的作用，也具有更加繁复的形式和内容。

第七，环境。环境又称组织环境，是存在于创业活动系统之外、影响创业活动系统的一系列因素的总和，包括生态自然环境、社会经济环境（如投资环境、市场环境）、政治法律环境、科技文化环境等。环境对于创业活动有两重性。其一，环境作为创业活动系统的存在条件，是既定的、外在的"编外因素"。一般来说，是环境选择决定创业活动系统，只有适应特定环境的组织才能存在，与环境不适应者便会灭亡。在这个意义上，环境不是创业活动主体可以驾驭改变的客体。其二，创业活动主体既然是人，而人又有主观能动性，就创业活动系统就不可能完全被环境左右，在一定范围内和一定条件下，它可以并且应当按自身的需要去选择环境、改造环境，与环境建立起互通物质、能量和信息的和谐平衡关系。在这个意义上，环境就成为创业活动主体的客体因素。当代中国创业者在确立某一战略目标、进行计划决策或是制定某一组织原则、开展创业活动的时候，都脱不开中国国情这个大环境，都必须从中国的资源、人口、社会主义制度和人口的科学文化素质以至道德民俗等条件出发。无视国情，盲目套用西方的创业活动形式和方法，必然导致创业活动的失败。有作为的创业者，都会在坚持四项基本原则的前提下，想方设法改造现有的环境，或者开发利用不利环境中的有利因素。可见，环境决定创业活动，创业活动又改造环境，这合乎马克思的环境创造人、人又创造环境的辩证思想。如果看不到前者，会犯唯心主义错误；而抹杀了后者，就是机械唯物主义。

第八，时间。在哲学上，时间被看成是物质运动的存在形式之一。物质处在绝对的运动中，运动着的物质所固有的过程性、延续性和先后承续性，即是时间。创业活动客体诸要素，无论是人的要素还是物的要素，无一不同时间有关，或者说都在时间中运动、转换、匹配。因此，创业活动的客体要素不仅包括上述的人、物、财、环境，也包括时间。时间本身是不会被人所改变的，要充分认识时间的价值和提高时间的使用效率，创业者就要对创业组织成员进行时限控制、时机选择和时效教育。创业组织成员是在一定的时间中活动的，因而创业者不仅要规范雇员的思想和行为，还必须对其活动的时间期限做出规定，否则就谈不上科学的创业管理活动。即使对于物（如库存物资）和信息，也应有时限控制，因为超过规定时限的物资可能变质，信息可能失效。时机选择指创业组织成员恰当选择和准确把握某种机遇，充分发挥时间的效率价值，达到在正常情况下所达不到的目的。时效是指相同时限内的不同工作效率。时效教育就是向创业组织成员灌输时间就是金钱、时间就是生命、时间就是效率的观念，引导创业组织成员抓紧时间工作，在短时间内发挥出最大的效益。总之，虽然时间对每个人是无私公正的，时间本身具有不以人的意志为转移的客观性，但是人对时间价值的认识和利用时间的方式却大有差别。在现代社会，随着生活节奏的加快，时间作为创业活动客体系统的标量因素应当受到广大创业者的普遍重视。

第九，信息。信息是物质属性和关系的表征。无论是无机界还是有机界，都是通过它们各自的信息来显现其固有特征和相互关系。在自然界中，虽然客观存在着多种多样的信息，而且这些信息客观地经历着传递、接收、处理和反馈的过程，但这一切只是"自然"地进行着的，不存在信息控制活动。信息控制与管理活动是人类为了解、沟通外界客观对象以提高其组织性而开展的自觉活动。美国贝尔公司的申农博士认为，信息是用来消除随机不定性的东西。其通信功能就是消除不定性，信息的量就是用被消除的不确定性之大小来衡量。控制论的创始人维纳也认为，信息和熵刚好是两个相反性质的概念，前者标志系统的组织程度，后者表示组织解体的量度，信息可以提高系统的组织性。由此可见，信息普遍存在于或者依附于物质和活动之中，并对任何一种系统的组织和运行状态发生自觉或不自觉的影响。因此，在创业活动中，任何一种客体系统如果要防止内部混乱、加强其组织性，就必须收集大量信息、分析整理有关信息，利用信息来进行科学的预测和决策，调整控制其创业活动客体，从而使组织系统内部保持和谐，建立与环境的稳态平衡。相反，如果以为信息看不见、摸不着而不对信息加以关注和处理，那么这样的创业活动就完全是主观蛮干，毫无科学性可言，可能会陷入"盲人骑瞎马，夜半临深池"的境地。当代社会处于信息时代，信息在现代创业活动中发挥着极其重要的作用。

综上所述，我们可以看到，实践活动作为创业活动的客体，包含着诸如人、物、财、时间、信息、环境等多种要素，是一个结构复杂的多元动态系统。离开系统论和创业实践活动孤立地分析创业活动客体要素显然是不可取的。

（二）创业活动客体的基本特点

创业活动客体既然是实践活动系统，那么它就具有实践的客观实在性、主观能动性和社会历史性等一般特征。既然它是作为创业活动主体所作用的对象性客体而存在，那么它同时具有可控性、系统组织性等具体特征。

创业活动客体的客观性，是指创业活动客体不以创业活动主体的意识为转移。无论是客体中物的要素，还是客体中人的要素，它们的存在都是客观的。其中，物、财、信息、环境、时间等要素，其客观性是不言而喻的，它们各有其内在属性和运行规律。作为创业活动客体的人虽然是有目的、有意识的，但人的存在及其活动同样是客观的，同样服从一定的客观规律，创业者不能随心所欲地对其施加影响。创业活动客体的客观性说明并要求创业活动主体的一切活动首先必须从客体的现状出发，遵循唯物主义的实事求是原则。如果不从创业活动客体的现实存在而仅仅从创业活动主体的愿望出发，就会将创业活动引向错误的深渊。

创业活动客体的主观能动性，是专指创业活动客体中人的能动性或主动性。一方面，创业活动客体中的人具有受动性；另一方面，人这种创业活动客体又不同于物这类客体，而是进行实践活动的主体，有其支配、改造客观事物的主动创造性。也就是说，人既是创业活动中被动的对象性客体，又是实践活动中能动的创造性主体。没有人的这种主观能动性，就不可能有真正成功的创业活动。另外，即使在创业活动中，作为创业活动客体的人也并非只具有客体的性质，很多时候他们也同时参与部分决策和部分监督的工作，这种参与也体现着他们的主观能动性。如果创业活动客体的人不主动发挥作为人的主观能动性，或者创业者不把创业活动客体中的人当人看而当物看，创业活动客体就失去了它的活力因素，创业活动也就谈不上真正有效的创业活动。

创业活动客体的社会历史性包括两层含义：一方面是说，创业活动客体系统及诸要素是在社会大环境中形成的，不可能脱离一定的社会环境孤立存在。或者说，创业活动客体不是绝对封闭的系统，而是作为社会大系统的一个子系统与其进行物质、能量、信息的交换。如果脱离人类社会，不但人不能作为客体进入某一创业活动系统，物也不能成为创业活动的对象或客体要素，同时更不能耦合为完整有序的创业活动客体系统。另一方面是说，创业活动客体系统及诸要素既然存在于社会大系统之中，那么它们就会随社会历史的变化而不断变化，以保持它与社会环境的动态平衡。因此，无论是历史上还是现实中，没有一成不变的抽象的创业活动客体，只有变动的具体的创业活动客体。设想有普遍适用、千古不易的客体模式，是一种不切实际的形而上学观点。

（三）创业活动主体和创业活动客体的辩证关系

创业活动主体和创业活动客体作为创业活动大系统的两极，其性质、结构和功能如上所述，是完全不同、截然对立的。无论何种创业活动，总是由特定的创业活动主体和与之对立的创业活动客体构成的。

但是，创业活动主体和创业活动客体之间除去上述对立的一面，还存在相互联系、相互制约和相互转化的关系。研究二者的辩证关系，可以从动态上把握创业活动的实质。

首先，创业活动主体和创业活动客体作为创业活动实体系统的两极，是以对方为其自身存在的条件，任何一方都不能离开另一方而单独存在。创业活动主体之所以居于主体地位，是因为存在着可供他们支配的客体；创业活动客体之所以成为被支配的客体，是因为必须追随、服从创业活动主体。如果没有创业活动主体，创业活动客体就无从谈起。没有创业活动客体，也无从形成创业活动主体。可见，创业活动主体和创业活动客体之间是一种相互依赖的关系，二者的性质和地位是相互规定的。

其次，创业活动主体和创业活动客体之间又是相互作用、相互制约的。创业活动主体作用于创业活动客体，或者说创业活动客体受创业活动主体的制约，这是很显然的现象，因此人们常常将创业管理活动理解为创业者对创业组织成员单方面主动施加的种种影响。其实，创业管理活动绝非创业活动主体作用于创业活动客体的单向活动，而是二者相互作用、相互制约的双向活动。在创业活动过程中，创业活动主体也受到创业活动客体的作用和制约，这表现为：第一，所有创业计划必须根据创业活动客体的现状做出，创业活动主体不能离开创业组织的现实情况来做计划；第二，创业计划的实施有赖于创业活动客体与创业活动主体之间的协调，特别有赖于作为客体的人与创业者的合作。如果创业活动客体不予配合，创业活动便无法开展；第三，创业者的行为不能是任意的，如果创业者任性妄为，一意孤行，就会出现各种形式的（公开的和隐蔽的）不合作行为。可见，创业活动绝不是创业活动主体单方面作用于创业活动客体的单向活动，而是创业活动主体和创业活动客体相互制约、相互作用的双向活动。创业活动不应仅仅理解为创业者的能动活动，而应理解为创业者和创业组织成员的互助合作活动。

最后，创业活动主客体的统一是具体的、历史的统一。创业活动作为重要的社会实践活动，是与人类历史相适应的。对于创业活动主体和创业活动客体的划分，也不是绝对的、不可能改变的。

第二章 大学生创业教育的时代背景与现状分析

第一节 大学生创业教育的经济环境

经济基础决定上层建筑，大学生创业教育的发生、发展必然有其根植的经济环境，而社会主义市场经济环境正是大学生创新创业的经济土壤，是开展大学生创业教育的经济基础。

一、市场经济的基本精神

（一）崇尚自由的精神

市场经济首先要求每一个进入市场的劳动者都必须具有独立自由的人身资格，自由地选择劳动，而不是被迫选择。自由既是市场经济对所有经济行为主体的基本资格要求，也是其内在经济要求所体现的基本精神。其一，市场经济要求取消政府的计划指令，推行资源配置的市场化，呈现出有别于计划经济的资源配置的自由性特征；其二，市场主体及参与者可以在价值规律的作用下，根据自己的经济实力、技术优势或资源占有等条件以及市场的需求，自主生产和经营，自愿交易，这形成了市场主体及参与者的自由性。

（二）追求平等的精神

市场经济要求平等交易。价值规律构成市场经济运行的最基本规律，而等价交换则是这一规律正常运行的基础。平等交易才能保证劳动交换的公平和正义，才能保证市场的基本秩序和稳定。市场经济所要求的平等当然并不是利益均分的平均主义，因为平均主义违背了权利与义务的公平对等，显然不能实现劳动者之间劳动的公平交换，而只能破坏这种交换，并最终扼杀人的劳动积极性，甚至劳动本身。市场经济力求排除等级、身份、特权等不平等因素，要求市场主体及参与者的人格平等，互不辖属；地位平等，互不胁迫；机会均等，公平交易。

自由和平等是市场经济的基本精神，建立公平合作和平等参与的社会基本制度体系，是市场经济追求的社会体制化目标。市场经济要求建立自由、平等的市场经济制度，要求建立使劳动者能够开展公平的自由竞争、平等参与和共同承担责任的社会机制。

（三）实现互利合作的精神

市场经济的基本要素是"交易"，一方面，市场经济是利益驱动型经济，市场主体参与市场经济活动的主要目的是为了获取利益，利益原则是市场经济不以人的意志为转移的客观事实，市场理性天然地具有利己性的价值取向。另一方面，市场主体要达到预期的利己目的，必须以提供一定的商品或服务、满足他人与社会的需要为前提。市场主体的利己追求只有在满足交换关系中他人的利益的前提下，生产出"社会的使用价值"后才能实现。就市场经济整体而言，交易虽然以"自由竞争"为样态和手段，却以分工为前提，只有在交易中才能最终完成对各方的增效。市场类似博弈，只有局中人在良性循环的对策变换中突破"个人利益第一"的观念，在"合作上押注"，才能够实现实践中结果的不断增益和总体的最大化。而竞争双方为了得到各自最大的福利，采取损人的竞争方式，尽量排除对方福利最大的可能性，结果会是两败俱伤。因此，在市场经济中，"互利合作"才是根本目的，合作精神的集体价值理性应占主导。

由此可见，使劳动者自由、平等地交换彼此的劳动，在合作中合理地配置社会资源，表面上看是一个经济标准和原则，但实质上是一个道德标准和原则，因此，市场经济的实质是道德经济，其道德内涵是公平正义和互利诚信，这也可以说是市场经济规则的道德底线。

（四）功利主义精神

功利主义认为人应该有"达到最大善"的行为，所谓最大善则是此行为所涉及的每个个体的苦乐感觉的总和，其中每个个体都被视为具相同分量且快乐与痛苦是能够换算的个体，痛苦仅是"负的快乐"。不同于一般的伦理学说，功利主义不考虑一个人行为的动机与手段，仅考虑一个行为的结果对最大快乐值的影响。

能增加最大快乐值的即是善，反之即为恶。边沁和密尔认为，人类的行为完全以快乐和痛苦为动机。密尔认为，人类行为的唯一目的是求得幸福，所以对幸福的促进就成为判断人的一切行为的标准。在经济学上，所谓边际效用分析学派，如威廉姆·斯坦利·杰文斯就是从边沁那里吸取了许多思想；所谓"福利经济学"是以"比较爱好"代替"比较效用"，也表现了功利主义的基本精神。在经济政策上，早期的功利主义者倾向自由贸易，反对政府干预。后期的功利主义者由于对私人企业的社会效率失去信心，多希望政府出面干涉来纠正私人企业的弊病。在当代的讨论中，人们对伦理学语言的分析，以及对边沁的"快乐计算"均已失去兴趣；功利主义出现了种种修正的和复杂的问题。

（五）契约精神

契约精神是西方社会文明的主流精神，"契约"一词源于拉丁文，在拉丁文中的原意为交易，其本质是一种契约自由的理念。所谓契约精神是存在于商品经济社会并由此派生的契约关系与内在的原则，是一种自由、平等、守信的精神。契约信守精神是契约精神的核心精神，也是契约从习惯上升为精神的伦理基础。诚实信用是民法的"帝王条款"和"君临全法域之基本原则"。在契约未上升为契约精神之前，人们订立契约源自彼此的不信任，所以契约的订立采取的是强制主义；当契约上升为契约精神以后，人们订立契约源于彼此的信任；当契约信守精神在社会中成为一种约定俗成的主流时，契约的价值才真正得以实现。

（六）理性主义精神

这种对利的理性主义社会伦理价值取向，大致可以概括为合理利己主义。作为一种价值理念与社会伦理精神取向，合理利己主义从头至尾都贯透着利己性，而这种利己性缺少一种康德式的道义精神，所以为人们所诟病。然而，如果不是以一种情绪化的态度，而是以一种理性的态度冷静审视合理利己主义，可以发现，即使在道义上它也仍然拥有某种善的品质，尽管这种善不是强善而是弱善。之所以说合理利己主义不是强善，就在于它没有道义论伦理精神的那种彻底的无私性和震撼力，缺少传统义务美德的圣洁性。之所以说它还是善而不是恶，就在于它相对于极端利己主义、相对于所谓损人利己，仍然具有某种合理性，在一定程度上表达了对他人利益尊重的道德义务精神，表达了一种不同于传统身份等级、宗法制的社会关系与社会经济类型。在合理利己主义中，一方面，可以透射出主体性地位及其主体性精神的确立；另一方面，这种主体性是以一种互利方式表达出的交互主体性，所以它至少以一种特殊的方式表达了经济活动主体间的某种平等互惠的交互主体性关系。

二、市场经济呼唤创业教育

伴随着我国经济体制改革的不断深化，社会主义市场经济大潮呼唤着创业教育的发展。经济结构的变革与经济成分的多样化，为创业教育的发展开辟了新的途径。

党的十五大确定了我国经济体制以公有制为主体，多种经济成分共同发展的方针，是我国经济稳步发展，既定经济发展战略目标得以实现的根本保证和基础。鼓励、引导个体、私营等非公有制经济的发展对建立新的经济增长点、促进和繁荣国民经济有着十分重要的意义。

经济体制的变革、经济结构的变化、经济成分的多元化，带来的是更大程度的社会生产力的解放，并由此引发了社会劳动力结构的重新组合与调整。原来由国家统包分配的就业制度已成历史，企业产业结构的调整、减员增效原则的实施、先进生产设备与科学技术的应用带来的自动化程度的提高，既要求广大职工结构、成分的变化和一线用工的减少，又有着对高素质劳动力的迫切要求，同时引发了劳动力合理转移的客观需求。

面对社会劳动力的重新组合，面对科学技术高速发展形势下人才劳务市场的激烈竞争，大学生如何正确确定自我的人生位置，这是一个十分现实而又严峻的问题。

首先要认清形势，转变观念。这是一种历史的必然发展，作为个人，最关键的是如何主动地去适应社会需求的变化，并在新形势下按照新的要求塑造自我。

随着科学技术的发展、生产设备的不断更新、技术老化周期的缩短，"就业—失业—再就业"已成为一种十分正常的社会现象。一个人在一个岗位上"从一而终"的从业模式将成为历史。据统计，发达国家一个人一生将更换约七次工作。产业结构的不断优化，对劳动力的使用，必然带来日益突出的多变性。这在客观上必然要求发展创业教育，提供新的就业机会。

美国的经济专家拉希来·马尤尔从世界经济发展的客观实际出发得出了这样一条结论：创造高经济价值的主要方式从批量制造转向了服务业，从而使社会和经济的每一个方面都朝着小型化、分散化发展。正当欧洲大公司继续大量裁员的时候，欧洲的小公司却正生机勃勃，不断涌现。

我国企业改革中"抓大放小"政策的出台为这种分散的、小型的企业的创办与发展提供了新的历史机遇。这些个体、私营企业在吸纳社会劳动力方面有相当大的潜能。发展小型企业，造就一支具备强有力的创业精神和创业能力的个体私营企业小企业主的队伍，既有直接促进经济发展的作用，又有优化社会劳动力结构的功效。而培养和造就这支队伍的任务就落在了创业教育身上，这也就是我们要在高等学校开设创业课的目的。

第二节　大学生创业教育的政策环境

当前，我国大学生创业教育依赖的政策环境主要是创新驱动发展战略和"双创"制度性安排。

一、科技创新与创业教育

近年来，"创新"一词越来越为人们所熟悉，"大众创业、万众创新"国家政策更是把中国的创新推向前所未有的高潮。许多事物均被冠以"创新"的名称，这更是增加了我们对"创新"理解的困难，对"创新"概念的界定也显得十分必要。

"创新"的基本概念由约瑟夫·熊彼特在其代表作《经济发展理论》中首次提出，他认为所谓创新就是要"建立一种新的生产函数"，即"生产要素的重新组合"，就是要把一种从来没有的关于生产要素和生产条件的"新组合"引进生产体系中，以实现对生产要素或生产条件的"新组合"。该定义虽然经典，但是无助于我们区分什么是真正的创新。近年来，许多创新研究学者对此定义有了进一步修正和补充，提出了一些新的概念：

Rogers 认为"创新是一个创意、一个操作流程或者一个物体，它被个人或者组织作为新的东西加以采用"。

Betje 认为"创新是在生产、配送以及消费产品或者服务过程中所采用的新东西"。

DTI 认为"创新是对创意的成功采用"。

Freemaruind Soete 认为"创新是对新流程的首次商业化应用，或者新产品的首次商业化生产"。

此外，不少专家学者还发表了自己对创新与创业异同的意见，详见表2-1。

表2-1　创新与创业的异同

专家学者	创新与创业的异同
Yvon Gasse	创新是带给市场新的东西，而创业是对市场需求的一种反应，不管新颖与否
Andrew Zacharkis	创新是发展一项新产品或新生产过程，这一新产品或新生产过程或许有或许没有商业潜力；创业是利用这些创新以获得市场潜力
Kirchhoff Bruce	创新——发明的商业化；发明——一项新的创意或是新创意的组合；商业化——把发明创造成产品或服务，这一产品或服务在公开市场上能够买到，使卖者获得一定利润；创业——使一项发明商业化，并且创建一个独立企业的行为。创业者不需要提供这种努力的资金，但承担这种商业化成功的大部分风险
Lowell Busenitz	创业通常是指基于创新主义的新企业创建活动；创新通常是指一个大型组织内部的基于研发活动的行为。一些作者如 Teece 也区分了发明与创新的不同，发明是一项基础性的新概念创造，而创新则使一项已存在的产品更好
Lars Kolvereid	创业更多的是指新创建企业的行为。假如你想要一些更宽泛些的定义，可以定义为个体或团体识别和开发风险机会的过程。创新则是给组织、产业或地区等介绍了新的东西，创新一般发生于已有组织、产业或地区中，分析的单位通常是组织、产业或地区层面
Friederike Welter	Shane 等人于 2000 年发表的论文总结了创业及其特点。创业能够被任何人、组织实施，特别代表了变革和动态性。几个研究创业的学者同时考察了创新领域，因为他们有交叉，许多创业者也从事创新实践。另外，Bhide 在 2000 年的研究显示，许多快速成长型的新创建企业实际上并非是创新的
Monica Diochon	对于此问题有大量的争议，没有定论。两者的关系是创新体现的是"结果"（一项新的或改进的产品、过程或服务），而创业是"工具或手段"，它通过创业而获得创新的过程
Cheri Stahl	创新包含新技术的导入，而创业导致新财富的创造
Anders Lundstorm	创新主要是对产品或服务而言，而创业主要是对个体而言
David Crick	就像是在一般创业课本中看到的，创新仅是创业者所具有的特征的一个属性，还有如风险承担等，创新只是创业行为的一种
Michael Meeks	熊彼特认为创业主要指创新，柯兹纳认为创业主要指对市场机会的洞察力与认知，奈特认为创业主要指的是风险承担。可见，对创业的本质有许多甚至是相互冲突的观点

与熊彼特创新概念相比较，后面的概念更接近创新的本质，因为他们提到了企业和商业，这正是所有创新均具备的重要特性。这些概念也强调了一个事实，即创新是对创意或者发明的商业化开发和应用，以便能在市场上交易。近年来，互联网大大提高了服务创新所占的比例，Facebook、eBay、Youtube、淘宝、微信等普遍受欢迎的新型服务因互联网技术而生，满足了消费者的各类需求。

综合来看，创新包含了技术和利用两个维度。通常我们把第一个纬度视作发明，将第二个维度视为商业化。对发明的开发利用就是把一个模型或者原型变为市场上可供消费者购买的东西，与创造一项发明相比，后者更缺乏英雄主义的迷人色彩，但是更加重要。不幸的是，商业化往往被人忽略，由于没有商业化，发明仅停留于伟大的创意，无法给消费者带来满意的产品。只有两个维度均被有效地实施，才算成功实现了创新。所以，我们对创新的定义可以简单概括为创新 = 发明 + 商业化。需要注意的是，这个简单概括主要针对"产品创新"这种模式，能够很好地反映其实质；对于服务创新和流程创新，"发明"一词可能不太合适，"创新 = 创意 + 商业化"更贴切一些。从本质上看，创新本身就天然地包含了创业的内容和过程活动。

（一）科技创新的实质

在技术创新领域，"创新"一词还被冠以各种修饰词汇，形成了诸如"技术创新""科技创新"等衍生名词，那么它们和"创新"是否有区别呢？如果有的话，区别又在哪里呢？

早期的研究文献证实"技术创新"的概念是逐步衍生出来的。1912 年，奥地利经济学家熊彼特在其《经济发展理论》一书中首次提出"创新"的概念，认为创新是生产要素进行新的组合以获取潜在利润的过程，是不断打破旧有结构，创造新结构的过程，主要包括产品创新、工艺创新、市场创新、资源开发利用创新、体制和管理创新。熊彼特并未明确地将"科技创新"从"创新"概念中分离出来。于是，索洛对其理论进行了深入的研究和探讨，提出了"科技创新"的概念及其"两步论"。1962 年伊诺斯在其发表的《石油加工业中的发明与创新》一文中明确提出了技术创新的定义："技术创新是几种行为综合的结果，这些行为包括发明的选择、资本投入保证、组织建立、制订计划、招用工人和开辟市场等。"正是由于伊诺斯的定义，学术界产生了对创新的定义和研究的浓厚兴趣，不同学者纷纷就"创新"的概念进行了定义和研究。厄特巴克从区别发明或技术样本的角度定义技术创新就是技术的实际采用或首次应用。弗里曼在《工业创新经济学》中明确指出："技术创新就是指新产品、新过程、新系统和新服务的首次商业性转化。"

百度百科对科技创新的定义是"创造和应用新知识和新技术、新工艺，采用新的生产方式和经营管理模式，开发新产品，提高产品质量，提供新服务的过程"。科技创新可以分成三种类型：知识创新、技术创新和现代科技引领科技创新的管理创新。

归纳上述概念，不难看出所有的创新与发明都存在着千丝万缕的联系，而所有的发明均是科学发现和技术进步的产物。追根溯源，创新始于科学与技术，特别是当我们把"科技"一词的外延拓展至管理技术、生产方式甚至是商业模式时，我们就更能肯定技术在创新当中的作用，无论是有形的产品创新还是无形的服务创新和流程创新，均和科学与技术脱离不了关系。所以，为了突出科学技术在创新中的作用，人们常用"科技创新"或者"技术创新"称呼"创新"。

用"科技创新"指代"创新"的好处是能够充分肯定科学与技术进步在创新中的作用，引起人们对科学与技术研发工作的重视，而且这一概念比较容易被政府科技管理部门，如科技部、科技厅、科技局等科技管理工作者所接受。

但是，其缺陷也是比较明显的，甚至有时候是致命的。如果不谨慎处理会引发人们理解的混乱，甚至是创新管理工作理念的错误。其一，既然有"科技创新"，那么肯定就存在"非科技创新"了，基于非此即彼的思维模式，很容易把基于"软科学"的生产方式创新、商业模式创新、服务创新等归类为"非科技创新"，甚至干脆认为这就是"非创新"。事实上，从创新的本质来看，所有这些都应归为"创新"，并且都是基于广义的科学技术的。其二，"科技创新"的提法更倾向于强调"科技"在"创新"中的作用，使人们有意无意地忽略了创新的第二个维度——"商业化"，容易误导人们认为"科技创新"是科技工作者的事情，单纯依赖科技工作者的努力即可完成。事实上，任何一项创新均离不开商业化，但成功地把一项发明商业化需要商业努力。

从本质上来讲，科技创新等同于创新。但是，其前提条件是科技并不局限于自然科学技术，还包括生产技术、管理技术、商业技术等"软科学"技术。

（二）科技创新的模式

早期的技术创新理论倡导的主要是技术推进模式，如从科学发现或技术发明到技术创新，再到新产品，最后投入市场。技术创新取决于科学技术进步，只有在科学技术上获得重大发现，技术创新活动才得以产生和开展，并最终实现科学技术成果的商品化。由此可见，科技创新是技术创新的一个阶段性过程，科技创新的技术成果被企业产业化或得到企业的首次应用和实际采用即转入技术创新的阶段。

大约从 20 世纪 60 年代开始，技术推动模式受到了种种指责，科学技术的发现和发明、技术创新以及市场之间的复杂关系逐渐受到人们的注意。1966 年，美国经济学家施莫克乐提出了与技术推动模式相反的市场需求拉动模式，即从市场需求开始，然后构思、研究开发、生产，最后投入市场。技术创新源于市场需求信息，只有满足了市场需求的技术创新活动才会获得成功。

以上两种模式都是单因素决定的线性模式，它们虽然能够解释一部分技术创新活动，但难以避免各自的局限性或片面性。美国经济学家莫厄里和罗森堡最早阐述了"推—拉综合作用模式"（图 2-1）。他们认为，技术创新是一个非常复杂的过程，是在科学发现和技术发明所提供的技术机会和由市场需求或社会需要提供的市场机会综合作用的情况下产生的。

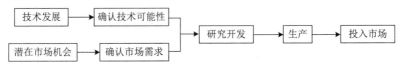

图 2-1　技术创新的综合作用模式

以上几种技术创新过程都是单向无反馈的模式。有学者认为，不管是技术推动、市场拉动还是两者的综合作用，都没能较好地反映出创新系统应具有的敏感性和协调性以及整合与转化的功能。由此，我国学者关士续等对技术创新的过程进行了模式化研究，提出了双向循环模式（图 2-2）。他认为，需求拉动最终决定了转化过程的方向和快慢，科技推动则决定了转化实现的方式和途径。

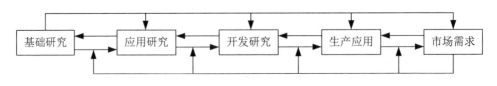

图 2-2　双向循环模式

国外学者霍夫勒将科技创新活动和企业的技术创新活动视为两个循环过程（图 2-3），它们之间通过"信息转让和培训活动"相联系，这表明了技术创新的本质特征在于科技创新和经济活动两循环的有效结合。

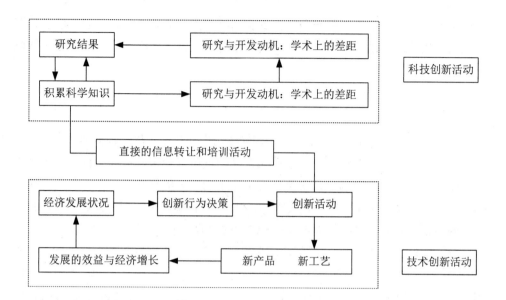

图 2-3　霍夫勒模式

关于企业内部的技术创新过程，岳清唐指出：企业要进行技术创新，至少要涉及以下因素，包括市场的发现与开拓、技术的开发与研究、人员的培训与调整、设备的更新与改造、资金的筹集与使用、资源的开发与供应等。这正是企业技术创新运行机制需要平衡和综合的。于是，岳清唐提出了"三回路模式"，如图 2-4 所示。

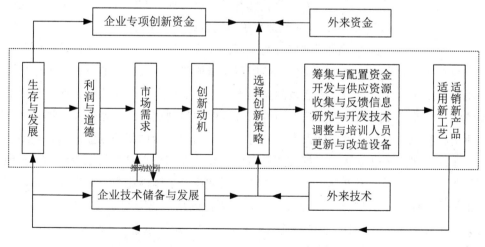

图 2-4　技术创新三回路模式（虚线框为市场回路）

"三回路模式"包含市场回路、资金回路、技术回路。市场回路是指企业要面向市场不断地提供新的产品与服务。资金回路是指企业要进行技术创新活动的资金投入。技术回路是要求企业必须和技术结合才能发挥资金和市场的作用，造就出技术创新。

（三）创新创业

相对于"创新"而言，"创业"一词的泛用更加普遍。尽管日常生活中，人们出于生存需要自筹资金设立一家平淡无奇的杂货店以养家糊口属于创业，每日等着三轮车去蔬菜批发市场贩来青菜售卖也属于创业，但是在学术界，学者往往从创新的角度去界定创业。比如，"创新之父"熊彼特早就关注到了创业问题及其与创新的关联，提出"创业包括创新和未曾尝试过的技术"。

Morris 对欧美 77 个流行的创业定义经过整理发现出现频次最高的关键词主要包括开创新视野、创建新组织、创造资源的新组合，捕捉机会，风险承担，价值创造，等等。可见，创业总是和"新"字联系在一起的，无论是新机会、新组合、新业务、新组织、新企业还是新事业。国内学者常忠义认为，创业是创新的重要内容，是创新的组成部分，创业的能力与活力是技术创新体系在创业过程中所应具备的基本条件和潜力。

德鲁克则从更高的创新标准去界定创业活动，认为没有创新的企业创建活动不是创业，也就是说仅开张一家"既没有创造出新的令人满意的服务，又没有创造出新的顾客需求"的熟食店就不是创业。

综合以上概念，我们认为创业是创业者对自己拥有的资源或通过努力对能够拥有的资源进行优化整合，从而创造出更大经济或社会价值的过程。

创业可以依据不同的标准划分为不同的类型。例如，按照创业目的不同可以分为生存型创业和机会型创业。生存型创业指那些由于没有其他更好的工作选择而从事创业的创业活动，机会型创业则指那些为了追求一个商业机会而从事创业的创业活动。按照创新程度的不同可以分为模仿型创业和创新型创业。模仿型创业指那些通过模仿或跟随别人而不进行创新或很少进行创新的创业活动，创新型创业则指那些通过创新、变革或领先抓住具有较高创新型机会的创业活动。按照创业主体的不同，可以分为个体创业和公司创业。个体创业指与原有组织实体不相关的个体或团队进行的创业行为，公司创业则指由已有组织发起的组织创造、更新和创新活动，是组织内部的个体或群体通过与组织联合来创建新的业务机构、推动组织内部战略更新和创新的过程。

我们所要研究的科技创新创业就是那些以科技为支撑、以创新为手段的创业活动。其实质就是通过新建组织的方式把一项发明或者创意顺利转化为产品推向市场，消费者则通过产品或服务购买而从中受益。对于流程创新（资本品创新）而言，其是企业购买并纳入生产或服务流程中以提高生产效率。通过上述活动，创业者可获得自己应有的商业回报。

可见，科技创新创业将创业提高到一个层次，与普通行业活动相比较，创新是它的关键特征。科技创新是科技创业的先决条件，创业是科学知识价值的终极体现，科技成果转化程序是科技创新创业的有效保证。熊彼特的创新理论也指出了这一点，创新来源于创业，创新应该成为评判创业的标准。在熊彼特看来，企业家的智能就是实现创新，引进生产要素的"新组合"。科技创新创业活动则是创造竞争性经济体系的重要力量。肖玲指出，科技创新创业是经济增长和社会进步的主要因素，科技创新是经济增长的"发动机"，要把"潜在"转化为现实"存在"，就必须把"创新"转变为"创业"。

（四）创新与创业的关系

创业和创新之间的关系尽管在各种文献中已被讨论多年，但仍存在较大的争议。很多学者尝试对两者的差异进行界定。米克斯认为，创业是创造新的商业，而创新是在市场中应用一种发明。创业不是创新，创新也不是创业。创业可能涉及创新，或者并不涉及创新；创新可能涉及创业，或者并不涉及创业。创业强调以下的问题，如"企业从何而来""人们为什么创建新的商业""商业是如何被创造的"等。刘建钧认为，创新泛指"创新成果被商业化的价值实现过程"，创业则特指"创建企业的过程"。前者完全可以在已有的企业组织框架内实现，不一定涉及企业组织制度的建设；后者必然要涉及企业组织制度的建设。尽管创业活动必然涉及创新活动，但创新活动并不必然是创业活动。从熊彼特"生产函数"的角度分析，"创新"主要是通过改变函数的自变量建立新的生产函数，"创业"则必须通过改变函数式建立新的生产函数。李乾文通过对相关领域国外专家的网上访谈得到了十余种关于创业与创新差异的不同解答，如 Cheri Stahl 认为，创新包含新技术的导入，而创业导致新财富的创造；Monica Diochon 认为，创新体现的是一种"结果"，而创业是"工具或手段"，它是通过创业而获得创新的过程；Lars Kolvereis 认为，创业更多指的是新创建企业的行为，创新则是给组织、产业或地区等介绍了新的东西。

学者在关注"创业"与"创新"差异的同时，努力探索"创业"与"创新"之间的联系及其本质上的渗透与融合。从创新和创业的基本内涵不难发现，创新与创业相互融合，相辅相成，是密不可分的辩证统一体。熊彼特在其创新理论中指出，创新来源于创业，创新应该成为评判创业的标准。在他看来，企业家的职能就是实现创新，而创业活动则是创造竞争性经济体系的重要力量。

Kanungo 等人认为，创新是创业的特殊工具，在创新和创业之间存在着不可忽视的交集。Hbrbig 等人认为，新企业的创业和创新的潜力高度相关。彼得·德鲁克在书中提出："企业家从事创新，而创新是展现创业精神的特定工具，是赋予资源一种新的能力，使之成为创造财富的活动。""任何一家企业都能获取创业精神及从事创新。创业精神和创新可以通过学习获得，但这仍需要付出辛勤的劳动。"此外，国内学者张玉利指出，创业的本质是创新、变革，没有创新的企业不可能有很好的发展，没有创业精神同样不可能有重大的创新产出。张映红提出，公司创业就是以创新和战略变革为核心的组织行为和特征。南京大学王永贵、张晓通过对 129 份企业高层经理人员的调查问卷进行探索性因子（EFA）分析，识别出公司创业的新企业开拓、创新型、自我更新、先动性和风险承担五个关键纬度。任迎伟、张宁俊认为，公司创业的实质是组织主导下的创新，它在很大程度上依赖组织对外部知识的吸收和转化。周艳春概括认为，创新是创业的源泉，是创业的本质，创新的价值在于创业，创业推动并深化创新。

综上所述，我们认为创新和创业之间存在着如下的关系：首先，创新和创业属于两个不同的概念，两者不能等同，也不能完全相互替代；其次，创新和创业存在着密不可分的关系，创新和创业互为手段、相互依托；再次，在某种情形下，创新和创业的过程是一致的，两者可以同时实现成功，如我们所要研究的科技创新创业就属于这种情形。

（五）创业教育

创业包含了一系列思想上的创新与行动上的决策，不可能一蹴而就，也不会昙花一现。创业是一个脚踏实地、循序渐进的过程。其中，创业者起到了决定性的作用。创业者必须在创业过程中贡献时间、奉献精力、不气馁、踏实努力。当然，作为创业者要比别人领先一步，在已有市场竞争者中脱颖而出，必须有超前的视野、远见与决断力，承担相应的经济、精神、社会、家庭的风险，当然也能够获得个人价值实现、金钱地位回报等。除了主观的因素外，创业者还必须意识到客观环境的重要性，对当下的市场环境有预测性的认识：有些行业在现在可能非常红火，但是没过几年就开始被市场淘汰；有些行业在当下可能根本少有人知晓，但未来很有可能作为朝阳行业，成为淘金点。因此，对于成功的创业者必须具备对市场的敏锐感，能够适时掌握市场的脉搏，通过市场分析评估，预估未来社会走向；认真解读国家政策方针，包含未来政府会重点关注和大力投资的项目。这是创业者能够抓住的绝好机遇。

创业教育是 20 世纪 70 年代末在美国兴起的。当时,美国等西方发达国家遇到了传统产业衰退的困境,许多工人下岗失业,整个就业市场动摇不定,导致社会中人心浮动。与此同时,许多中小企业发展起来并且为社会提供了大量的就业机会。基于这样的形势,政府认识到中小企业对经济发展起到了至关重要的作用。因此,促进这些企业的发展成为政府的当务之急。西方国家开始对年轻人进行创业教育,培养他们的创业意识、创业精神和创业能力,希望促其成为创新进取的小企业家,实现"自我就业"。

20 世纪 80 年代末,柯林·博尔提出了 21 世纪新的教育哲学观念。未来的人应该具备三本"教育护照":第一本是学术性"教育护照";第二本是职业性"教育护照";第三本就是创业性"教育护照"。这是在世界范围内第一次提出"创业教育"这个概念。博尔意识到人们往往只重视前面两项,而忽视了人的事业心和开拓能力,但这恰恰是未来社会人们必须具备的基本能力。

"第三本教育护照"的提出说明人们已经十分关注与智力因素联系密切的诸多非智力因素及其对适应未来的挑战和优化生存素质的重大意义。1989 年,"面向 21 世纪教育国际研讨会"明确提出,各国要将"事业心和开拓技能教育提高到目前学术性和职业性教育护照享有的同等地位",同时指出"创新教育,从广义上来说是指培养具有开创性的个人,他们和拿薪水的人同样重要,因为用人机构或个人除了要求受佣者在事业上有所成就外,正在越来越重视受佣者的首创、冒险精神,创业及独立工作的能力以及技术、社交、管理技能"。

1998 年,联合国教科文组织在巴黎召开了世界高等教育会议,发表了《21 世纪的高等教育:展望与行动世界宣言》和《高等教育改革与发展的优先行动框架》,两个文件都再次提到了创业教育,并且提出新世纪必须把创业精神的培育放在人类教育的重要位置。我国创业教育的正式提出是在 1999 年 1 月公布的《面向 21 世纪教育振兴行动计划》中,它指出了"加强对教师和学生的创业教育,采取措施鼓励他们自主创办高新技术企业"。这表明在新时代背景下,政府已经认识到市场环境需要以更加开放的姿态迎接中小企业,如此才能真正带动社会发展、教育创新。

二、创新驱动发展战略

改革开放以来,我国经济发展迅速,各行各业都得到了巨大的发展。但近几年,由于科技成果向现实生产力转化不畅,我国的人口红利不断降低,劳动成本不断增加,同时经济发展初期适用的"配置、消耗、整合生产要素"的模式导致现在环境的承载力降低,这些弊端在一定程度上阻碍了国家经济的发展。因此,原有经济模式在目前的社会形势下很难再有更大的作为，现在社会发展的核心已经从劳动力主体逐步转移到创新推动发展，这样不仅可以使收益增加，还能提高传统生产力的工作效率，进而带来更大的效益，甚至可以突破传统意义上的增长极限。所以，我国在最恰当的时间提出了创新驱动发展战略，加快从低成本向创新优势的转变，这为我国经济的发展注入了新的动力，对我国提高经济增长速度以及加快经济转型有着非常重要的意义。

习近平多次对实施创新驱动发展战略做出系统阐述，强调把创新驱动发展作为面向未来的一项重大战略。

党的十八大明确提出"科技创新是提高社会生产力和综合国力的战略支撑，必须摆在国家发展全局的核心位置"，强调要坚持走中国特色自主创新道路，实施创新驱动发展战略。随后，中共中央、国务院出台了《关于深化体制机制改革加快实施创新驱动发展战略的若干意见》。

新时代催生新理论，新理论引领新实践。党的十九大报告强调要坚定实施创新驱动发展战略，"新"是其中最重要的词语之一，也是留给人们最深刻印象的内容之一。在党的十九大报告中，"创新"一词出现50余次。习近平再次强调"创新是引领发展的第一动力"，并在报告中指出："实践没有止境，理论创新也没有止境。世界每时每刻都在发生变化，中国也每时每刻都在发生变化，我们必须在理论上跟上时代"。

创新驱动发展战略所坚持的是具有中国特色、中国自主的新方法，要求具有纵览全球的长远目光，不断提高原创能力，同时加强多边合作，以达到共同创新、互利共赢的目标。深化体制改革，加快经济和科技的高效对接，以市场需求为前提，整合现有资源，这是创建中国特色社会主义创新体系的必要条件。

创新驱动发展战略的本质是发展创新型经济。创新型经济之所以被称为创新型是因为其以科学发展观为指导，体现了节约资源的要求，以创新为主要动力，以发展自主的知识产品为主要着力点，这些都可被称为具有创新意义的特点。在创新驱动发展战略实施过程中，无论是发展新型经济还是发展战略，都需要依靠技术和知识等，而唯一能利用这些的人就是具有创新意识的人才。

创新驱动发展战略的实施对高等人才培育提出了新的要求。创新依靠的是具有创新意识和创新能力的人才，而人才的培养主要是通过各级教育完成的。在国家的科学发展方面，科技是永远的核心，人才是支持科技的根本，教育是培养人才的基础。从根本上看，创新驱动发展战略要求培养创新型人才，只有拥有了足够的创新型人才，才可以形成一加一大于二的优势，出现知识溢出效应。因此，培养大量高素质的创新型人才是实施创新驱动发展战略的核心所在，同时如何培养能够为社会发展做出贡献的创新型人才成为我国高校面临的重大问题。

三、"双创"制度性安排

李克强在 2015 政府工作报告中提出，推动大众创业、万众创新，培育和催生经济社会发展的新动力。

大众创业、万众创新（简称"双创"）是国家基于转型发展时期的需要和国内创新潜力提出的重大战略，旨在优化创新创业环境，激发蕴藏在人民群众之中的无穷智慧和创造力，让有能力，想创业、创新的人有施展才华的机会，实现靠创业自立，凭创新出彩。国家为推进"双创"已出台了很多政策，在很大程度上改善了创新创业环境。由此，人们选择就业或创业的余地增加了，在不少领域出现了很多创业创新亮点，新的经济增长点不断涌现。

大众创业、万众创新并不是让所有人放下本职工作去创业，但与多数人相关，毕竟创新创业不是少数人的专利；创新创业既需要政府支持，又必须让市场在其中发挥基础性作用。如何更好地发挥两者的作用，创造一个更良性的创新创业环境，这是搞好"双创"工作的核心。为防止"双创"工作被片面化理解，防止昙花一现，防止行为扭曲，需要进一步明确"双创"的内涵和战略意义，厘清工作思路，完善政策体系，加快构建"双创"生态系统。

（一）推动"双创"是符合我国国情的重大战略

"双创"是基于我国经济进入新常态的发展需求战略而提出的，致力打造经济发展的新动能。进入新阶段后，我们已彻底不能再延续传统的发展方式，必须从根本上依靠创新驱动调整经济结构，提高经济发展质量。"双创"是探索建设创新型国家的一条新路径，通过"双创"能够产生更多"铺天盖地"的创新，与"顶天立地"的科技突破相辅相成，构成有系统、多层次的国家创新体系。更重要的是，"双创"将创新与创业相关联，用创业牵引创新，用市场需求拉动创新，实现产学研自然贯通，让市场在创新中起决定性作用。在"双创"中产生更多新业态、新产业、新模式，并使传统的服务业领域大大拓展，新的经济增长点不断涌现，这样积少汇多、积小汇聚，"双创"就会逐渐成为调整经济结构的重要依托。

"双创"是基于我国人力资源丰富、国内市场大、工业体系完备等特有优势和巨大潜力之上的，致力激发全社会的创新潜能和创业活力。20 世纪 80 年代的土地承包制改革激发了亿万老百姓的劳动积极性。现在如果把人民蕴藏的无穷智慧和创造力再次激发出来，其面貌将会发生重大改变。中国的市场潜力巨大，即使一个细分的边缘市场都可以支撑成千上万个企业发展。我们还有多年形成的完备的工业体系，有了创意、设想、创新技术，实现产品化、规模化非常容易，也更加快捷。加之全球化带来的便利，创业的机会、成功的概率都会大大提升，这反过来提升了人们对创新创业的信心和期望。

"双创"立足于人们对机会公平、权利公平的内在追求，是人们致力探索劳动致富、共同富裕、社会公平的新路径。依靠"双创"，人们有了更好的出路，过上了更好的生活，无收入者变成有收入者，低收入者变成中等收入者，收入分配结构得到改善。大学生毕业不一定就进机关、进大公司，有本领、有能力的毕业生可选择创业，或者有过一段工作经历后再创业。人生通道变多了，就业矛盾便会得以缓解。"双创"一旦蔚然成风，社会风气也会因此改观，人们不再去膜拜权势，而是追求靠本事建业、立业，社会也会更加公平、公正。

"双创"基于全面深化改革的内在要求，致力寻找更多的改革突破口。从历史经验看，最易取得成功的改革是与百姓利益最相关、能让人们尽早受益的改革。"双创"关乎每一个人，人们在创新创业中最关心的事就是改革要率先突破的领域。如果要给创业者释放更多的机会，就需要加快推进要素市场改革，尤其是垄断行业、金融的改革；要降低创新创业门槛，就需要推进政府改革，简政放权，降低创业成本；要调动创新创业积极性，就需要完善社会信用机制、创新激励机制、社会保障机制，让人们放心去创新，安心去创业，减少后顾之忧。

（二）"双创"带来了新变化

创新创业环境得到改善。政府通过实施简政放权、放管结合、优化服务等改革，出台减少小微企业税收优惠政策，化解民营小微企业融资难题，协同推进"互联网+""中国制造2025"等行动，使一些长期束缚创新创业的障碍得以消除消减，创业门槛得以降低。在一些市场化程度较高的城市，由于持续改善本地的行政、市场、融资、司法、公共服务等综合环境，创新资源不断向这些地方集聚，甚至深圳等城市还吸引了大量来自美国硅谷等地的外国创客、极客等前来创业。这进一步说明，改善环境是推进"双创"的重中之重。

创业热情高涨。"创新创业的年轻人是全世界联系最紧密的一代，这是史无前例的。在近20年的创新发展中，年轻人创造的内容比例很大，年轻人也更喜欢创新创业。"在"亚太青年领导力与创新创业论坛"上，联合国秘书长青年特使贾亚特玛·维克拉玛纳亚克说。这一现象在中国尤为突出，国家统计局的数据直接证明当下中国创新创业的热潮。据统计，2017年，全国新登记企业比上年增长9.9%，日均新登记企业1.66万户。科技成果快速增加、转化加快，全年授予境内发明专利权32万件，每万人口发明专利拥有量9.8件，比上年增加1.8件。

创业创新路径多元化。过去在技术和社会条件不具备的情况下，创业比较困难，创新也更多是在大企业内开展的技术活动。在互联网普及和技术变革时代，只要看到了市场需求，或者有技术突破的能力，就很容易诞生一批新生企业和新兴产业。这两年在"互联网+"大潮中，电子商务、互联网医疗、交通互联等新业态呈现井喷式发展，形成了创新创业的丛林。过去的一些工业大企业也从封闭式创新转向开源创新、平台创新，过去的内部研发人员利用大企业平台既自己创业，又为大企业提供源源不断的新创意、新技术，实现了共赢。众包、众扶、众创、众筹等创新方式也迅速发展，一些新兴的创新载体如淘宝村、电商平台、众创空间、新型孵化器、转化基地等也大量涌现。据初步统计，全国淘宝村已超过200多个，电商园区510个，各种类型的孵化器超过1 700家，有8万家企业在孵。北京的中关村还出现了很多"创新系"，如联想系、新浪系、金山系等，主要是由大企业和一些从大企业出来创业的员工共同开办的众多新生企业组成，之所以称系，是因为新生企业从事的业务多是大企业不想做或者看不到、做不了的事，他们相互之间多多少少有关联，他们之间少了同业竞争，多的是合作、兼容、互补、共生，其中很多还是原企业资助或参股的，这些创新系构成了一种新的创新生态。

就业结构发生大变化。在经济下行压力较大，一些传统产业要去产能、去库存从而减少就业岗位的情况下，新增就业更多地要依靠中小微企业，依靠发展服务业。通过商事制度改革，2014年我国新增各类市场主体达到1 200万户，2015年平均每天有1万户企业诞生，31个大城市失业率保持在5.1%左右，经济增速虽然放缓，但是就业平稳，主要归因于新生市场主体创造了大量的就业机会。从产业对就业的贡献看，一些重资本型产业如钢铁、化工等，投资量大，但工厂自动化、智能化程度越来越高，吸纳的劳动力非常有限，一个千亿元投资的钢厂其就业人数不超过2 000人。如果说创造经济增长的主要目的是为了保就业，"双创"虽然短期内不能成为支持经济增长的支柱性力量，但是对就业的贡献是不容忽视的。假设一下，如果1 000亿元投向"双创"，其需求就业人数会是一个钢厂的几千倍甚至上万倍。

社会投资更加活跃。多元、海量的市场主体必然会拉动和放大投资，投向创新、创业的资本也越来越多。例如，2015年上半年主要以小微企业和早期创业者为投资目标的天使投资额达到约48亿元，同比增加了200%，初创期投资项目占比超过60%。截至2016年2月5日，在新三板上市的公司有5 687家，总市值约2.57万亿元。众筹融资供需规模都很大，2015年上半年众筹行业成交额逾50亿元，超过2014年的两倍，行业全年交易规模有望达到150亿元至200亿元，其中绝大部分是股权众筹。

（三）尊重规律，科学作为

"双创"有丰富的内涵，也有其自身的规律性。须端正认识，尊重规律，既要主动作为，又要防止胡乱作为，关键是处理好政府与市场的关系，明晰两者的边界。在调动和保护各方积极性的同时，须及时纠正实践中一些违背规律的做法。

正确理解大众创业、万众创新的内涵。大众创业、万众创新并不是让所有人不计条件、不计失败地去创业、去搞创新。大众创业与万众创新本质上强调的都是人民创造力，创业与创新都是因人而异，因时而异，因地而异的。从创新实践看，有过工作或创业经历的人、有一技之长的科技人员的创业风险相对较小；而大学生热情更高，但由于经验不足，失败风险偏高，因此在校或刚毕业的大学生是"双创"的重要参与者，但不是主体。

正确认识大众创业、万众创新与小众成功的关系。相比于常规经济活动，创新是高风险的，特别是创业的失败率更高，发达国家的创业成功率也只有 5% 左右。当然，衡量创业成功的标准不一样，有些小企业在发展初期很快被卖掉，从统计上看这是不成功的，但从创业者的角度看，可能就是一次资产变现，甚至是成功转型。为什么这么低的成功率、这么高的风险性还有人愿意去创业呢？主要归因于激励引导和风险分担。一旦创业创新成功，其个人和社会收益是巨大的，这会产生非常强的正向激励，而且大家都可能有创业成功的机会。因此，支持政策的重点要放在对激励机制的创造和保护上。失败的创新也是有益的，至少减少了全社会的试错成本，因此国家和社会有责任为之分担风险、分担失败，做到让他们没有太多的后顾之忧。从这个意义上讲，我们必须加快完善社会保障体系，同时政府要承担必要的投资与金融风险。只要这样，我们才能看到越来越多的创业创新者不断成长起来。

防止用工业化和运动式思维推进"双创"工作。创新创业的特征是主体多元、分散决策，政府对待创新创业很难像过去对大工业那样，可以定方向、定项目，甚至由政府直接操作。这就需要我们用创新的思维、方式、手段推动"双创"，不能再老调重弹。一些地方用跑马圈地的方式建了很多"双创"园区，用招商引资的方式引进一些创客或平台，看上去很热闹，但由于没有形成完备的创业创新生态，缺乏有内在关联的经济关系，如果不及早提升或转型，这种方式建立起来的"双创"基地、园区将难以持续下去。更要避免利用"双创"走形式主义和搞运动，有些地方甚至把菜市场简单改造后就挂上了创客空间的牌子，典型的劳民伤财，毁了"双创"的名声。更有一些地方急着树典型，出业绩，把一些没有实质性创新的项目包装为成功案例，这样下来，即使是好企业，也容易死在传播经验的路上。

加快完善支持"双创"的政策体系。创新创业需要支持，但不能溺爱，既要做到支持有力和确保已有政策落地，又要防止一些地方大把拿钱、粗放撒钱的做法。目前，"双创"的政策短板主要体现在金融、人才、政府办事三个方面。银行应在"双创"上有更大作为，但早期并不是主力，要充分发挥资本市场、金融产品创新、社会资本在支持创新创业融资中的重要作用，让资本链无缝对接创新链和产业链，让创新创业者在不同发展阶段都能得到相应的金融支持。要进一步解放科学家和科技人员，支持更多的科技型人才走上创新创业道路，使之成为"双创"的引领性力量。

　　努力构建创新生态系统。创新创业需要一个栖息地，有适宜的土壤、空气和阳光，有些东西可能看不到，但是是必需的，市场化、竞争、信息、经济关系就是这个栖息地生态系统中最重要的组成部分。创新创业与市场化程度是相关的，只有在更相信和依靠市场、经济成分和市场主体更加多元、社会环境更具包容的地方，"双创"才会有生长的土壤。"双创"不是盆景，而是在竞争中野蛮成长起来的，是创业的丛林，竞争就是"丛林法则"。"双创"如不依托公平竞争的环境，就等于树木失去了空气。信息交流是创新创业者非常渴望的软环境，这就是为什么大城市更能吸引创新者的一个重要原因，在那里大家可以有更多的交流与碰撞。在一个地方有几家成长好的大型企业和一些比较好的大学及科研机构对"双创"非常重要，有利于形成紧密的产业关联和低交易成本的经济关系，大家各自分工，共同构成了一个充满活力的创新生态体系。

四、大学生创业教育有效开展应该依赖的制度与政策环境

　　创业教育的有效开展应基于良好的制度与政策环境。正如理查德·佛罗里达所说，如果一个国家和地区的确看重增强在知识经济和人才领域生存和发展的能力，他们的工作将不会简单止于加强大学传递科技和将科技经贸化的能力，他们将着力在大学里和大学周围的这个基础结构上面积极行动，提供适合知识分子的组织和制度环境。

（一）完善创业教育组织机构

　　创业教育是一项复杂的系统工程，它既需要政府政策的引导，又需要社会各界的密切配合，更需要学校体系的积极探索。这些组织和机构在创业教育体系中不是各自为政的，它们需要彼此之间的通力配合，共建一个推动大学生创业的开放、多方互助的合力方阵。因此，建立完善的组织机构无疑是创业成功与否的核心环节。

　　纵观国外创业教育发展过程，组织机构尤其是专业组织机构在推动本国创业教育发展方面发挥了重要作用，如美国的中小企业管理局（SBA）和中小企业发展中心（SBDC）、法国的创业计划培训中心（CEPAC）、英国的科学创业中心（UK-SEC）和大学生创业委员会（NCGE）、日本经济产业省下设的创业教育推进网络和创业研究中心等。此外，大量民间机构或非营利机构各自发挥着积极的推动作用。在这些机构中，有的针对创业教育展开了大量的调查研究、广泛的创业支援，有的积极推进创业教育国际合作，有的针对创业教育教材进行开发设计，如美国的创业家组织（ACE）、自由创业学生（SIFE）、青年创业者（YES）、考夫曼创业流动基金中心、全国独立企业联合会；日本的创业育成中心、风险企业实验室（VBL）、政策金融公库、企业家博物馆等。这些组织的设立和完善体现了创业教育发展的专业深度，提高了创业实践的实际效果，在推动创业教育方面发挥了重要作用。世界各国不同组织机构在推动创业教育的过程中呈现出不同的功能与特点。例如，美国企业和公益基金会、非营利中介机构在项目专业化方面扮演了重要角色；英国和日本以政府机构为中心的组织在优化创业教育推进效率上发挥了核心作用。

　　随着我国大学生创业教育的逐步推进，许多部门参与到推动、支援创业教育的组织机构队伍中来。从党中央、国务院的高度重视到地方教育行政、支援机构、学校管理层的密切配合，从团中央组织全国创业计划大赛到人力资源社会保障部、教育部、财政部等六部委联合开展"高校毕业生就业推进行动"、实施"创业引领计划"，再到教育部建立高教司、科技司、高校学生司、就业指导中心联动机制，形成了创新创业教育、创业基地建设、创业政策支持、创业指导服务"四位一体、整体推进"的格局，创业教育组织机构基本上形成了多方联动的推进框架。

　　但与美国、日本等创业教育先进国家相比，我国创业教育的组织机构仍然显得相对欠缺，如目前还没有专业性的创业教育推动组织。虽然用这种以行政部门指导为主、核心组织机构负责的方式推动创业教育可以提升创业教育的推进效率，但是专业性的推动机构有其独特的功效。从2010年5月开始，教育部筹建"教育部高等学校创新创业教育指导委员会"，负责组织开展创新创业教育的理论与实践研究，指导高校创新创业教育的课程建设、教材建设和创业实践活动、组织开展创新创业教育师资培训、经验交流，宣传、推荐创新创业教育优秀成果，等等。虽然这仍然以政府为主导，但是在专业化指导方面具有重要作用。

　　与其他国家相比，中国大学生的创业教育涉及面更为广泛，迫切需要建立多层次、多类型的民间创业教育组织，共同推进创业教育发展。通过社会各种专业性学会、协会、创业教育中心、学术研究组织、培训组织、推广组织、企业、基金会等组织，形成相互协调的创业教育推进机制。学校要从构建创业型大学的长远考虑，重点完善科技成果转化中介机构的职能，充分发挥技术转移办公室、研究中心、重点实验室、科技园区、企业孵化器等机构在推动学校科技创业活动开展中的重要作用。

（二）实施创业扶持政策

政府是掌握和控制公共资源的主体，政府部门要准确定位，充分利用信息优势和行政职能发挥其在推进大学生创业过程中的引导作用。国外政府通过立法、政府计划、优惠政策等有效手段推进本国大学生创业。这些政策工具的选择为我国全面推进大学生创业提供了有益的参照。

目前，我国现行的创业政策主要包括融资政策、场地扶持、税收减免、激励制度、创业指导、能力提升、科技创业、孵化器等。在融资政策方面，主要有劳动保障部门的创业贷款保障政策、小企业担保基金专项贷款、中小企业贷款信用担保、开业贷款担保、大学生科技创业基金等。鉴于创业资本对新创企业早期的成活率有着重要作用，在创业公共政策设计的过程中，政府要注重减少资本约束，通过吸引资金进入创业资本行列，鼓励非正式资本和天使资本进入创业投资领域等方式实现资金鼓励。但是，创业公共政策的选择应着眼于营造一个更加宽松的环境，而不是简单的刺激创业资本的筹集。我国已有金融体系更利于满足大企业的融资需求，虽然后来在相应的贷款政策上做了一些特别安排，但是小企业所能获得贷款的份额还是相对较少的。为了适应小企业创业融资的需要，应该通过改革金融体系，设立专门为小企业创业提供资金的金融机构。在场地扶持方面，主要是都市型工业园区和创业园区对小企业施行房租补贴政策。税收减免主要集中在商贸、服务性企业优惠、高校毕业生创业优惠以及失业、农村劳动力优惠方面。支持科技创业主要包括大学生科技创业基金、科技型中小企业创业基金政策和高新技术成果转化政策等。2010年，我国人力资源和社会保障部、教育部、财政部等六部委联合开展"高校毕业生就业推进行动"，实施大学生"创业引领计划"。除了以上提及的国家层面的创业政策外，各地方政府也出台了一系列鼓励大学生创业的优惠政策。

世界银行的研究表明，公共政策规制所导致的进入壁垒越高，对该国创业活动的负面影响效应越明显。这些壁垒通常反映在设立新企业所需履行的程序数量、完成程序所需天数、完成程序所需支付成本、登记所需的最低资本金等变量上。为了给大学生创设一个宽松的创业环境，我国政府还通过放宽市场准入条件、缓和规制等制度手段为大学生创业提供便利。此外，部分高校制定了一些创业激励制度，通过制度安排（如为学生参加创业活动设立专项扶持基金、将参加创业活动作为学生课程实践的学分等）增加学生从事创业活动的动力，从而使学生参加创业由一种自发行为变为一种自觉行为。我国政府有关部门通过协同方式共同制定鼓励大学生创业的激励政策，对大学生的创业活动予以支持和保障，从而提高了政府政策的科学有效性。

但是，由于一些创业政策具有不可操作性，使创业的优惠政策无法落到实处。为了推动创业优惠政策的实施，一方面，需进一步规范和细化创业政策，增强可操作性；另一方面，需要引导大学生了解与善于利用已有的创业优惠政策。

（三）建立多元化创业教育资金体系

创业教育政策的推进需要大量的资金做支撑。从国外创业教育发展经验看，创业教育资金的来源总体上分为两大类模式：一类是政府主导的资金投入模式，如英国政府将公共资金引入创业教育，设立了包括大学挑战基金、债券式创业启动资金、科学创业挑战基金、高等教育创新基金、高教援助基金、新创业奖学金、王子基金等一系列政府基金项目，旨在帮助大学生创业。另一类是市场主导的资金投入模式，如美国和日本通过个人或基金会模式对创业教育进行资助，基金会每年都会以商业计划大赛奖金、创意大赛奖金、捐助教席等形式向高校提供大量的创业教育基金。

我国应该学习政府投入资金和市场投入资金模式的优点，建立多元化的创业教育资金体系。目前，我国在创业教育资金投入方面还处于自发阶段，已有的大学生创业资金项目主要以政府支持的大学生科技创业基金为主。有些地方政府（如上海、浙江等地）通过财政安排了一定额度的大学生创业资金，也有零星企业和个人为大学生创业提供帮助。但从总体上看，我国大学生创业教育资金规模不大、支持体系尚未形成。有的资金因申请程序极为麻烦或者创业者不太了解，造成了"有项目无人申请"的尴尬处境。因此，必须建立与完善大学生创业教育资金支持体系，为创业教育提供必要的经费保障。

（四）构建灵活多样的创业教育课程体系

创业教育课程是高校开展创业教育的基本环节，对大学生创业意识、知识和能力的提高具有建构性作用。国外有些高校为不同类型、不同阶段的学生提供了灵活、多样的创业课程。例如，日本高校为学生提供了创业家专门教育型（针对经济学院或商学院实际创业或以创业为志向的学生而设置的专业课程）、经营技能综合演习型（主要是经济学院或商学院创业计划书写作课程）、创业技能副专业型（主要针对以工学、医学等专业为主修专业，同时将创业作为副专业的学生设置的课程）、企业家精神涵养型（针对全体学生的素养创业普及课程）等从专业到普及的创业教育课程体系。

从我国大学生创业教育现状看，创业课程存在课程设置不灵活、创业课程与专业课程脱节、课程内容单一等问题，成为制约大学生创业教育深入发展的瓶颈。2010年4月22日，在《关于大力推进高等学校创新创业教育和大学生自主创业工作的意见》中，教育部将加强创新创业教育课程体系建设作为工作重点，提出将创新创业工作有效纳入专业教育和文化素质教育教学计划和学分体系，建立多层次、立体化的创新创业课程体系；使创新创业类课程设置与专业课程体系有机融合；加强创业教育教材建设，借鉴国内外成功经验，编写适用性强和有特色的高质量教材等。

以创业教育课程体系建设为推进大学生创业教育的突破口，对创业教育的长久发展具有基础性作用。但是，创业教育课程体系建设非一日之功。在创业教育课程建设基础差、教师欠缺、专业依托贫乏、实践基础薄弱等状况下，针对性强、高质量的课程建设需要以政府、高校、企业等有关组织的资源与精力投入为保障。

（五）打造多类型大学生创业实践平台与基地

创业活动是一项连锁的、互动的合作化事业行动，创业能力是一种综合的、精确整合的能力，创业成功的要诀在于能否精确地整合创业所需的经营资源（人、财、物、时间、信息）。这种"精确整合"包括价值链的形成、与产业链的均衡适应、经营各环节的闭合、管理的有效性以及文化哲学思维与社会发展的和谐等方面，规避环节短缺、程序错位、选择方案单一等问题。对于高校创业教育而言，这种合作化行动与资源整合集中体现在实践平台建设上。

国外在大学生创业的实践平台建设方面成绩显著，如日本定期举办国际、全国、地方、学校等不同层次的创业计划大赛、创业想法大赛、发明王大赛等。这些创业竞赛活动的开展为不同层次的创业者提供了展示创业构想的机会。此外，创业孵化器、风险企业实验室、创业育成中心等机构为大学学习创业、实践创业提供了丰富的平台。

我国也已建立了不少大学生创业平台，但平台建设的复合性与总体利用实效有待提高。我国正利用国家大学科技园创新文化浓厚、创新资源丰富、创业环境优越、科技企业聚集的优势，加快建立一批"高校学生科技创业实习基地"，试点工作已经初见成效。这些基地为创业企业提供1~3年的租金减免、小额创业贷款、配备创业导师、创业技能培训、综合咨询代理等服务，切实为促进高校学生创业就业提供了条件环境和支撑服务。但与我国高校大学生总数相比，这些基地可谓杯水车薪。

（六）建设具有创业指导能力的高素质师资队伍

创业师资是创业课程和实践得以顺利开展的关键。理想的创业师资队伍应该包括创业理论教师、创业实践指导教师、创业导师、创业咨询师、创业成功者、创业者等多种类型。目前，我国高校创业教师的来源绝大多数为没有创业经验的半专业教师或从行政部门转岗的指导教师，在经过短期集中的培训之后便成为学校创业指导教师。有的学者指出，目前我国大学生创业教育的现状是，一些没有创业经验的老师在教一些根本不想创业的学生。高校应从创业教育长远发展考虑，建设一支专门化、专业化的创业教育师资队伍。

创业教育的特性决定了外聘创业教师是其重要组成部分，但如何组建队伍并提高创业教育质量是值得关注的问题。有些高校利用外部资源，邀请企业成功人士、校友代表来校为学生演讲或作为学生的创业导师，但一方面没有形成长效的流动机制，另一方面教育目标与对象不明确，企业人士的"高谈阔论"与学生的实际需求相距甚远。为了使外部师资更加适合学校创业教育的需要，学校应做好创业课程与外部相关师资的融合工作，从而提高学校创业教育的质量。在这方面，日本的经验值得借鉴，日本通过全国性的网络收集具有企业经营背景的创业者或企业家等创业师资信息，然后将这些信息通过网络公布，学校可以根据自身需要选择相应的教师，提高了师资选择范围与针对性。

（七）制定创业教育质量评价标准

创业教育质量评估需要建立一个切合创业实际的评价标准和质量保障体系，作为衡量大学生创业教育实施效率的基准，为培养成熟的创业者提供依据。

我国众多高校的办学类型与特色不一，研究型大学、教学型大学、职业型大学等的创业教育发展模式也存在较大差异。根据对欧洲创业型大学的长期研究，伯顿·克拉克提炼出创业型大学的核心要素，即强有力的领导核心、与外界更深入的合作、多样化的资金基础、富于激励的学术中心和自主创业的文化氛围。这种"创业型大学"的评价标准对创业教育质量评价标准的制定具有参考价值。

创业教育质量评价标准可以从创业教育环境、投入、成果、影响力等维度，通过评价指标、权重的确定形成一个相对合理的创业教育质量评价指标体系。在学校创业教育质量评价指标中，要突出创新能力、实践能力，关注创业教育的深度和广度。

（八）营造良好创业氛围

努力营造具有创业氛围的校园文化。受"学而优则仕"观念的影响，许多大学的人才培养目标仍然局限于培养领导型、研究型人才。调查表明，绝大多数大学生的职业观念倾向于稳定的工作，许多大学生的职业追求是平淡安逸的生活，不愿尝试高机会成本、充满风险的创业。学校缺乏从根本上对学生社会创业意识的培养，学生缺乏创业的意识和激情。为了使大学生转变观念，高校需要实现人才培养观念大变革，在学校环境建设、教育理念、教育内容、教育方法等方面营造创业氛围、渗透创业文化，引导学生形成一种"敢于尝试、敢于冒风险"的创业意识。

我国创业教育在外部动力的推动下，已经开始产生其内生动力。建立与优化适合我国大学生创业教育发展的制度与政策是大学生创业教育可持续、深入发展的客观和内部需求。

第三节　大学生创业教育的文化环境

党的十九大报告提出了新时代文化建设的基本方略，可以概括为四句话：明确了文化建设在中国特色社会主义建设总体布局中的定位，提出了新时代文化建设的目标，指出了新时代文化建设的着力点，提出了新时代文化建设的基本要求。

第一，党的十九大报告进一步明确了文化建设在中国特色社会主义新时代的基本定位。党的十九大报告指出，中国特色社会主义新时代的主要矛盾是人民日益增长的美好生活需要和不平衡不充分的发展之间的矛盾。这意味着当代中国从站起来、富起来向强起来的转换中，当代中国人的需求也在发生深刻变化，已经由主要满足物质需求转化为主要满足精神需求。文化建设的核心就是满足人的精神需求。满足文化需求是满足人民日益增长的美好生活需要的重要内容。正如习近平所说，满足人民过上美好生活的新期待，必须提供丰富的精神食粮。这说明，在中国特色社会主义新时代，文化建设的地位更加重要，作用更加凸显。

第二，提出了新时代文化建设的目标就是坚持中国特色社会主义文化发展道路，激发全民族文化创新创造活力，建设社会主义文化强国。

第三，指出了新时代文化建设的着力点。一言以蔽之，当今和未来相当长一段时间，建设中国特色社会主义文化，就是秉承中国的文化价值理念，坚持中国的文化立场，立足于当代中国的文化发展现状，思考和解决当代中国人关心的文化问题，提出中国的文化方案。

第四，提出了新时代文化建设的基本要求就是三个坚持：坚持为人民服务、为社会主义服务，坚持百放齐放、百家争鸣，坚持创造性转化、创新性发展。

一、传统文化对市场经济的精神支持

社会主义市场经济的运行需要相应的文化及价值观念的支持。目前，人们往往只注意到西方文化为市场经济建设提供的精神支持，而忽视了我国传统文化的作用。我国传统文化中有价值的部分也能为市场经济建设提供精神支持。

（一）自强不息的精神

自强不息是中华民族最基本也是最重要的精神品质。中华民族之所以能生生不息，屹立于世界民族之林，对人类做出重要贡献，都是与这种精神分不开的。自强不息的精神的基本品质是靠自己的力量立身，命运完全掌握在自己手中，不靠任何外部的力量；靠奋发有为立身，庸庸碌碌、得过且过的人是不可能立起来的；不断地开拓新视野和新境界，不断创新、不断进步。

自强不息的精神品质与社会主义市场经济具有相容性，而且对其有巨大的促进作用。我们应该将这一宝贵的精神遗产发挥应有的作用。只有自强不息，才能让我国真正跻身于世界强国之列。

（二）理性的利益观

在对待利益取舍上，传统文化认为必须以审慎理智的态度对待利益，在获取利益的过程中应该充分自律，使求利行为符合某种社会公认准则的要求。这就是传统文化体现出的理性的利益观。这种理性的利益观是以传统文化特有的两个概念"义"和"利"来表述的。"义"是指社会认为"应该如此"的道德要求，"利"是指利益所得。这样，"义"与"利"的关系问题就成了利益关系的核心问题。能正确处理这一关系的行为就是合理的求利行为，反之则是不合理的求利行为。正确处理义利关系并不在于利益所得的多寡，而在于获取利益的手段和方式是否合理，即是否符合某种道德准则的要求。孔子说："不义而富且贵，于我如浮云。"孟子则对这一思想表达得更清楚："非其道，则一箪食不可受于人；如其道，则舜受尧之天下，不以为泰。"这里所说的"义"和"道"就是指一定的道德准则。这种理性的利益观与市场经济建设的要求是一致的。所有的市场行为都必须遵守一定的市场规则，所有的市场行为主体都应该具有理智、审慎、自律的行为特征。因此，应该将传统文化中的这种理性的利益观充分挖掘出来，使之服务于当前的市场经济。

在传统文化中，义利关系涉及面相当广，十分复杂，其中有很多思想是与市场经济不相容的，在具体运用于社会主义市场经济时，应注意以下几个问题：

第一，必须赋予"义"与"利"的概念以时代的内涵。在传统文化中，"义"主要指符合封建道德要求的道德准则；"利"则主要指封建统治者的利益。而我们当前所说的"义"是指社会主义的道德要求；"利"则是指社会主义的大利和全体劳动人民的根本利益。

第二，应该以社会主义市场经济的基本精神为基础理解义利关系。传统文化对义利关系有几种基本的理解：重义轻利，重利轻义，义利并重等。当前对义利关系的理解应着眼于义与利的结合与统一，而不应做孰先孰后、孰轻孰重的界定。当前的市场经济建设既是社会主义大利的需要，又是社会主义道德的要求，义与利的目标指向是一致的。

第三，在社会主义市场经济条件下，"义"不能简单、机械地理解为道德规范，对其应该有更为广泛的理解。利益机制是市场经济最基本的行为驱动方式，而利益驱动导致的行为单靠传统形式的道德规范是无法调节的，因此必须将道德要求以法律规范的形式确立下来，从而作为市场通行的准则。这样，"义"就应该被理解为社会的"正义""公正"。

（三）整体利益意识

（1）重整体利益是传统文化一贯的价值取向。儒家所说的"义"从形式上看是一种道德准则，而从内容上看是指符合社会整体利益的行为才是符合"义"的。所以，儒家的基本观点是整体利益至上。墨家在这个问题上表述得更明确一些，其基本的政治主张是"兼爱"，即"爱利国""爱利天下""爱利万民"，同样是把整体利益作为道德准则的内容。可见，重整体利益是传统文化的一个明显特征，这种整体利益意识同样可以运用于社会主义市场经济。

（2）必须重新界定整体利益的内涵。在传统文化中，整体利益一般是指统治阶级的根本利益，即使含有劳动人民的利益，也是从统治阶级的长治久安的角度讲的。我们当前所说的整体利益是指全体劳动人民的根本利益，这是我们进行市场经济建设的根本出发点和最终目标，也体现了我国市场经济的中国特色。同时，我们应将整体利益与个人利益有机统一起来。我们强调社会整体利益，是因为社会整体利益是劳动人民根本利益的集中体现。

（3）必须消除对整体利益的错误认识。有些人认为，整体利益优先是计划经济时代的产物，现在进入市场经济时代，再提整体利益显然不合时宜。这种把"整体利益优先"等同于计划经济的思想是不当的。当今世界实行市场经济体制的国家没有一个不是将这种体制与本国的传统文化相结合的。文化传统是影响经济体制的组织形式与运作方式的重要因素。离开了本国的文化传统，任何好的体制都不可能发挥应有的作用。重视整体利益是我国几千年的文化传统，也是我们的文化特色。这一传统和特色不仅与市场经济的要求不相悖，还正好是我们进行市场经济建设的强大精神动力。

（四）和合意识

"和"的基本含义就是"和谐"，它是中华民族对自己与外部世界及人自身的关系的顿悟和认知的总结。"合"是与"和"紧密相连的，"和"是"合"的思想、观念和意识的基础，而"合"则是"和"的具体实践和目标指向。因此，"和合"就成了两个紧密相连的概念，而"和合意识"则成为中华民族特有的思想意识。和合意识有如下表现：

1. 人与自然的和合

在传统观念看来，天人本为一体。天（宇宙、自然）的运行法则，就是人行为的根本准则。人与天的关系不是彼此疏远、相互对立的，而是和谐亲近、和衷共济的。天给人提供生存所需的基本环境和条件，而人则通过自己的实际活动去践行天所展示的法则。这种自然观尽管有一些不科学、不合理的成分，但它对人与自然之间关系的基本看法是极具价值的。我国已经迈上现代化之路，也不能单看社会物质财富繁荣的程度和人的物质生活水平提高的程度，如果这些都是以破坏人与自然的和谐关系、毁坏人的生存环境为代价的，那就有违现代化的初衷。

2. 人与社会的和合

我国传统的社会结构是靠政治伦理维系的，而政治伦理将每个人分解成特定的伦理元素，个人不是严格意义上的独立的人，而只是社会这个庞大系统的一个单元。所以，个人与社会的"和合"就被认为是理所当然的了。传统社会中人与社会的和合观念中的消极意义不言自明。而我们应学习其中的"和合"精神，使之服务于市场经济建设。在市场经济中，由于市场利益主体多元化，各利益主体的行为都是受利益驱动的，因而个人和社会之间就会因为追求利益及利益所得的差别而出现矛盾。在这样的社会条件下，实现个人与社会的"和合"就显得尤为重要。

3. 人与人的和合

传统文化中，人与人之间关系的调节和处理主要靠伦理准则和道德规范，儒家的"仁"和"礼"最能说明这点。以仁存心，以礼待人，即"礼之用，和为贵"。这样做所要达到的目标就是"合"。因此，和合观念也是处理人与人之间关系的准则。随着我国经济社会的转型，不管利益关系发生怎样的变化，我们都应该依据"和合"的观念处理人与人之间的关系。因为"和合"不仅是一种主观愿望，还是市场经济活动的客观需要，当前人与人之间关系的"和合"是在新的利益关系之中的"和合"。市场经济如果真正地体现了这种"和合"观念，也就真正体现了市场经济的中国特色。

二、市场经济条件下的人文精神

消费主义倾向、缺少节制的物欲与"人文精神"的匮乏埋下了精神衰退的隐患。包括道德、法律、宗教信仰、政治理想、社会制度、文学艺术在内的人类文化的撤出会使人类的经济活动逐渐瘫痪。

（一）世俗气息浓烈

市场使人类的创造和生产有了便捷的出口，使资源获得了合理的配置。自从市场赢得了理论的肯定之后，世俗气氛的到来是迟早的事情。文化领域不可能置身事外。当下的文化领域就弥漫着浓烈的世俗气息，各种类型的娱乐节目纷纷成为大众传媒关注的焦点。

娱乐节目的流行似乎证明了大众的主体位置。尽管如此，人们还是可以察觉到文化领域的某种隐蔽性失衡。文学的深刻正在演变为一种招人嫌弃的品质，哲学仅仅是少数人关注的精神奢侈品，历史不得不接受各种"戏说"的粗暴调侃，严肃的经典已经留在昨天，万花筒似的手机屏幕才是今天阅读的主要空间。这时，市场似乎成为一个借口，精神追求与大众之间的有机联系变弱了。

（二）人文精神仍在产生作用

市场如同一个庞然大物急速崛起，丰盛的商品与唯利是图的投机成为两个显眼的副产品。对于许多人文知识分子来说，"人文精神"更多的是作为抵制市侩哲学的一个口号。在他们的心目中，"人文精神"是文化赖以抗拒世俗气氛包围的武器。让他们深感不安的是，营利正在逐渐成为文化评价的重要标准。这不仅冲击了"耻于言利"的文化传统，更重要的是切断了社会持续改革的思想资源。相当长的时间里，打开传统观念的枷锁成为社会改革的聚焦点，"解放思想"——这种表述已经清晰地显示出改革的交锋先发生于思想文化区域。当市场的新宠换成了以娱乐为主的商业文化，"人文精神"却不能退场，它试图阻止商业文化的过度蔓延，坚守某种拒绝市场覆盖的文化空间。

如今看来，人们或许低估了市场经济解放出来的活力（包括思想文化的活力）。事实上，市场对个体、竞争、法律、机会以及公平与效率等一系列问题的影响远远超出了单纯的经济范畴。这种活力既强大又陌生，对于按部就班地遵循计划经济支配而形成的僵化习惯产生了剧烈的冲击。人们迅速地接受了一个原则：营利是市场理所当然的衡量尺度，追求利益最大化成为左右市场的杠杆。

但是，这并未否定"人文精神"的意义。"人文精神"的倡导表明，市场之外存在另一些价值体系。当一位女士愿意支付更高的价钱购买一套心仪的服装时，美学追求占据了上风；当一位教授愿意接受低廉的报酬从事公益讲座，或者一名公职人员愿意利用休假进入医院无偿地担任义工时，善的追求压倒了个人利益的获取。一个正常的社会通常拥有多种价值体系，包括爱国精神、诚信道义、公正公平、忠诚情谊以及各种向上的力量，是整个社会核心价值体系的组成元素，它们都可能超过个人利益排到第一位。这些价值体系与市场的追求构成了内在的平衡和相互制约，这是一个社会合理的精神结构。

"人文精神"不仅确信真、善、美诸种价值体系的存在，正视其历史发展，还证明了某些事情的无价。对于一个真正的革命者来说，革命的信念或者民众利益绝非待价而沽的对象；对于一个政府官员来说，公共权力决不允许以任何理由交易。愈来愈多的人投身公益事业或者慈善事业，回报的价码从未进入他们的意识。"生命诚可贵，爱情价更高，若为自由故，二者皆可抛"，这首广泛流传的小诗说明人类可能不会听命于生存的直接需求而是按照自己的意愿追求更为崇高的目标。这是人之为人的可贵之处，也是"人文精神"的题中应有之义。

（三）以人为本要求理性看待财富

"人文精神"的词源可以追溯到欧洲的文艺复兴运动。文艺复兴运动打碎了中世纪的神学枷锁，张扬人的尊严与价值，包括正视人的现世幸福和正常的欲望，这时的"人文精神"被视为一面解放的旗帜。解放的含义是，人类有权利挣脱外在的奴役，从而树立"以人为本"的观念。如果说财富与欲望都曾经扮演过人类解放的工具，那么历史辩证法表明，这两者也会不知不觉地演变为人类的新型枷锁。吃面包是为了活着，但活着绝不仅是为了吃面包。不幸的是，许多人的异样贪婪表明，对财富的攫取正在成为他们唯一的人生追求。人文精神的匮乏既是这种颠倒的原因，也是这种颠倒的症候。

"以人为本"是"人文精神"的逻辑起点。古往今来，具体的社会活动形形色色，以人为本必须是诸多社会活动锁定的终极旨归。从两千多年前孔子"问人不问马"的著名典故到当今政府如何从单纯的 GDP 转向民生问题，人的价值成为调节各种评价指标的核心范畴。尽管物质财富的生产和分配仍然是现代社会最受关注的主题，但是人类的标准形象并非经济动物。迄今为止，人类文化同时包括了道德、法律、宗教信仰、政治理想、社会制度、文学艺术等诸多领域。如果上述领域完全撤出社会的话，经济活动会逐渐瘫痪。人的全面发展是对综合素质的完善的追求，而不仅是财富的聚敛。如果一个民族赢得的文化评语是"见利忘义""哲学的贫困"或者"艺术沙漠"，这种耻辱是金山银山的耀眼光芒也无法掩盖的。

财富没有错，经济活动的中心位置也没有改变。然而，当财富积累到一定的数量之后，一系列新的问题必将陆续浮现：合理的财富分配方案是什么？财富的终极意义又是什么？是否存在财富之上的更高追求？人们正在逐渐察觉这些问题的分量。"人文精神"的基本含义及其历史演变可能给我们提供更多方面的启迪。

三、在市场经济中激活中华民族的精神基因

"使市场在资源配置中起决定性作用"，必须要迈出去。由此带来的社会生活的一系列深刻变化也必不可免。社会主义市场经济呼唤市场伦理，中华民族伟大复兴伴随文化复兴。

（一）市场经济自身存在道德悖论

要使市场在资源配置中起决定性作用，必然要强化主体利益意识、自主自立意识、竞争意识和开拓创新精神，促进人的个性、能力的自由和多方面的发展，生长与之相适应的道德，诸如尊重、诚信、守时、互利、效率等。这无疑是人类社会发展的进步。但也需看到，在市场经济条件下，道德调节有明显的局限性，市场经济本身并不能分辨善恶，市场可以容纳各种各样对整个社会来说不道德的交易。等价交换和平等互利原则是在力量对比和利益争夺的竞争中得到贯彻的。虽然市场机制和法制的完善能抑制过度的利己行为，但是消除不了产生这种行为的可能性。主要靠驱动个体利益运行的市场经济机制不会自动产生为社会整体利益着想的道德意识。

市场经济有两个起点：每一个经济的个体，都追求利润的最大化（资本的本质）；每一个真实的个人都追求利益的最大化（自私的本性），这是市场经济的动

力。正是这两个最大化进入市场经济运作，演奏了一部竞争激烈、效率至上的交响曲，从整体上形成了推动社会生产力不断发展的动力，形成了市场经济优胜劣汰的秩序。但它们又会成为市场经济的阻力，这两个最大化的无限度追求必然导致互相欺诈、物欲横流，市场经济的秩序就无法维持下去。

市场经济有两个相反的方向：既排斥道德又需要道德。一方面，资本追逐利润，个人追求物质利益，容易导致拜金主义，排斥道德；另一方面，市场经济的健康发展必然要求人们遵守市场规则，进行道德自律，生产力水平的提高必然要求社会公平正义，人们的道德素质普遍提高。

因此，市场经济自身存在着一种深刻的道德悖论。我们应思考在迈出使市场在资源配置中起决定性作用这一大步时，如何应对其带来的困扰，抑制消极面，放大正能量。

随着市场经济的快速发展，我国的思想文化领域也在发生深刻变化。人民群众文化消费多层次、多方面、多样化的特征更加明显，求知、求乐、求美的愿望更加强烈，公平意识、民主意识、权利意识、法治意识、监督意识不断增强，人们思想活动的独立性、选择性、多样性、差异性明显增强。但独立性不是唯我独尊，选择性不是随心所欲，多样性还有道德底线，差异性总伴随同一性。在市场经济中，难免有一些人理想信念丧失，拜金主义、因而享乐主义、极端个人主义有所增长，部分社会成员思想道德失范，有些人的世界观、人生观、价值观发生扭曲。信仰的动摇是危险的动摇，信念的迷茫是最大的迷茫，理想的摇摆是根本的摇摆，思想的滑坡是致命的滑坡。在信仰的荒漠上，活不了无根的植物，立不起伟大的民族。

使市场在资源配置中起决定性作用，并不是要使市场在社会生活中也起决定性作用。建设"市场经济"不是要搞"市场社会"，必须有效地解决市场经济既排斥道德又要求道德的道德悖论。

（二）为解决市场经济道德悖论而做的努力

18 世纪的亚当·斯密一开始就关注这个问题，其 1759 年先发表《道德情操论》，1776 年发表《国富论》。在《道德情操论》中，斯密基于人性本善的假设，把源于人的同情的利他主义情操视为人类道德行为的普遍基础和动机。在《国富论》中，他又把人性本恶作为经济学的前提假设，把个人利己主义的利益追求当作人类经济行为的基本动机。于是，一种人性本善的道德利他主义的社会道义论与一种人性本恶的经济利己主义的个人目的论矛盾而奇妙地共生于"斯密理论"之中。但他提出了问题，未能解决问题，给出的是一个密斯悖论。他设想资本家的血管里应该流淌着道德的血液，可资本自来到世间，从头到脚每个毛孔里都滴着血和肮脏的东西。横亘于斯密伦理学与政治经济学之间的这个看似无法共度的悖论暗示着现代人类经济生活与道德生活之间的内在紧张。

马克斯·韦伯也试图解决这个问题。他1904年发表了《新教伦理与资本主义精神》，指出加尔文教的伦理观念从"天职观""预定论"和"入世的禁欲主义"三个方面建立了以"资本主义精神"为主的市场伦理。圣徒为了证明自己获得上帝的救赎，就要积极勤劳致富，承担"诚实交易""遵守承诺"和"守时"等义务和责任，并且以刻苦、勤奋、忠诚等态度对待各自的职业，以精确的理性计算使资本和劳动的组织合理化，小心而又有远见地追求经济成功。"一个人对天职负有责任乃是资产阶级文化的社会伦理中最具代表性的东西，而且在某种意义上说，它是资产阶级文化的根本基础。"韦伯的观点一度深刻地影响了西方世界。但文艺复兴运动与启蒙运动开启的是一个与韦伯所处时代断裂的世俗化时代，在世俗化时代里，价值理性的宗教信仰日趋式微，宗教观由过去的社会信仰逐渐退至道德领域，宗教所守护的终极价值开始由"神"转变为"人"，工具理性代替了价值理性，新教伦理在市场经济中的道德调节作用难免式微。震撼世界的金融危机就是美国市场信任危机、伦理危机的必然反映，"新教伦理与资本主义精神"仍然解决不了市场经济道德悖论的注脚。

上述努力虽然无法解决市场经济的道德悖论，但也给我们留下了两点深刻的印象：

第一，斯密强调"人的本性"。"人总是以利己为出发点，但是如果每个人都毫无节制地发挥自己利己心的话，社会必将混乱，最终导致毁灭。所幸的是，人的感情是多样的，利他心、慈善心、爱心……它确立了法与统治的一般原理的基础——正义。"[1]斯密的贡献其实在于确立了另一个重要的"一般原理"——市场经济需要的道德只能从"人"的自身去发掘和建立。"人性"是抽象的，"人"却是具体的，我们应该着眼于"人"。

第二，韦伯希望借助"神的权威"。他把市场经济需要的道德通过对"神"的敬畏这个环节，在一定程度上从"他律"内化为"自律"。我们可以不信神，但应该注意，社会不能没有"敬畏"。缺乏敬畏之心的市场经济必然缺乏诚信、排斥道德。

---

[1] 亚当·斯密.道德情操论[M].蒋自强，钦北愚，朱钟棣，等，译.北京：商务印书馆，2015.

（三）激活中华民族传统文化中的精神基因

迈出"使市场在资源配置中起决定性作用"这关键一步后，中华民族正在大规模地建设和完善现代市场体系。在这个过程中，我们如何解决市场经济的道德悖论？

蕴含在中国传统文化中的中华民族的"民族本性"有巨大的能量。既然韦伯能倾其一生，致力从比较的高度探讨世界主要民族的精神文化气质与该民族的社会经济发展之间的内在关系，我们为什么不去认真探讨中华民族的精神文化气质与我们的社会经济发展之间的内在关系呢？

中国的传统文化中并不缺乏把道德的"他律"内化为"自律"所必需的"敬畏"之心。中国人对万物和人生本源的基本看法是"万物本乎天，人本乎祖"，基本信念是"敬天法祖"，报本答愿的方式是"祭天祭祖"，由此演化出一套伦理秩序和文化传统。费正清认为这种"制度和文化的持续性曾经产生了体现为气势澎湃和坚守既定方针的惯性"。韦伯把中国形容为"家族结构式的国家"，把儒学列为"清醒的宗教"，把中华民族称为"未醉的民族"。梁漱溟则认为，中国"以宗法组织社会，以伦理代替宗教"。在这种强大的惯性中，中国传统文化以儒学为支柱，以道教、释教（佛教）相浸染，都打上了"敬天法祖重社稷"的烙印，强调维系现存世界，并理性地适应现存世界。

一个有着深厚文化传统的伟大民族在走向现代化、建设现代市场经济中，其解决道德悖论的一个重要资源和优势就在于其文化传统。习近平明确指出："中华文化积淀着中华民族最深沉的精神追求，包含着中华民族最根本的精神基因，代表着中华民族独特的精神标识，是中华民族生生不息、发展壮大的丰厚滋养。"这段深刻的阐述使我们眼前一亮，应该在市场经济发展中激活中华民族的精神基因。

基因是内在成因，是根脉，是抗体。一个国家、一个民族有自己独特的精神基因，从而形成了不同于他国、他民族的人文性格和文化习惯。中华民族的精神基因，其文化根脉在哪里？在传统文化里。千百年来，中华文化中凝聚、积淀、总结了许多优秀、精辟、独特的思想精华，已经融入中华民族的文化血脉中，为一代代中华儿女所敬仰、认知、学习、传承。中华文化是中华民族最深沉的精神追求，是中华民族生生不息、发展壮大的根本所在。一个民族的崛起或复兴常常以民族文化的复兴和民族精神的崛起为先导，一个民族的衰落或覆灭则往往以民族文化的颓废和民族精神的萎靡为先兆。精神是民族的魂，中华民族的伟大复兴要在现代化的艰难进程中实现，现代化则要靠民族精神的坚实支撑和强力推动。时代精神强调时代的理性认同，而民族精神要立足于民族的情感认同。民族认同不是逻辑推理或理性构造的结果，而是民族传统中长期的历史和文化积淀的产物。现代化呼唤时代精神，民族复兴呼唤民族精神。时代精神要在全民族中张扬，民族精神就要从传统文化的深厚积淀中重铸。

"文化传统"之所以能传承下来，是因为活在我们的基因里，流淌在我们的血脉中。重视安身立命，就是我们一个重要的文化基因。从这个基因发展出三条定律：一是热爱生命，追求幸福；二是尊重生命，道德约束；三是敬畏生命，终极关切。现代化和市场经济不断放大、满足安身立命的第一条定律，却不断洗刷甚至消解第二、三条定律。于是，近利远亲、见利忘义、唯利是图、损人利己的道德失范现象层出不穷，阻碍了社会的现代化。我们要从民族优秀的文化基因中，找回和强化道德约束和慎终追远的定力，增强中华民族在现代化浪潮中强身壮体的抗体，特别是增强在各种物质诱惑中的免疫机能。

在中国历史上，很多人主张"儒法并用""德刑相辅"，用现在的话来说，也就是主张思想教育手段和法制处治手段并用。法是他律，德是自律。治理国家和社会是复杂的系统工程，必须统筹兼顾，全面规划。我党提出依法治国和以德治国相结合，在一定程度上吸收了古人这方面的治理思想与经验。以德治国是中华民族的历史传统之一，是中华民族应该认真继承并在新的历史条件下进一步用好的最深厚的文化软实力。

中国共产党要长期执政。人做了官，就要有官德，要严格以为官之德来自律。只重"官品"轻"官德"，就会追逐"官品"不择手段，抛弃"官德"恬不知耻。官者，君子也，中国有推崇君子人格的传统，如"君子喻于义，小人喻于利"的谆谆告诫，"终日乾乾，夕惕若厉"的慎惕之虑，"载舟""覆舟"、居安思危的忧患意识，"公而忘私，国而忘家"的精神境界，"安得广厦千万间，大庇天下寒士俱欢颜……吾庐独破受冻死亦足"的百姓情怀，"先天下之忧而忧，后天下之乐而乐"的忧国忧民，这些中国传统文化的"君子之德"，与中国共产党人为实现共产主义前赴后继的远大理想、全心全意为人民服务的基本宗旨是一脉相承的。我党的各级干部应从传统的君子之德中获得精神鼓舞，升华思想境界，陶冶道德情操，完善个人品格，培养浩然正气。

韦伯的"新教伦理和资本主义精神"的支撑就是一个"神召"，以这种立足此岸、面向彼岸的价值观对来世灵魂归宿的关注，为资本主义精神提供终极价值，弥补资本主义精神的缺陷。中华民族传统文化精神家园中可用的东西远比一个"神召"丰富得多。比如，"诚意、正心、修身、齐家、治国、平天下"的人生理想，"穷则独善其身，达则兼济天下"的精神境界，"为天地立心，为生民立命，为往圣继绝学，为万世开太平"的道义担当，见贤思齐、见义勇为、知行合一、己所不欲、勿施于人、三省吾身、君子慎独的修身之方，百善孝为先、孝悌忠顺、家和万事兴的齐家之略，"水能载舟，亦能覆舟""治国之道，必先富民"的理政之道，天下为公、世界大同、致中和的经世方略，"天下兴亡，匹夫有责""舍生取义"的爱国情怀，"富贵不能淫，威武不能屈"的凛然正气，"仁、义、礼、智、信"的基本价值，"天行健，君子以自强不息；地势坤，君子以厚德载物"的奋进态度，等等。中华民族之所以能历经磨难而生生不息、朝气蓬勃，并不断发展壮大，始终屹立在世界民族之林，是因为有如此丰厚的精神家园、如此强大的精神支撑。这是一个伟大民族几千年传承着的集体记忆、集体呼唤，远比西方文化中"创世者"的一个"神召"来得强大。激活这些精神基因，有助于建立现代市场经济发展所需要的"市场伦理"，把"资本"的冲动与"诚信"的建构成功结合，形成勤勉做事、平实做人、守信光荣、失信可耻的社会氛围，构建适应社会主义市场经济的道德和行为规范。

今天，强调市场在资源配置中起决定性作用，不要轻看另一个"决定性作用"——具有突出优势、深厚软实力和重要精神支撑的中华优秀传统文化。其基因一旦激活，不断生长和放大，就可以形成百病不侵的抗体、百折不挠的动力，形成社会主义市场经济的新伦理和新精神。

四、当今社会的文化环境

自 19 世纪以来，一连串的屈辱使中国知识阶层陷入了集体性的自我否定之中，中国传统文化被彻底颠覆，以至于在当今的中国，尽管中国的经济增长再次为中国赢得部分信心，尽管中国曾拥有世界上最悠久、灿烂的文化传统，但相当多的中国人信仰的是被过分庸俗化的功利主义、消费主义、物欲主义。

社会的主流思维模式从传统社会的价值理性逐渐转向现代社会的工具理性。人们考量生活和行动的重心不再是衡量其有何终极性意义，而是作为达到特定世俗目的之手段是否高效。一切是非善恶的标准开始在工具理性的压迫下变得模糊，为了实用目的可以产生多种解释，甚至在当今部分价值虚无主义者那里，连价值和道德本身也被唾弃了，崇高和伟大开始成为可笑和虚伪的代名词。在丧失价值理性的世界里，所有世俗的目的从本质上讲都只是无尽的欲望的满足。

由此，个人的自我理解也发生了变化。在消费主义意识形态中，个人意识是充满欲望想象的，具有无限的物欲追求，也具有实现这种欲望的能力和本钱，即从无穷的欲望到无穷欲望的满足。文化则从过去少数精英（无论是思想精英还是艺术精英）对民众的启蒙式教育变为由公众广泛参与的流行文化。人们崇拜的偶像也从以往神圣时代的圣贤和理想主义时代的英雄转变为当今的各界明星。这些明星是各种欲望的人格化，如富有、青春、风流、体健等。

精英文化是启蒙的、智性的，它诉诸人们的理性和审美。世俗时代的流行文化则是反智的、反深度、反启蒙的，它直接诉诸人们的感官。当人们精神世界中的宗教、哲学、道德、艺术等精神元素统统被掏空以后，也就失去了自我的判断能力，于是市场的标准便成了个人的标准，流行和时尚内化为了大多数人的审美观念和价值准则。从表面看来，世俗时代的人们是自由的，有自由选择的空间，实际上，大多数人被"匿名的权威"所摆布，只要控制了公共传媒，控制了广告的发布权，便可操控多数人的口味和意志。

一项关于当前国民精神文化生活状况的调查表明，只有 11.2% 的被调查者表示经常在休闲时间学习进修，只有 7.5% 的被调查者表示在休闲时间经常从事书法、绘画、发明、设计等方面的业余爱好。

五、社会文化因素对个人和社会的影响

经济学认为，个人的金融投资行为通常与投资者的消费动机密切相关，其投资的目的是使自己的财富保值、增值，从而使自己的消费安排得以实现，使自己的消费效用得到提高。生命周期理论和永久收入假说都把人们的储蓄当作对自己收入波动的调节。当收入高于自己所预期的消费水平时，进行储蓄；当收入低于预期的消费水平时，提取储蓄，从而使自己的一生消费效用稳定在预期的效用水平上。当研究者发现仅考虑物质财富方面的消费已无法解释储蓄及投资现象时，便力图通过引入投资者对社会地位等非物质财富的追求来进一步解释储蓄和投资的形成。一旦经济学家把投资者的投资动机从物质消费扩大到对非物质财富的追求，经济学事实上便开始注重其他非经济因素尤其是文化因素对个人金融投资行为的影响。

社会心理学研究表明，个人要进行社会推理，解决问题，通常不是花大量的时间去收集相关信息，而是利用已有的记忆信息来分析问题。这些信息被称为"基模"，基模的存在使个人的社会推理过程变得自动、快捷。基模的研究有两个基本结论：一是所有的人都具有某些基模，他们用这些基模来解释自己的经验。个人如果没有基模，任何新问题、新情况都会让他们无从判断。二是不同文化体系的人可能具有不同内容的基模，文化会影响个人心理的认知"基模"。中国有句古语"读万卷书，行万里路"，从社会心理学层面分析，这就是人们获取"基模"的过程。只有通过读书与实践，才能丰富个人的"基模"，对所遇的社会现象做出贴近事实的决策和判断。

文化是一个复杂的总体，包括知识、道德、风俗等。文化会影响个人心理的认知"基模"。个人金融投资行为是基于个人心理的认知"基模"（经济学中所讲

的"偏好")而产生的行为选择。因此,个人金融投资行为这种自货币经济发展和繁荣以来的重要经济活动与文化有着较高的相关性。

人类在生命周期中必然面临年老体衰,必然会遇到种种困境,如何保障自己的生存以及针对各种不测进行合理的风险规避,是每一个人都必须面对和解决的问题。由于文化差异,不同的人会选择不同的解决途径。

文化差异的一个主要方面就是对个体或集体利益的强调程度。在个体主义文化社会中,个体的独立性、创造性活动是受到鼓励的。与此相反,集体主义文化社会强调个体与社会群体保持联系的重要性,个体服从意识以及个体对群体传统的遵从受到鼓励。在这方面,中国的文化特征大体属于后者。在集体主义文化中,个体从众于群体规范要比个体主义文化表现得更为重要。Rod Bond 和 Peter Smith(1996)对133项从众因素进行了研究,结果发现集体主义文化下的个体更容易从众。从众现象没有好坏的评判,只是人类一种认识判断的行为现象,但它会影响具有这种文化特征的社会。

中国古代是小农经济社会,对于个体生产者来说,子女就是自己未来的保障,"养儿防老""多子多福"的传统观念根深蒂固。这种文化对家庭来讲,实际上就是利用人们内生的生理功能,为自己的未来提供隐性的金融契约,将子女和后代泛化成退休养老金、医疗保险和银行信贷等金融产品的替代品。在这种文化氛围下,从众的心理使违约者的成本提高,进而保证了这些隐性金融合约的履行。这些隐性金融合约为长辈提供了一个投资保障组合,以实现对长辈未来的生存保障。正如美国耶鲁大学管理学院终身教授陈志武在题为《金融技术、经济增长和文化之间的联系》的演讲中所说:"我们的传统文化在某种意义上是为了克服金融的不发展而演变而成的。"由此可见,受传统民俗、文化的影响,中国内地居民的个人金融投资行为在改革开放以前是缺位的,个人金融投资意识是"钝化"的。

改革开放以后,特别是我国经济体制向社会主义市场经济体制迈进以来,传统民俗、文化中的隐性金融合约思想遭到巨大冲击。实际上,随着我们的工作重心转移到以经济建设为中心的轨道,"养儿防老""多子多福"的陈旧习俗及落后观念受到了现实生活的挑战。特别是在一些产业结构不断调整的领域,年轻人下岗亦属正常。他们的生活费尚没有固定的来源,如何能保障父母?于是,社会上甚至出现了父母反哺成年子女的现象,"多子多福"大有演变成"多子多害"的趋势。因此,利用金融技术和金融产品来保障个人未来生活,在经济发展"转轨"时期的中国悄然兴起,并逐渐形成了一定的投资规模。但在"转轨"期,新旧体制的磨合及遗留问题的解决仍需要时间。

金融业的存在与发展极大地降低了人类社会的交易成本和信息成本,大大提高了经济活动的效率。然而，人类社会的不同民俗和文化对金融技术的接纳和融入产生了差异，导致民俗与文化以不同形式的替代品排斥金融技术和金融产品。文化因素对个人投资行为的影响来自历史的积淀，这必然会对个人的金融投资行为产生较强的约束力。因此，自20世纪90年代初以来，虽然金融投资意识被逐渐唤醒的个人有了一定规模的金融投资活动，但相对国民经济的快速、稳健增长和不断增长的个人货币资产来讲，仍处于较低水平。即使在经济发达的大、中城市，这种个人的金融投资活动也是有限的，未来仍有较大的发展空间。随着我国经济改革的进一步深化和对外开放步伐的加快以及世界文化的相互交融，民俗、文化因素对个人金融投资行为的负向约束逐渐减弱，活跃的个人金融投资活动必将成为推动我国金融业发展的重要力量。

第四节　大学生创业教育现状调查

据统计数据显示，我国高校毕业生人数在逐年倍增，随着就业形势的日益严峻，大学生就业观念随之转变，在国家就业政策的导引下，以创业带动就业，大学生开始从直接就业转为自主创业，大学生的创业热情高涨。但据国内某五所高校的问卷调查结果显示，大学生的创业教育在存在诸多问题，如高校创业教育存在思想认识不到位、师资力量匮乏、创业教育课程体系不完善、创业生态环境尚未建立等问题，大学生创业面临着重重困难，创业成功率不高。

在党的十九大上，习近平指出，青年兴则国家兴，青年强则国家强。青年一代有理想、有本领、有担当，国家就有前途，民族就有希望。中国梦是历史的、现实的、也是未来的；是我们这一代的，更是青年一代的。中华民族伟大复兴的中国梦终将在一代代青年的接力奋斗中变为现实。因此，要激发和保护企业家精神，鼓励更多社会主体投身创新创业。建设知识型、技能型、创新型劳动者大军，弘扬劳模精神和工匠精神，营造劳动光荣的社会风尚和精益求精的敬业风气。

大学生创业教育已上升为国家综合改革的战略部署。高校如何结合自身特点开展好创业教育已成为高校人才培养、教育教学改革的重要课题。

一、调查对象和方法

此次问卷调查的对象从大一到大四都有涉及，调查共发放问卷1 000份，回收有效问卷898份，有效率为89.8%。样本中男生占50.7%，女生占49.3%，符合随机抽样的原则。样本中有在校期间创业经历的占23.2%，没有创业经历的占

76.8%，基本符合目前实际状况。在专业上，经管类学生占14.8%，文科学生占21.4%，理工科学生占35.2%，艺术类学生占8.6%，医学类学生占10.2%，农学类学生占9.8%。在入学时间上，大一学生占26.8%，大二学生占25.7%，大三学生占23.1%，大四学生占24.4%。在生源地方面，51.8%的学生来自城市，48.2%的学生来自农村。调查对象情况如表2-2所示。

表2-2　创业教育现状调查对象情况（898人）

类　别	特　征	数量（人）	比例（%）
性别	男	455	50.7
	女	443	49.3
创业经历	有创业经历	208	23.2
	无创业经历	690	76.8
专业	经管类	133	14.8
	文科类	192	21.4
	理工科	316	35.2
	艺术类	77	8.6
	医学类	92	10.2
	农学类	88	9.8
学历	大一	241	26.8
	大二	231	25.7
	大三	207	23.1
	大四	219	24.4
生源地	城市	465	51.8
	农村	433	48.2

二、大学生创业教育现状调查分析

针对设计的问题所获得的结果，笔者归纳整理出了以下几个具有代表性的方面。

（一）大学生创业意识状态分析

1. 大学生对创业的认知和态度

大多数大学生对创业有一定认知，对创业有较正确的认知。调查数据显示，有63.5%的学生认为创业即"开创一份事业"，有10.2%的学生认为创业是"开公司或办企业"，有15.6%的学生认为创业是"开发科技项目"，有8.6%的学生认为创业是"当老板或挣大钱"，有2.1%的学生选择其他，如表2-3所示。

表2-3 大学生对创业的认知情况（898人）

选项	人数	比例（%）
开创一份事业	570	63.5
开公司或办企业	92	10.2
开发科技项目	140	15.6
当老板或挣大钱	77	8.6
其他	19	2.1

2. 大学生对创业的兴趣和创业意愿

调查数据显示，有72.6%的学生对创业很感兴趣或比较感兴趣，如表2-4所示。这说明大学生创业已经成为大学生关注的热点，越来越多的大学生已对创业有了想法。

表2-4 大学生对创业感兴趣情况（898人）

选项	人数	比例（%）
很感兴趣	346	38.53
比较感兴趣	306	34.07
一般	119	13.25
不太感兴趣	85	9.47
不感兴趣	42	4.68

在回答"是否有创业的愿望"的问题时，有21.2%的学生有创业的强烈愿望，有73.6%的学生有创业的愿望，不愿去创业的学生占5.2%，如表2-5所示。这说明国家倡导的"创业带动就业"的政策主张获得了大多数学生的认同。但对有创业愿望的学生问及"是否去尝试创业"时，有91.5%的学生有愿望但不会尝试，有6.2%的学生对创业有愿望但存有疑虑，只有2.3%的学生明确进行自主创业。在问及不去尝试创业的原因时（多选），有89.7%的学生认为自己目前还缺乏创业能力，没有创业的信心；有36.5%的学生认为自己缺乏创业资金；有14.2%的学生回答家人不同意。在问及"选择何时创业"时，77.5%的学生选择了毕业后。这说明大多数大学生的创业还停留在创业愿望上，多数人把自主创业作为人生追求的梦想，在校期间，他们主要还是把精力集中在了完成学业上。

表2-5　大学生创业愿望情况（898人）

选　项	比例（%）	人　数
有创业的强烈愿望	21.2	190
有创业的愿望	73.6	661
不愿去创业	5.2	47

3. 大学生创业动机

调查显示，在回答"大学生创业动机"问题时，41.3%的学生选择了"实现自我价值"，35.6%的学生选择了"找不到合适工作"，14.5%的学生选择的是"为了赚到钱"，选择"积累经验"的占8.6%（图2-5）。可见，大学生创业尚处于理想化状态，因为目标应该是以积累财富为主导的，选择创业是为了"实现自我价值"排在第一位，说明大学生的创业目标模糊且缺乏务实精神。从创业的本质上看，创业就是为了解决生存问题的一种方式，所以也验证了前面的调查数据，有强烈的创业愿望，但实施创业的人数较少。

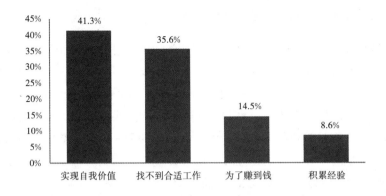

图 2-5　大学生创业动机

（二）大学生对创业教育的认知情况

1. 对开展创业教育的态度

调查数据显示，有 40.3% 的学生认为开展创业教育很有必要，56.8% 的学生认为开展创业教育有必要，只有 2.9% 的学生认为开展创业教育没必要（图 2-6）。这说明大学生十分欢迎开展创业教育，愿意接受创业教育培训，增强自己的综合素质，提升自己的创业能力。

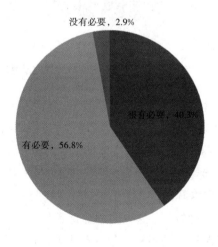

图 2-6　大学生对开展创业教育的态度

2. 对高校开展的创业教育课程的态度

调查数据显示，有71%的学生认为即使暂无创业打算，学校开展创业教育相关课程也是很有必要的，这说明学生有接受创业教育的需求，获取创业教育相关课程信息有助于今后职业发展或未来的创业可能，对学校开展创业教育是认同的。调查显示，五所高校都有按照教育部要求开设以必修课或选修课形式出现的创业教育课程，但大都是就业指导课或职业生涯规划课程；有些学校开设了创业方面的选修课，学生对学校开展的创业教育课程设置不太满意。有21.3%的学生认为学校开展的创业课程效果显著，52.6%的学生认为学校开展的创业课程有一定效果，26.1%的学生表示对学校开展的创业课程效果"没感觉"（图2-7）。这说明学生对现有创业教育课程效果总体不太满意，需要学校完善创业教育及其课程体系。

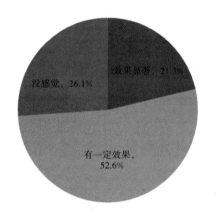

图 2-7　学生对学校开展的创业教育课程设置态度

在对"对目前创业教育最不满意的方面"（多选）的回答中，有36.23%的人选择了"课程"，29.51%的人选择了"师资"，23.97%的人选择了"项目"，14.18%的人选择了"竞赛"，18.37%的人选择了"讲座"，29.42%的人选择了"创业辅导"，34.41%的人选择了"基金支持"，23.2%的人选择了"创业文化氛围"（图2-8）。从以上数据可以看出，大学生主对"课程"和"基金支持"最不满意，其次是"创业辅导"和"师资"。这说明创业课程体系不能满足学生的需要，师资力量薄弱是创业教育课程效果不够理想的最主要原因，创业资金的支持不够是在校生迈不出创业第一步的困难。

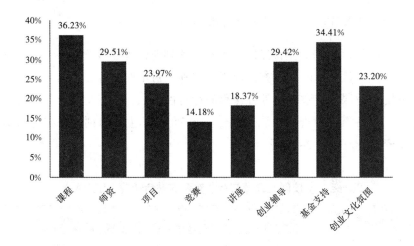

图 2-8　对目前创业教育最不满意的情况

调查数据显示，调查对象中认为创业教育课程效果显著的学生中男生占67.2%，女生占32.8%。不同专业、不同年级的学生对创业课程的认同也存在差异。认为创业教育课程效果显著的学生中，38.9%来自理工科学生，31.2%来自人文艺术类学生，24.6%来自经管类学生，3.2%来自农学类学生，2.1%来自医学类学生（图 2-9）。这说明不同专业的学生在其专业课程中接触的创业方面的知识是有差异的.经管类学生已在其专业课程中涉及较多的企业经营管理知识，而其他专业的学生对企业经营管理方面的知识了解得较少。大一、大二学生认为创业教育课程效果显著的占9.8%，大三、大四学生认为创业教育课程效果显著的占12.4%。

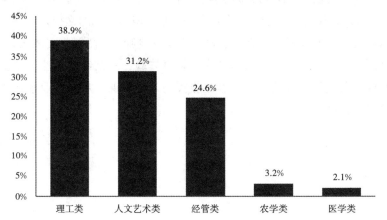

图 2-9　不同专业、不同年级的学生对创业课程的认同情况

3.学校创业教育与专业教育融合情况

多数学校针对不同专业背景的学生对学习创业课程的设置几乎没有区别，对所有学生开设的是相同的创业方面课程。这种针对不同专业、不同知识基础的学生上一样的创业课程导致创业教育课程的针对性不强，依然是创业课程与专业课程两张皮，没有很好地进行系统化融合。90.2%的学生认为创业课程与所学专业没有很紧密结合，如表2-6所示。

表2-6　学校创业教育与专业教育的融合情况（898人）

选　项	人　数	比　例（%）
很紧密	88	9.8
一般	216	24.1
不紧密	594	66.1

4.学生希望获得创业知识和技能的途径

调查数据显示，在对"你希望获得创业知识和技能的途径"（多选）问题的回答中，有63.6%的学生选择了"有创业培训资质的老师"，有36.8%的学生选择了"学校安排的教师"，有60.6%的学生选择了"活动＋培训"，有59.3%的学生选择了"亲历实践"，有30.2%的学生选择了"创业园"，有10.5%的学生选择了"其他"（图2-10）。这说明大学生获得创业知识和技能的途径是多样的，但在学校期间，最希望的师资是"有创业培训资质的老师"；在创业实践能力提高上，喜欢通过活动加培训的方式，亲力亲为，切身体验，总结经验，这就需要学校加强师资培训，引进创业成功人士为客座教授为学生授课，加强创业基地建设，搭建更多的创业实践平台。

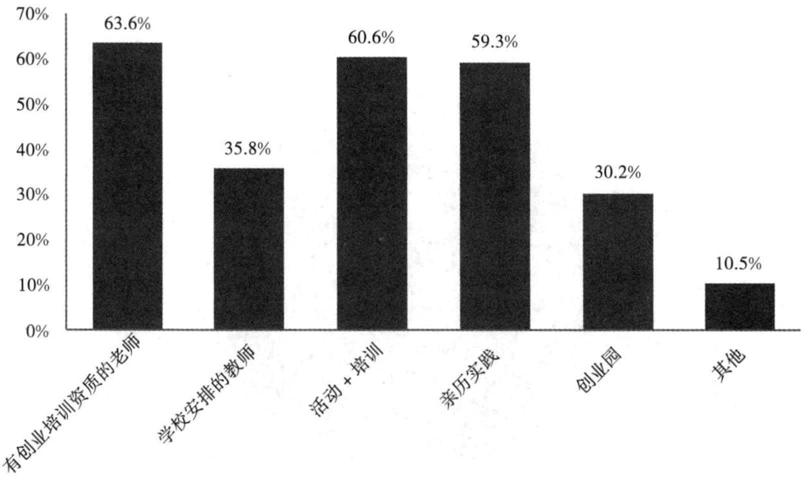

图 2-10　学生希望获得创业知识和技能的途径

（三）大学生对提高创业素质的课程、能力的需求

据问卷调查数据显示，学生对“你认为有效的创业课程设置排序”问题，回答是“专业创业管理课程”排第一，“创业实习”排第二，“创业课程融入专业课程”排第三，“短期培训实践”排第四，这说明学生对创业课程设置的要求更注重创业管理课程和创业实战。单一的创业教育通识课程和就业指导等基础创业课程已经不能满足学生对创业教育课程内容的需求，需要提供多层次和多形式的创业教育。对“你最想了解的创业知识排序”的选择由高到低是初创企业管理知识、技术管理知识、法律管理知识、金融财务管理知识。对“你认为创业应具备的素质排序”的选择由高到低是强烈的挑战精神、善于抢抓机会的能力、沟通交往能力、良好的社会关系、扎实的专业知识、创业管理知识、管理领导艺术。

（四）大学生对创业环境的认知

1. 对政府创业扶持政策的了解

调查数据显示，大学生对政府扶持创业的政策了解不足，一方面，说明学校对政策的宣传落实不到位；另一方面，说明政策对大学生创业的吸引力不够。在问及“对政府扶持大学生创业政策的了解情况”问题时，回答“经常关注、很清楚”的学生占 8.3%，回答“有时关注、比较清楚”的学生占 22.5%，回答“听他人讲，知道一些"的学生占 18.0%，回答"不关注、不清楚"的学生占 51.2%（图 2-11）。

图 2-11 大学生对政府创业扶持政策的了解情况

在回答"希望政府提供的创业扶持措施"（多选）问题中，"创业培训"占 27.6%，"创业资金"占 52.6%，"创业项目"占 32.5%，"场地支持"占 18.9%，"政策支持"占 48.9%，"专家咨询"占 18.6%，其他占 1.4%（图 2-12）。这说明大学生开始创业最需要的是资金，其次是政策优惠。政府在扶持大学生创业过程中需要加大优惠政策的制定，向大学生特殊群体倾斜，并从财政预算中专门拨创业项目资金资助，给创业大学生创造良好的环境。

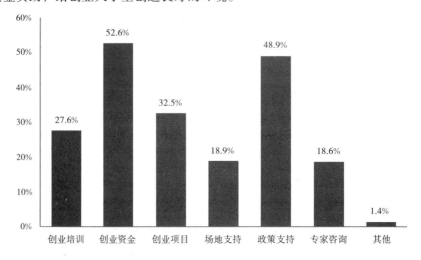

图 2-12 希望政府提供的创业扶持措施情况

2. 大学生创业时的咨询途径

学生在回答"你创业时通过哪些途径去咨询"（多选）问题时，选择"创业成功人士"的占45.6%，选择"专业咨询服务公司"的占21.4%，选择"政府有关部门"的占38.6%，选择"家人和朋友"的占15.8%，选择"学校创业教育中心"的占16.4%（图2-13）。这说明大学生创业初始最青睐的咨询对象是创业成功者和政府有关部门。

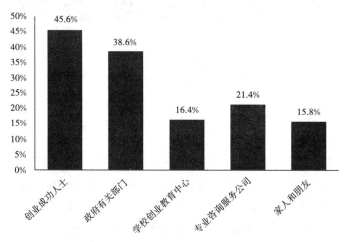

图2-13　大学生创业咨询途径情况

3. 大学生创业遇到的困难

调查数据显示，对"大学生创业过程中面临的困难"（多选）问题，选择"资金不足"的学生占46.8%，选择"项目不适合"的学生占24.5%，选择"场地缺乏"的学生占11.2%，选择"经验匮乏"的学生占56.8%，选择"家长不支持"的学生占20.3%，选择"市场前景了解不清楚"的学生占19.8%，选择"风险投资信心不足"的学生占35.6%（图2-14）。这说明学校在开展创业教育的过程中，需加大创业实践教学和培训，在实践中增强学生的创业发展规划能力和创业自信心。

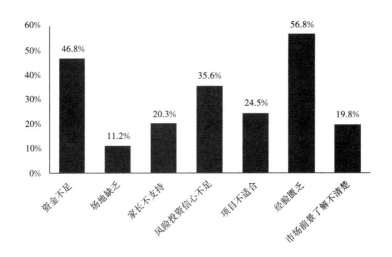

图 2-14　大学生创业过程中面临的困难情况

在回答"创业资金不足时，你通过哪些途径解决"（多选）问题时，选择"小额贷款"的学生占 46.5%，选择"商业贷款"的学生占 26.4%，选择"股份制"的学生占 32.6%，选择"向朋友借款"的学生占 28.9%，选择"向亲人借款"的学生占 36.5%，选择"吸引风险投资"的学生占 13.4%，选择其他的学生占 4.2%（图 2-15）。这说明大学生创业面临资金困难时，申请小额贷款是首选，反映了国家实行创业小额贷款政策受到创业者的拥护。但这也说明大学生创业融资渠道不宽，办法不多。

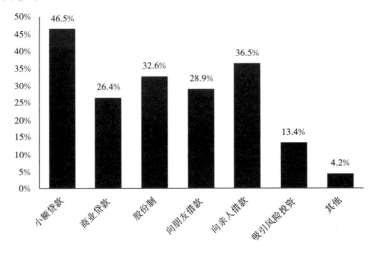

图 2-15　创业资金不足的解决途径情况

三、大学生创业教育存在的主要问题

通过以上调查情况，我们可以归纳出当前大学生创业教育存在的一些主要问题。

（一）学校层面

1.创业教育理念不到位

高校在人才培养、教育教学改革中，还没有真正把创业教育的理念贯穿到实际工作中，创业教育作为"第三本护照"还没有真正深入人心，没有真正担当起创业教育的使命，表现在就业指导方面，贯穿着"先就业——再择业——后创业"的思想，把创业教育作为就业指导的一部分，视创业为就业的补充途径。中国创业学研究所所长席升阳认为，创业教育是教育学生在各个领域进行创新，以拓宽自身的发展空间，并为他人提供就业机会的活动。学校对以创业带动就业的认识不足，甚至有些学校把考研、考公务员、进事业单位、进国企单位作为衡量学生是否成功就业的硬指标。高校对创业教育缺乏明确的认识，没有认识到创业教育对提升国家总体实力、全面提升大学生综合素质和扩大大学毕业生就业面的重要意义。我国高校无论是学生还是教师，对创业教育的必要性和重要性的理性认识尚未形成，其教育活动局限于实务层面，创业教育主要局限于指导学生自主设计、创办、经营企业、科技公司，处在一种为大学生就业找出路的阶段，忽视了学生创业意识和创业精神的培养，在实践上也仅停留在举办创业讲座、创业计划比赛的层面上，创业教育的理念还没有融合于学校整体育人体系之中。从而高校对大学生创业教育不愿投入更多的人力、物力和财力，其创业文化氛围没有真正形成。2006 年，联合国教科文卫组织到中国考察时，发现中国的中学和大学普遍缺乏创业教育。

2.创业教育定位不到位

创业教育是以培养学生创业素质和创新个性教育为目标的，重点在培养学生的创业意识、创业精神和创业能力。创业教育不仅是一种生存教育，更是一种高层次的素质教育、全面发展的教育和健全人格的教育。但是，从目前高校创业教育的实际看，还没有把创业教育纳入人才培养的教育教学体系之中，只是开设了以必修或选修课为形式的专业课程之外的课程。高校把创业教育目标误认为是培养企业家，帮助学生创办公司,存在功利主义倾向。高校重"政府口味"轻"市场需求",倾向"短平快"的速成教育模式。目前,我国高校创业教育的内容过于专注技术创新和高新技术的转化与应用。尽管技术创新和高新技术的转化和应用对我国经济和社会的发展具有重要的意义,也是检验高校创业教育的重要指标,但仅仅关注技术创新和高新技术的转化与应用是不够的,高校还应关注社会和市场的需求,不断整合和完善创业教育的内容。

3. 创业教育课程设置不合理

与国外高校创业教育的课程设置比较,我国高校创业教育课程体系化建设较薄弱,创业教育的培养流于形式,目前主要处于学生基础能力和创业相关活动的基础课程阶段,突出表现在课程安排缺乏针对性和操作性。创业教育是一项复杂的综合的工程,它涉及多类学科领域。部分院校开设的创业教育课程只针对管理学院、工商学院等与经济较为紧密的学院的学生,很难向全校学生开放。部分高校根本没有开设专门的创业教育课程,一些学校仅仅通过专题讲座或者职业生涯规划简单讲授,还有一些学校虽然开设了相应的创业教育课程,但其教学方式落后,方法单一,重讲授轻指导,重理论轻实践,重形式轻内容,教学效果不佳,学生不满意。不少高校仅仅停留在开设课程这一层面,并未真正将大学生创业教育提到一定的认识高度。在课型设置上,很多学校把创业方面的课程设置为选修课,这一类型的课程在学校教学体系中属于"边缘学科",在绝大多数学生眼中只是不受重视的"豆芽课",这就导致了创业课程的"先天不足"。在课程安排上,不少高校将创业课定位为"公共基础课程"或者是"就业指导课",命名为《大学生创业基础》《大学生创业与就业》等,只停留在知识的介绍或者就业思路的拓展等表层,未能很好地将大学生创业教育与自身成长、价值实现等相结合,导致学生对这些课程的学习只是当成完成学业要求,应付了事。在教学内容上,很多学校把创业课和不少专业课"一视同仁",把大学生创业教育当成单纯的理论教学,教师在教学过程中只是一味地讲授创业理论,介绍创业成功的经典案例或者大学生身边的创业故事,却很少在课堂内外开展创业技能与技巧的实践实训,忽视了学生的个性特点和专业特长,把本应该富有创新性和创造力的创业教育禁锢为填鸭式的知识和理论学习。

4. 创业教育师资不足

创业教育教师水平的高低直接决定创业教育的质量,教师的阅历和经验直接影响课堂教学的效果。创业教育是一门跨学科综合性较强的学科,创业教育的课程内容和教学方法是以实践探索为基础的,需要把专业教育与创业教育融合在一起,强化实践教学，这些都对创业教育教师提出了很高的要求。但实际上，很多高校并没有专门的创业教育服务机构，有的设在学生处，有的设在心理健康教育中心，有的挂靠在某学院。这就导致一些学校把创业教育和职业生涯规划混为一谈，创业教育指导中心就是就业服务机构，就业指导中心就是创业教育服务机构，而创业教育指导教师有可能是就业指导师、职业生涯规划师、心理咨询师，或者干脆就是学生辅导员或者行政人员，一身兼多职的现象比较多，职责不清，管理不到位。另外，无论是教学人员还是管理人员，他们从事创业教育指导都有一个共同的缺点，那就是缺乏创办企业的实践经验。2003年，北京航空航天大学受教育部委托举办了第一期创业教育骨干教师第一期培训班，180名来自全国各地高校的教师参加了培训；2004—2007年，北京航空航天大学又面向全国高校创业教育骨干教师连续举办了三期高级研修班，共有400多名教师参加了研修班。但是，在全国高校讲，参加过专业培训的教师毕竟还是少数。由于从事创业教育的教师创业理论与实践方面积累的欠缺，缺乏创业或在企业工作的经历，对创业教育的知识和经验不足，无法传授创业的精髓和实质，因此学生系统学习创业教育知识不透彻，创业思维不能有效得以训练，也不能在专业领域进一步拓展学生的创业能力。虽然一些高校经常举办由企业家或成功的创业者担任客座教师的讲座，但由于缺乏完善的组织协调、资金支持、制度保障，加之这些客座教师实践经验丰富却缺乏教学经验，教学效果并不理想。

5. 创业教育实践不够

创业实践是高校创业教育的重要组成部分，创业实践基地是大学生的创业意识转化为现实的平台。创业实践活动可以帮助高校学生确立合理的创业目标，选择正确的创业价值取向，并全面提升高校学生综合的创业素质。从目前高校创业教育的开展情况看，创业教育实践主要是通过创业计划竞赛、创业论坛、创业讲座、创业园、开放性实验室、创业社团等方式展开的，一些高校也建立了大学生创业实践基地，如清华大学为鼓励学生创业将写字楼半价出租给学生创办公司，北京的"中关村"、武汉的东湖新技术开发区以及各主要城市的高新技术开发区等，都直接或间接地为大学生提供了创业实践基地。但是，这些途径只能够满足一部分学生，还不能满足全体创业学生的需求，并且更多的是流于形式，表面上氛围十分活跃，实际上并没起到应有的效果。多数学校没有搭建大学生创业实践教育平台，缺乏像国外那样的校企合作，即使有企业实习，也很少真正接触到企业、创办企业式的实践。各地政府创办的高新技术工业园区、创业园区对项目的科技含量高低、投资的额度大小、预期效益、产业类别等设有较高的"门槛"，使还在校门内或者是刚刚走出校门的大学生无法进入。创业教育不是帮助少数学生成就创业梦想，而是通过普及创业实践，提升各学科、各专业的学生在未来的社会竞争中的生存能力和创业能力。

6.创业教育评价体系不合理

评价是一种价值判断的活动，是对客体满足主体需要程度的判断。教育评价是对教育活动满足社会与个体需要的程度做出判断的活动，是对教育活动现实的（已经取得的）或潜在的（还未取得，但有可能取得的）价值做出判断，以期达到教育价值增值的过程。创业教育质量评价是创业教育工作评价的重要内容，它不仅是对"教育质量"的必不可少的价值判断，还是对"教育条件""教育管理"运行状况的重要检验。目前，我国高校创业教育已有近十年经历，虽取得了一定的成绩，但问题依然很多。例如：创业配套政策缺失、创业思想氛围淡漠、创业教育不成体系，游离于教学计划之外，创业基础环境差，缺乏资金、师资、教材和基地等基本条件，大部分高校创业教育停留在单一的创业大赛上，基本处于美国20世纪六七十年代的教育水平。各高校在开展创业教育时，由于缺少科学完备的配套措施，因此在创业教育的评估与监督体系方面存在空白。2007年，KAB项目测评中心和推广办公室正式成立，2008年它以调查问卷的形式用"学校是否对创业教育进行评估"等6项问题选取了31所高校进行了课程质量监督和效果评估。调查显示，在建立和健全"创业教育评估体系"方面很多高校还需要进一步加强。在创业教育的教学考核中，许多高校只采用单一的分数计量法考核学生成绩，"一考定期终"，注重纸面功夫，忽视活动课程和实践课程考核结果的开放性。目前，我国高校创业教育评价存在的主要问题包括：第一，理论和实践严重滞后。高校开展创业教育教学和活动的质量参差不齐；创业教育教学过程脱离实践操作和体验过程。第二，创业教育评估具有复杂性。这主要是指创业教育的影响存在滞后性，同时影响创业教育效果的因素是多方面的。第三，缺乏衡量创业教育质量的较全面的指标。国外高校创业教育的实践经验表明：对创业教育的结果进行有效评价是保证创业教育质量与效果的保证。但是，我国大多数高校关注的是创业教育的实施过程，对创业教育评价还未给予足够的重视，没有将其融入创业教育的体系当中。

（二）学生层面

1.对创业教育认识不足

随着创业时代的到来，大学生对创业有了一定的认识，也有了创业的想法和热情，但真正付诸行动的很少，其主要原因在于大学生不能真正地认识和理解创业的内涵。另外，有些大学生过于信奉"实践出真知"，认为只有在实践中才能积累创业知识和创业经验，打算一边创业一边学习，在创业中学习，因此他们并不重视学校的创业教育。

还有一些大学生则信赖"网络"，认为学校的创业教育内容陈旧、方式落后、周期太长、效果太慢，不如网络学习来得快，所以比较排斥学校的创业教育，积极性不高，不能认真对待。高校学生普遍认为创业是毕业后没有找到合适工作的无奈之举，应聘到理想的单位一直是高校毕业生的首选。目前，许多高校学生将创业教育狭隘地理解为自己去当老板建立新企业，并没有把创业教育作为提升自身综合能力和素质的有效途径，仅仅把创业教育视为对创新创业有兴趣的同学开展的课外辅导项目。因此，大部分高校学生仍专注于专业课的学习以及公务员和资格证书的考试，对创业教育的兴趣不大，动力不强，认识不清。大多学生认为创业就是开工厂和办公司，而不是将其当作一种综合素质的提升理解。在择业观念上，受自身思想及家庭观念的影响，大学生毕业后不愿意从事高风险、高投入、不稳定的创业活动。

2.创业资金和场地落实不足

创业资金和场地是大学生自主创业的根本保障。创业实践需要资金，否则只能是纸上谈兵。目前，解决学生创业实践的资金主要有政府设立的创业基金、民营企业家设立的投资风险基金以及学校设立的创业基金。但是，这类基金不是很多，并且设立的门槛也很高，学生很难获得。少数重点院校和地方政府设立了大学生创业实践的资金，但其示范作用是十分有限的，大部分高校很难拿出大笔资金投入学生创业实践。开展创业实践要有场所，否则只能在电脑上虚拟，在纸上设计。除少部分条件好的学校外，大部分学校用于学生创业实践的场地都非常缺乏。

（三）社会层面

1.社会对创业教育认识的偏差

中国是有着五千年历史的文明古国，传统教育观念中的"学而优则仕"依然影响着很多人的思想。20世纪90年代，我国高校毕业生实行的是"包分配"制度，"铁饭碗"思想至今仍影响着人们，社会上普遍认为找份稳定的工作就意味着体面、有社会地位、薪酬丰厚，认为创业是没出息的表现。社会成员戴着"有色眼镜"面对大学生创业，认为大学生创业是学习不好、找不到工作而为。新闻媒体对大学生创业不认同、不支持甚至带着怀疑，在社会上不能够全面宣传政府的创业政策和宣扬成功的创业案例，不能够为大学生创业提供信息支持和心理支持，还没有意识到大学生创业对我国经济社会发展和建设创新型国家的重要性。

2. 政策法规体系不完善

政府虽然也制定了相应的法律法规和政策，但由于我国经济体制刚刚开始转轨，这方面的法规政策建设又长期处于空白状态，有关创业教育的法律法规明显不够完善，在政策上也有一些方面难以落实。《中华人民共和国中小企业促进法》的制度为推进中小企业的发展提供了保障，但作为自主创业的特殊群体——大学生，在激烈的市场竞争中不享有除中华人民共和国法律、法规保障外的任何庇护，他们在以契约和信用为基础的市场经济中直接享有权利并承担相应的义务。目前，我国政府尚未出台相关政策发展大学生创业教育，如开发新课程、提出新理论、更新旧观念等，也没有为大学生提供筹集或投入资金的"绿色通道"，在开展创业教育的制度建设方面也比较落后等。尽管我国政府近年来为了鼓励大学生创业出台了一系列减免税费或者提供优惠的政策，但这些政策的导向意义更重于实质支持，大学生创业需要面对的户口、档案、专业咨询与配套服务等实质问题未能够得到更有效的实际支持。

3. 企业参与创业教育积极性不高

美国、英国、日本等国家校企合作比较完善，为大学生创业教育提供了大量的资金、师资和实践支持，一些中介机构也把大量资金投入到创业教育。而我国企业与学校合作培养大学生创业能力的积极性不是很高，一是由于目前创业的大学生数量不多，且他们创业成功的比率比较小，从而导致实业界对创业教育难以产生浓厚的兴趣。二是由于国家对企业扶持大学生创业的优惠政策不能吸引企业注入资金支持大学生创业。三是校企合作深度和广度不够，有些高校虽然也会聘请企业成功人士来校讲学、在企业建立实习基地等，但高质量、深度的合作很少，不能对大学生创业和创业成功起到更好的作用。

4. 国家创业环境不佳

大学生创业教育的发展和推进不单纯是高校教育或者学生学习的内容与责任，还需要社会各方面的整体支持与共同努力，共同营造浓厚的创业教育氛围。清华大学中国创业研究中心在发布的"全球创业观察中国报告要点"中指出，中国的创业环境在全球创业观察（GEM）的 37 个参与国家和地区中排在第 23 位，属于中下水平。我国在金融政策、财政支持、政府项目、研究开发转移、商务环境和文化与社会规范等方面均处于劣势。在社会资源的分配和支配上，我国大学生创业所需的社会资源与配套服务还相当不健全，政策扶持与支持力度不够。据不完全统计，大学生创业所需的资金绝大多数源于父母与亲友的解囊支持，而国家财政贷款、商业银行贷款和风险投资等外部经济支持却少之又少，这对于不少家庭经济条件差的大学生而言，无疑又提高了创业门槛。

（四）家庭层面

长期以来，我国存在重义轻利、儒家中庸等思想，导致很多家长认为孩子理想的工作是公务员、事业单位或者国企单位的工作，不认同"学而优则商"。许多家长对孩子毕业后自主创业没抱有很高的期望，不鼓励、不支持甚至极力反对，他们认为孩子创业太辛苦，风险大于就业的风险，"稳定"才是生存之道，创业是找不到稳定工作的最后选择，是无奈之举，因此极力主张先稳定就业，有条件时再创业。还有一部分家长认为，只有找不到工作的人才去创业，认为创业是没本事、没出息。有些家长对孩子从事个体或者自由职业工作更是反对，觉得在亲朋好友面前没面子，因此极力反对大学生创业，更不要说为大学生创业教育提供支持。

第三章　创业教育可资借鉴的外部经验

第一节　以美英德法为代表的西方经验

一、美国的一体化创业教育实践

美国是世界上实行创业教育最成功的国家之一。未来学家约翰·奈斯比特认为：创业是美国经济持续繁荣的基础。管理学大师彼得·德鲁克也指出，创业型就业是美国就业政策成功的核心，是美国经济发展的主要动力之一。

（一）美国的创业教育实践

美国发明了一个改变世界发展进程的工具——互联网，并且在互联网产业的发展中一直居于领先地位。近几十年来，互联网商业化的趋势创造了一个又一个企业营利模式的奇迹。"互联网+"时代的到来不仅突破了互联网产业的发展模式，还是对传统行业的一次革命性创新。在互联网思维普及的今天，在美国这样一个创业环境宽松、创业门槛较低的国家里，越来越多的创业者依托网络信息技术或者直接将互联网平台的发展作为创业目的而迅速致富，这样的例子在美国硅谷比比皆是，商业模式的创新发展通过互联网效应对经济发展产生了不可估量的效益。以史蒂夫·乔布斯、比尔·盖茨为代表的创业者们已经彻底改变了美国乃至世界的经济，创造出前所未有的价值，推动了整个社会经济、高科技产业和创新体系的蓬勃发展。❶美国长盛不衰的创业精神和中小企业生生不息的创业活动，都应归功于美国创业教育实践，正是这些实践活动，营造了宽松自由的创业氛围，

---

❶ 高志宏，刘艳.创新创业教育的理论与实践［M］.南京：东南大学出版社，2012.

培养了突破创新的创业精神，建构出了新时代背景下创新创业的发展蓝图。

1. 创业型大学的构建

随着知识经济与信息时代的推进，美国兴起了一场社会各个领域的无声的革命，包括教育领域，也掀起了深刻变革。在这一时代背景下，美国原本的研究型大学顺应时代，积极变革，迅速向创业型大学转变。美国是最先开展创业型大学理论与实践研究的国家，因此成果颇丰。对创业型大学的定义，较有代表性的是亨利·埃兹科维茨和伯顿·克拉克的观点，他们共同强调了大学作为社会的学术性组织，不仅需要自我内在的协调与运转，更应该适应与外部世界的关系，努力创新、变革自身，以此适应社会现实。在对外适应的过程中，创业型的大学需要有一种内化为学校文化灵魂的创业精神，有把理想、创意转化为现实能力的创业型人才，有将科研成果转化为现实的生产实践能力，同时必须拥有像科技园、孵化园和产业园这样的创业平台等，美国的创业型大学就是在这样的环境中构建、成长起来的。其中最具有代表性的就是麻省理工学院和斯坦福大学。

斯坦福大学的创立者利兰·斯坦福说过："生活归根到底是实际的，你们到此应该是为了给自己谋求一个有用的职业。"[1]因此，斯坦福大学一直注重学以致用的办学理念，强调将学校中的研究成果转化为现实社会推动经济发展的社会生产力。在这样一个网络信息化的时代中，社会的创业难度系数越来越低，创业渠道也越来越多。创业成功学生的毕竟有限，但斯坦福大学高度宽容失败，它的校训就是"让自由之风劲吹"，鼓励学生在自由的环境下勇于尝试、敢于突破。斯坦福大学还有一项很有特色的学校政策：灵活的休学制度。学生可以在任何时候提出休学要求，一年以后再重返校园。很多学生利用这个机会去创新实践，去创业发现机遇。当然，斯坦福大学也并不是把创办现代化的公司作为唯一的创业教育理念，它更注重学生将创新创业的理念内化为自己的人生信条。尤其在当下"互联网＋"的时代背景下，原有的故步自封的社会理念根本无法立足在这样一个日日变更的社会中，学生只有具备开拓性、创新性和进取性的自我革新精神，培养企业家精神和综合能力素质，才能在互联网时代生存，这也是斯坦福大学当下最重要的教育理念。

斯坦福大学创新创业实践主要有以下三个模块内容。

第一，与互联网创业紧密结合的创业课程。当下社会的各个领域，包括经济、政治、法律、文化等领域，都与互联网紧密结合，因此，斯坦福大学在各门通识

---

[1] 李时椿，常建坤.创新与创业管理：理论·实战·技能［M］.南京：南京大学出版社，2014.

课程中都请了专业领域的创业专家，为学生开设互联网社会中各个专业如何创业的课程。例如，如何利用网络为更多的民众提供法律咨询，如何利用信息技术创造艺术精品，等等。当然，除了融入通识课程的创业知识教育外，最重要的还有专门性的创业教育课程。在大数据的背景下，最重要的是培养学生精准获取有价值信息的能力，从碎片化的个人意识中培养领导力、全球视野，以及在虚拟社会中建立社会责任心。在新时代中，斯坦福大学开设了 21 门专业性的创业课程，如《投资管理与创业财务》《管理成长型企业》《高科技企业的战略管理》《高技术创业管理》《全球创业营销》等；同时通过案例教学、项目教学、讲座、实践等灵活丰富的创业教育形式，为学生提供各种教育资源。

第二，形式多样、优厚的创业政策。比如，上文提到的休学政策，学校允许学生脱离学校到硅谷创办科技企业、互联网企业；同时对创业的学生给予两年时间，鼓励他们全身心地投入创业中。不论结果好坏，学生都无须有心理压力，都可以继续回到学校学习。这些宽松的鼓励政策使斯坦福大学成了硅谷中最活跃的创业力量。学校还设立了专门的斯坦福大学技术授权委员会，专门负责合同的签署和管理，办理学生的专利申请和许可等相关事宜，以此保证学生的先进科研项目与技术发明能迅速转变为现实的经济利益。❶尤其是在互联网、信息技术社会中，保护学生科研成果的任务更具挑战性。同时，信息、数据的快速更新，对于创业而言既是机遇也是挑战。技术授权委员会当下的重要任务就是为创业学生提取、分析有用信息，帮助学生在创业的过程中少走弯路。

第三，丰富的创新创业资源。美国的硅谷是当今电子工业和计算机业的王国，是世界高科技技术创新和发展的开创者。硅谷与斯坦福大学之间有着特殊的地缘和亲缘关系，在斯坦福大学流行着这样一句话："有了昨天的斯坦福，才成就了今天的硅谷。"早在 1951 年，斯坦福大学的工程学院院长弗雷德里克·特曼就决定在校园创办工业园区，将学校的土地租给当时的高科技公司使用，这一决定彻底改变了斯坦福大学的发展格局，也奠定了硅谷的基础，因此可以说，硅谷是在斯坦福中诞生的，没有斯坦福就没有硅谷。如今，斯坦福大学利用硅谷工业园区高科技企业的实验室、研究站作为学生的实习基地，让学生在世界高新技术的第一线了解市场走向和社会需求，可以说这是世界上任何大学都没有的得天独厚的教学实践机会。学校还会利用资源优势，邀请硅谷的成功创业者为学生进行各种讲座，因此，对于斯坦福大学的学生而言，硅谷是上天赐予他们的聚宝盆，他们比其他学生有更多的优势与机会。同时，斯坦福大学为学生提供了丰富的网络资源。

---

❶ 马健生.创新与创业：21 世纪教育的新常态［M］.济南：山东教育出版社，2015.

它有两个很有代表性的网站：一个是斯坦福创业网，主要为校内校外的创业者提供交流和互相学习的平台，宣传和组织与创业相关的各种信息，为学生搭建咨询的渠道；另一个是斯坦福创业中心的网站，这个网站为创业教育的教师提供了大量可以教授的资源，关于创业家个人思想的视频剪辑和播客有1 600多个，创业者的切身创业经历和感悟为教师提供了生动的教学案例和知识。另外，斯坦福大学有强大的校友网络，并有专门的校友会平台，其中专职人员100多名，主要从事校友资源的维护和联络。那些在各个领域获得成功的校友，通过各种形式反哺学校，既有资金支持也有人脉提供，有的校友专门回校给同学们传授经验。如今，校友的资源通过网络得到了最大限度的利用。在网络中，在校大学生可以获得各种校友资源，通过网络建立的平台更加便捷、高效。这种巨大的校友资源是斯坦福大学最大的可利用资源之一。

麻省理工学院（MIT）也被认为是美国创业型大学最成功的高校之一，其最大的特色在于将创业活动与创业教育紧密联系起来，形成了由数十个项目和中心构成的、充满创业氛围的创业生态系统。这种主张将头脑中的知识转化为实用技术和社会实践的生态系统最初得益于MIT的教授咨询活动，教授通过向企业提供咨询获取收入的方式一开始备受争议，但最终得到学校认可并成为学校的教师文化，同时为创业型生态系统的构建奠定了基础。MIT这样一套创新创业的生态系统改变了原本大学适应环境的模式，开创了大学引导环境的先河，对学校价值理念定位和学生职业发展具有重要意义。

生态系统的基本构成要素主要有以下几类：创业组织、学生社团、创业教育、专利许可转让、创建公司等。在创业组织中，有像MIT创业俱乐部、MIT创业中心、资本网络等网络组织，通过网络论坛等形式，或与校友建立密切联系，或与企业界保持自然链接，抑或通过网络寻找资金，比如，麻省理工学院非常有名的天使资金就是与资本投资者结合起来的网络；还有像专业领域的创业组织，如产品开发创业中心、数字商业中心、生物医药创新中心等，将创新创业融入各个领域，鼓励各行各业有企业家精神的人参与创业活动。当下，MIT也强调将各行各业融于互联网开展创新创业，充分利用互联网资源打破原有的时空限制，给学生创业提供无限机遇。还有开展竞争的组织，通过在校园中开展创业竞争比赛的方式选拔创业优秀者，为其提供资金和帮助，如莱姆尔森项目在激发麻省理工学院的发明热情上功不可没，50万美元的奖金是世界上最大的单项发明现金奖，其中的"跨越项目"更有助于鼓励未来的发明者。

MIT的学生创业社团与创业组织有异曲同工之妙，在创业生态系统中扮演着重要角色。这些社团为学生提供了大量的课外学习与实践的机会，对创业组织而言是一个补充。这些学生团体中最出名的当属 MIT 的 10 万美元创业大赛，如今这项赛事已经成了历史最悠久、最负有盛名的商业计划大赛。创业大赛分为三个部分：第一是电梯演讲比赛，要求参赛者录制一个 60 秒的短片，将自己的创业设想和亮点通过简短的方式呈现给观众，就好像在乘坐电梯这么短的时间内向自己的客户介绍自己公司的产品和服务一样；第二是执行摘要比赛，就是精简版的商业计划书，要求参赛者将自己的创业流程用文字简单书写，这里就能看出选手的逻辑性和创造新，这一步也是进入半决赛的关键；第三是真正的商业计划大赛，参赛者只有通过完整的创业计划获得评委和观众的肯定，才能在比赛中脱颖而出。这样的比赛能够激发学生自主组建团队，不断挖掘自己的企业家潜能，大胆开发创业计划，亲身体验创业过程。迄今为止，麻省理工学院的创业计划大赛已促使 120 多家新创公司成立，为社会提供了 2 500 多个就业机会，更重要的是这个平台不仅是参赛者学习的机会，还是无数准备创业的学生寻找灵感、激发创业热情的舞台。

MIT 的创业教育也独具特色，学生可以自由地选修课程，不受文理科限制，文科的学生也可以选修工科的课程，工科的学生也可以修管理学的课程，这样的学习模式可以增加学生知识的全面性，同时激发学生的创造力。MIT 也提供了超过 35 门的创业课程，有以创业计划为核心的课程，有以传授创业专门性知识为主的课程，还有专业技术领域的创业课程等。

在互联网背景下，美国构建起来的创业型大学培养了具有创新精神和创业活力的未来的经济创造者。大学作为最主要的知识生产者和传播者，将从社会发展的"助推器"转化为经济和社会发展的"发动机"，大学通过创办创新型的高科技企业，直接参与区域创新体系的构建，直接促进经济和社会的发展。❶

2. 美国社区学院全校性的创业教育

美国的社区大学是两年制的短期大学，类似于中国的大专教育。它的申请难度较低，因此学生的类型较多，既有以前高中辍学工作了几年以后想重新回学校读书的学生，也有高中成绩较好但出于经济条件的考虑选择来社区学院的学生，还有一些年纪较大的想实现自己大学梦的学生。因此，社区大学更注重实用性的教学，重点培养学生的社会生存能力。在当下全球信息化浪潮中，最重要的能力就是创新能力，这是创造财富的根本。在社区大学中，很大一部分学校开展全校性的创业教育，这在世界范围内也是先创。它们这么多年的成功实践值得其他国

❶ 马健生.创新与创业：21 世纪教育的新常态［M］.济南：山东教育出版社，2015.

家的学校借鉴和学习。

美国马萨诸塞州的斯普林菲尔德技术社区学院就是一所典型的全校性的创业教育学院，它也是美国唯一拥有科技园的社区学院，是电信教育、工业创新教育的领航者，在当下也是互联网创业教育的先导者。其教育理念是以市场为导向，培养具有敏锐的市场观察力和适应市场变化需求的创业者；通过政府、企业、社区学院形成的三螺旋互动合作模式，为学院与学生提供更宏观层面的创业资源和创业渠道。美国社会近些年的经济衰退将政府的管控并入重要的一环，与政府的合作能够提高学校对市场需求变化的灵活响应。比如，随着互联网创业时代的到来，斯普林菲尔德技术社区学院适时将创业课程与创业项目转型升级，强调通过这样一个"大众创业、万众创新"的新工具解决当下社区学生的就业问题；同时通过创业协会、虚拟孵化器和多样的创业教育项目和课程，改善社区学生就业，促进社区发展。这所学院全校性的创业教育由隶属于社区学院的商业及信息技术学院的创业学院负责。它负责的创业教育实践非常多样，既有学分式的创业教育项目（如管理学原理、创业入门等专业课程），还有非学分式的创业教育项目（如最典型的"创业荣誉学术讨论会"），以及各种培训项目，如"一天的创业者"项目、"MiddleBiz"项目、"青年创业卓越"项目、"年轻的创业型学者"项目等。此外还有许多外延拓展项目，如对员工进行个性化培训的劳动力发展培训、为新创企业提供设施和技术支持的商业孵化器和学生企业孵化器，还有系列的网络会议、智囊团服务、创业考察等项目，都能最大限度地激发学生的创业激情、提高学生创业实践的能力。当然，斯普林菲尔德自始至终都强调与外部合作，较为成功的是成为IBM公司高校联盟计划的合作伙伴之一、与科技园内企业合作，从而为学生争取到了许多实习机会。

另一所美国有名的全校性的创业教育社区学院是北爱荷华社区学院，它是一所综合性的乡村社区学院。它开展的创业教育模式与上面提到的斯普林菲尔德社区学院的创业教育模式非常相似，但这些年来，这所北爱荷华社区学院越来越重视以云计算、移动互联网、物联网、大数据为代表的信息技术产业中的创业教育。与互联网产业的深度融合使这样的社区学院的就业创业率年年上升。社区学校的创业教育在很大程度上是时代之需求、发展之要务。在互联网时代的今天，这些学校一方面需要加强知识创新、技术创业实现学校转型升级；另一方面，社区学校的创业教育是服务地区经济发展的必然选择，社区大学的文化素质水平可能在一定程度上不如普通的大学，因此，寻求社区学院的立院根本是重中之重。社区学院应该把为社会输送高素质、高技能、创新型的高技术应用型人才作为历史使命，把创新创业的精神意识融为全校学生的文化理念，把创业的专业知识根据不同学科特点开展成全校性的创业教育课程，使学生树立创新创业的精神理念，培养学生在实践开拓中实现自我就业的个人追求，在创业实践中创造社会价值，从而推动社区学院所在地区的经济发展，这是大学与社区学院共同的责任与使命。当然，这种互联网背景下的创业教育不仅具有社会创造的价值，还具有个人实现自我的价值，也是自我实现提升的重要途径。在创业教育与实践的过程中，学生不完全是为了创办企业，更重要的是形成互联网思维，利用现代社会的网络优势，学会资源利用、整合、升级等，在互联网背景中形成实现自我价值的精神诉求，培养自我创新突破的个人品格、永不言弃的人生追求，这些才是创业教育的灵魂。

北爱荷华社区学院在创业教育中的具体做法主要有以下几类。

第一，转变传统的创业教育的教与学的理念。在互联网社会中，我们每天都会面对无数的信息，并且这些信息以爆炸式的方式呈现出碎片化、无规则的状态，如何甄别这些信息并从这些信息中提出有效信息，成为当下教师和学生的紧迫任务。同时，对信息知识的接受与创新是新时代互联网人必须具备的条件。网上各种各样的信息每天充斥着我们的大脑，不加思考地全盘接受，最终获取的资源只能是零。同时，当下时代对传统知识传播方式的彻底颠覆，也让北爱荷华社区学院积极寻求变革，他们将互联网作为创业教育中教与学的重要场所，通过线上与线下的互动教学增强学生对知识的获取，这也是对传统书本知识的必要补充。这种网络创业教育也提高了教学的效率和质量，为学生能力提升搭建了更大的平台。学生不仅可以从互联网中获得学习的材料，还能够通过互联网虚拟平台创设一个逼真的实践环境。学生在网络中创建公司，互联网通过数据分析学生创办公司的成败因素，这种形式节约了实际创办公司的成本，且更加高效、科学，值得其他大学创业教育课程学习借鉴。

第二，提升师资队伍的创业教育。北艾奥瓦州鼓励社区教师开展互联网时代下创业教育的理论学习和实践研究，在专业教育中逐渐提升学生的创业精神和创业能力。他们主要的做法是鼓励教师多到企业参加实习工作，从实践中提升自己的素质和能力；同时请大批创新创业方面的专家到学校通过开展创新创业讲座的形式与大量一线教师沟通交流，提升教师的专业素质并且帮助教师获得讲课素材，这些都是上课教学的重要资源；还可以通过出资让优秀的创新创业教师到国外深造，学习其他国家创新创业的经验和方法，开阔教师的视野。

第三，创建高校资源共享的系统。利用互联网信息传播的优势实现各个高校之间的数据开放、资源共享，推动大数据时代下各种资源的整合与利用。北艾奥瓦州最主要的做法是开发和整合社会共享的资源，为师生搭建各种创新创业教育的学习平台，并且这个平台是各个学院都可以共享的。

美国的这些社区学院通过互联网产业与教育产业的融合创新了学校创业教育的理论与实践，并且以多元化的方式开展"互联网"背景下的创业教育，扩宽了学生的就业前景，创造了个人的社会价值，进而实现了社会的繁荣与进步。

3. 社会化创业舞台的搭建

学生的创业教育仅仅通过学校的平台是很局限的，因为学校更倾向于定位为学术型的象牙塔，更多的是专业型知识的传授，并且由于资源、能力、人员等限制，在实践中突破往往需要社会化资源的帮扶。因此，搭建社会化的舞台不仅需要政府、学校这样的主导力量全面发力，还需要多元化背景下社会各方力量的配合，共同构建"大众创业、万众创新"的创业教育平台。

在高新技术迅速发展的今天，大量新公司不断涌现的背后是大学校园的高技术创业浪潮正在席卷整个美国。大学生的创业热情空前高涨，很大程度上得益于美国高校与各个非政府组织共同构建的大学生创业竞赛计划，这个计划不是普通意义上的大学生专业比赛，而是以实际的技术为背景，跨学科的优势互补的团队之间共同创建团队，并且通过提出具有市场前景的计划或方案，赢得社会资金的风险投资。美国的许多高新技术公司都是在这些创业竞赛计划中建设起来的。

当今世界，最好的高新技术产业地区当属美国的硅谷。在那里，只要创业者有足够好的创业计划或者创业项目，那么他就能够游说到一家创业投资公司为他的项目买单，并且他的项目很快就能够拿到市场中运行。只要创业者有了优秀的创业计划或者创业项目，那么其他所有的后续创业的硬件、软件设施硅谷都能够帮他以最快的速度解决。正是在这样一个得天独厚的优良环境中，硅谷创造了世界奇迹，这也是非政府的企业组织帮助创业者成长和发展的最为成功的例子之一。英特尔（Intel）的摩尔、葛鲁夫，微软（Microsoft）的盖茨、艾伦，苹果（Apple）的乔布斯，惠普（HP）的休利特、帕卡德，网景（Netscape）的安德森，戴尔（Dell）的戴尔，雅虎（Yahoo）的杨致远等，都是通过社会组织提供的风险投资发家致富的。因此，这些舞台为没有资源和机会的创业者提供了发展契机，这也是美国社会企业家精神中最宝贵的财富——回报社会。

此外，美国社会中还有完善的支持系统，因而形成了宽松、自由的创业文化环境。比如，美国鼓励学生进行信用卡贷款创业，视频网站YouTube的创始人之一陈士骏就曾一度用信用卡支付每月高达1.8万美元的服务器费用；当然，还有美国的商业保险制度，它为成千上万的企业家和个人提供了企业责任保险，帮助

大学生将创业风险降到最低，鼓励大学生创业。❶

（二）美国创业教育的特点

美国在创业教育领域最先起步，因此相对来说也做了更多的探索与实践，在创业教育中已经形成了自己的特色。

1. 政府重视并形成了良好的创业文化基础和社会保障体系

美国政府自经济危机的发生导致大企业发展衰退以来，一直非常重视中小企业的发展。美国出台了大量的政策法规和规章条例为学生创新创业保驾护航。例如，"通过民间非营利团体与学校合作对未成年人进行自立教育；美国中小企业管理局对开业前的创业者进行技术支援等，构成了民间组织、教育机构和政府等多层次相结合的体系"。❷美国商务部在 2013 年 7 月发布了《创新与创业型大学：聚焦高等教育创新和创业》的报告，明确大学创新创业中的五大核心活动领域，即促进学生创新与创业、鼓励教师创新与创业、支持大学科技成果转换、促进校企合作、参与区域与地方经济发展。这些创业支持制度都以政府为主导，协同社会各方力量，共同支持、保障大学生创业。

学校的大力支持也是形成良好的创业文化环境的关键。美国的高校已经全面开展创业教育，从课程设置到创业中心建设，从兼职教师担任指导到专职专家学者、企业家进行创业教育，从学校体系中的边缘化到逐步受到重视，都体现了学校创业教育体系的不断完善。

同时，对于创业的资金援助也成为政府保障创业的重要方面。美国政府创立了专门的国家创业教育基金；成功的校友企业家也向学校创业中心捐助创业资金，为大学生创业提供更多物质保障。同时，许多社会上的创业者基金会出资鼓励大学生创业。比如，美国的考夫曼创业流动基金中心、国家独立企业联合会等机构通过提供经费支持创业大赛、鼓励优秀学生、开发创业课程与实践活动等方式对高校的创业教育提供资金和智力支持。❸

正是有了这一系列政府主导下的社会保障体系，美国社会才形成了良好的创业文化环境。个人创业成为大学毕业生引以为豪的事情，社会对创业失败的包

---

❶ 李时椿，常建坤.创新与创业管理：理论·实战·技能（第四版）[M].南京：南京大学出版社，2014.

❷ 谭蔚沁，林德福，吕萍.大学生创业教育概论[M].昆明：云南大学出版社，2011.

❸ 同上

容度也很高，不仅有文化上的包容，还有物质上的保障，这给创业者打了一剂镇静剂。

2. 前瞻性的创新创业教育理念

前期，美国政府鼓励高校开办创新创业教育课程主要出于功利性的目的，希望通过这样的方式鼓励中小企业在经济危机下能够涌现出来，解决社会就业问题和缓解社会经济下行的压力。但是后来，随着创业教育的发展，对其内涵与本质的深挖与领悟，让许多美国学者认识到，之前的见解是浅显与片面的。因此，美国社会开始注重创业所带来的经济效益之外的收获。大学提出了"为了每一个学生的自由发展"的创业教育理念，更加强调创业是为了培养学生探索求知的精神，是对自我意志、能力的塑造。

3. 形成了完整的创业教育体系

美国自 20 世纪 90 年代开始就已经建立起了较为完善和独具特色的创业教育体系，创业教育课程的覆盖面在不断扩展，课程内容也在不断创新，在课堂学习的同时开始注重课外实践等。创业教育从最初小范围地开展，到后来覆盖从小学到高中各个年级，并且已经成为专业领域的必修课程。"根据 Winslow 和 Solomon 所做的 1999—2000 年度第七次全美创业教育项目'连贯调查'的结果显示，已经有 142 所大学在本科或研究生院中把创业作为专业领域，其中有 49 所学校设置了创业学位。创新创业学科已经在美国成为一种大趋势。"❶

美国大学正在为学生提供更多创新创业的课程和计划，许多相关课程也开始融入创业知识，在潜移默化中培养学生的创业精神。现在的美国大学还通过许多特殊的方式增加传统课堂指导，同时把教育机会延伸到课堂之外，开展丰富多彩的第二课堂。比如，美国非常有名的"创业计划"竞赛就通过大学生写创业计划吸引社会风险投资家投资创办企业的方式实现学生创新创业的梦想。美国的麻省理工学院、斯坦福大学等十多所大学每年都会举办这一大赛，并且每年都会有几十家新企业从这样的赛事中诞生，曾经的世界首富比尔·盖茨就是典型的例子。这些从大学创业计划中走出来的企业充满活力，敢于挑战，为美国经济发展注入了活力，也是美国社会发展的直接驱动力量。另外，美国的"合作计划"项目主要是指高校与公司、政府单位合作，让学生到社会中进行工作实践，工作的过程就是一个不断提升自己、加强社会融入的过程。这也使学生更加明确了未来是否

❶ 许德涛.大学生创新创业教育研究［D］.济南：山东大学，2013.

选择创业、以怎样的方式创业、怎样实现创业价值等。

良好的创业教育体系中还有非常关键的因素——教师，专业的教师队伍也是建立创业教育体系的关键。美国的优质教师队伍主要由两个部分组成：一部分是专职教师。很多美国大学商学院的教授曾经都有过丰富的创业经历，从商场中退下来以后又潜心在学校里搞研究，因此他们既有丰富的实战经验，又有精湛的专业理论知识，他们以自身阅历把鲜活素材融入枯燥的理论知识中，在过往经验教训中引导学生思考创新创业的价值与精神。另一部分是兼职教师。这些教师主要是一些创业成功的企业家、风险投资家、创业部门的政府官员等，他们对创业比任何人都了解。他们以生动形象的案例，极大地丰富了教学内容的广度与深度。

二、英国以政府为主导的深度创业教育实践

英国虽然不是最早开展创业教育的，但是在全球范围内是开展创业教育较为成功的国家之一。英国创业教育发展之路与美国有许多相似之处，也有其独有的特点，值得我们思考与借鉴。

（一）英国创业教育的发展历程

20 世纪 70 年代，石油危机引发的经济危机在世界范围内引起剧烈的震荡，使英国的经济下滑，失业率居高不下，社会稳定受到极大影响。同时，英国高校的教育理念也在悄然发生变化，从强调知识灌输的应试教育到关注学生探索求创精神的素质教育，英国的教育体制正在发生转型。这些都为英国之后的创业教育的起步、发展奠定了基础。

在英国，创业教育最初开始于 1982 年的"大学生创业"项目，为的就是解决大学毕业生就业难的问题，通过创业教育实现大学生的自我就业。在苏格兰创业基金的赞助下，大学生创业项目于 1982 年在英国斯特林大学正式启动，它通过创业教育讲座，选拔学生进行指导，以大学生自我创业的形式实现就业，解决社会就业问题。但是，由于功利性太强，这一项目取得的实际效果并不理想，最终在1990 年出于多方因素考虑被政府搁置。1987 年，英国政府又提出了"高等教育创业"计划。这一次，政府不再完全以功利性为目的，而着重于培养学生的创新精神与创业能力。不少大学积极响应政府此次计划，开始对教学活动进行改革，包括专业课程学习中融入创业活动、创业型教师队伍的培养、课程创设更具有时代性等，这些都极大地促进了英国社会创业环境的构建。这个计划也被认为是英国创业教育理念的正式提出，具有里程碑式的意义。

1998 年，英国政府再次启动新的"大学生创新"项目。该项目主要包括两部分的内容：一是开设创业课堂。通过企业家走进课堂的形式，将丰富的创业经历与感悟带入校园，在面对面的交流与讨论的过程中，学生掌握了创业知识。二是创办公司。通过实际的创业过程和真正实战，学生获得创新创业的历练。当然，学生在创业过程中，能够得到创业顾问、创业导师的帮助与指导。据统计，参与该项目的高校从一开始的 17 所增加到近 40 所，目前数量仍在不断增加，从中产生了许多大学生自办的企业，这对改善英国就业环境、经济困境起到至关重要的作用。随后，为了进一步推进大学生的创业教育，政府又先后成立了英国科学创业中心和全国大学生创业委员会全面管理大学生创业教育。此外，英国政府还出资建立了各种基金，如英国王子基金、凤凰基金等，通过企业界和社会的力量为创业者提供技术、资金、咨询等支持。

2004 年，英国贸工部下属的"小企业服务"中心拨款 15 万英镑，由英国一流的商业组织和机构设立了"创业远见"组织，旨在在整个英国范围内传播创业精神。同年，英国财政部、"创业远见"组织和"小企业服务"中心共同发表了《创建创业文化》的报告，报告中特别指出要以创新带创业，培养青年学生的创业精神。英国创业教育目前已经取得明显的成效，参加创业教育的学生数量每年都在同比增加，开展的创业教育的课程也越来越多样，最后实现自我就业的人数也相当可观。

（二）英国创业教育实践

自 2006 年英国大学学费制度改革以来，在校学生的经济压力不断增大，自我就业成为大学生的重要选择。此外，自全球金融危机以来，世界范围内大部分国家被波及并深受影响，当然也包括英国。正是由于英国社会经济、高等教育制度等的改变，英国的创业教育发生了深刻的变化。创业教育在英国越来越普及，其创业教育的理论体系和实践体系都日益完善，且体现出精益化的特点。但是，英国创业教育的整体环境与美国相比有很大的差异。创业对美国年轻人来说已经是一种非常普遍的生活方式，并且美国社会的创业环境自由宽松，美国成为全世界创业者的天堂。然而，英国人对需要冒险和挑战的创业怀有一种谨慎的态度。总的来说，英国的创业教育发展较为缓慢，创业环境相对而言较为保守。但是，我们可以看到，在互联网时代，英国政府和有识之士深知创业对社会繁荣、国家经济增长的重要现实意义，因此政府大力鼓励高校开展有广度、有深度的创业教育，鼓励年轻人通过创业实现自我发展。政府、社会、高校等社会主体共同参与创业教育，开展创新创业实践。

1."天狼星项目"和"青年创业计划"

你是否曾梦想过大学刚毕业你的创业计划就能变成现实，就能拥有一笔数额不小的启动基金，还有免费的办公室、推荐的人脉、签证通道和一系列的优惠政策？这所有的一切都能在英国让你实现。英国非常有名的"天狼星项目"通过提供一系列优待政策吸引了世界各地的优秀毕业生到英国创业。依赖于这样一个长期的经济激励计划，英国最终借此创造了更多的就业机会。

"天狼星项目"从 2014 年 9 月至今，已经收到了来自全球 93 个国家的 1 500 多份申请，可以说正是天狼星对各国创业者最大限度的包容，带来了世界各地的创业者对英国创业环境的信任，愿意在英国将他们创新创业的想法真正落地，这对英国和创业者个人来说都是机遇。目前，天狼星掌管着 40 个创业团队项目，其中 25 个团队已经在英国发展壮大。团队的成员均来自世界各地，并且这些创业成功的团队能够紧紧把握互联网时代的脉搏，将互联网融入自己企业发展的每一个环节。在成功申请"天狼星项目"后，每个创业团队会得到为期 12 个月的签证作为创业周期，每个团队成员也将得到 1.2 万英镑的项目资金作为创业的初始资金，这些钱能够自由支配，以此保证创业计划的顺利开展。在这期间，创业者还会得到创业导师培训和与潜在客户见面的机会，这对所有年轻创业者来说都为其创业搭建了很好的平台。并且，政府为创业团队提供资源和投资的同时，最终不会享有创业团队的股权，这在创业项目中也是不多见的。但是，任何创业团队要想在这样的项目中获得机会，必须经过非常严格的考验。创业团队每隔三个月会接受由英国贸易投资署和创业加速中心的联合评估，评估内容包括平台是否已经搭建好、产品是否足够成熟、用户人数和投资潜力等。如果团队表现和评估要求差距过大，项目就会宣告终止，团队成员的签证也不会再被更新。因此，如果你在这个创业环境中不够努力、你的创业项目不能落地创造价值，那么你的创业之路注定将被终止。

此外，英国王室于 1983 年成立的"青年创业计划"是迄今为止最重要、影响最大的创业项目，它为资金不足的创业者提供 5 000 英镑的低息贷款，在特殊的情况下还给予高额的奖金，以此激发年轻人的创业热情，为社会培养更多的创新型人才，更好地为国家、社会经济发展服务。该创业计划已经扶持创立了数万个新企业，如今越来越多的互联网企业在创业计划的帮助下破土而出，使英国当下的创业环境更加宽松活跃。英国首相的"创新计划"更是专门拨出巨款，资助英

国的高校开展创业教育领域的国际交流与合作。❶

英国有很多这样的创业计划，现阶段还有许多与互联网相关的创业计划，都旨在鼓励年轻人通过自我就业的形式实现自我发展。到目前为止，英伦三岛也没有诞生一个与美国的谷歌（Google）和脸书（Facebook）一样从草根企业发展到世界性大公司的华丽转身的商业奇迹。这其中有很多原因，如英国的"保守主义"和"绅士文化"的限制、市场规模有限、风投文化尚未盛行、投资退出渠道并不丰富等。但是，英国具有不可替代的优势，英国政府的大力支持以至创业门槛低，政策也相对比较灵活。因此，相信在世界"互联网＋"的市场大环境下，英国一定能够占据先机，创造互联网创新创业发展的新高度。

2. 多中心的协同教育

英国创业教育模式是自上而下、政府主导型的创业教育体系，因此资源投入的力度很大，也促使了这些年英国的创业教育迅速发展。但是，随着世界范围内政府管控权开始从社会各个领域收缩，英国政府也开始将教育的权力分散给社会中的各方力量。

在英国的高校中，创业教育课程主要有三个类型：专门的创业教育课程、其他课程中的创业教育以及课程之外的创业教育。英国的兰卡斯特大学推出的创业教育课程——企业家与创业，取得了很好的反响。它旨在用创新教学的方式培养学生的创新精神与创业能力。这些年来，它将企业家的互联网精神作为教学的重点，突出了在互联网时代下创业者必须培养的互联网思维和互联网时代创业者成功的关键因素等，并将其与自己的经验和外部的商业社会联系起来。该课程内容包括邀请企业家进行客座演讲，同时学生在课堂讨论之余，通过网上博客进行交流，学生还要坚持写创新日志，追踪相关的商业报道，并且与同学进行交流，通过这种教学与自学相结合的模式激发学生的学习动力。除了专门的创业教育课程，英国各个大学还在其他各专业课程中融入创业教育的形式。以伦敦城市大学的游戏技术学士学位课程为例，该学位是该校的计算机专业与国内外相关公司合作推出的，除教授学生电子开发的技能外，着重培养学生的创新创业意识和能力。这些课程为学生提供了大量的企业实践机会，通过真实的游戏开发项目，促进学生专业技能的发展。此外，还有课程之外的创业教育。英国的谢菲尔德哈勒姆大学的企业经营与管理改革学院于 2008 年开发了一个创业模块，这种学习形式通过模

---

❶ 李时椿，常建坤.创新与创业管理：理论·实战·技能（第四版）[M].南京：南京大学出版社，2014.

拟真实的创业环境，让学生在实践中感受创业氛围、学习创业知识、提升自身的创业技能和自信心。

除了学校的创业组织对学生进行创业教育外，还有校外的创业组织对学生进行创业教育，他们多以社会公益性的组织形式存在，并且以时代发展需求为背景，以开发青年群体的创业能力为己任，在社会中占据越来越重要的地位。比如，当下在英国有很多的互联网创业组织，他们通过组织一些创业大赛，让学生在这种竞争的氛围中磨炼自我、激发自我的创新动力，从而提高创业能力。这种"校企合作"的形式可以最大限度地利用企业的资源帮助青年学生创业。英国的校企合作大概可以分为长期教育和短期培训两种形式。短期培训一般通过 6～12 个月的时间快速传授给学生创新创业的知识，锻炼学生创业能力。长期教育又分为"2+1+1"和"1+3+1"两种形式，前一种是指两年在学校学习，第三年在企业中实习，最后一年再回到学校学习的模式；后一种是第一年先在企业实习，第二年开始再回到学校学习，最后一年再到企业工作的形式。互联网时代中的创业教育更适用于第二种，第一年通过实践了解社会需求取向，在未来的学习中能够更有针对性、目标性地学习，最后一年通过实践巩固和加强自己的创新创业知识。

在多中心的主体中，还有一方非常重要的力量——社会的学术会议。英国教育领域的各种学会组织会经常以创业教育为主题开展许多的国内或国际学术会议，为创业教育工作的学者也为参与创新创业活动的创业者提供相互交流学习的机会，并积极传播相关的研究成果，以促进创业教育实践水平的提高。比如，2009 年在爱丁堡的赫瑞·瓦特大学举办的国际创业教育者年会的主题就是"加强创业教育"，具体的内容主要有提高认识、创业教育的教学方法、行动策略和学习途径，还有同年在利物浦举行的小企业与创业研究所年会，也讨论了有关小企业和创业的问题，以应对当前经济危机的挑战。

英国具备了世界上最友好的创业制度，政府、企业、高校都从不同的维度建设创业环境，这是整个英国社会都在努力的事情，相信不久的将来，越来越多的创业者能够在英国这片土地上生根发芽，创造出英国的"硅谷"神话。

（三）英国创业教育的特色

1. 良好的政策环境

虽然英国人较为保守，缺乏冒险和创新的精神，但是英国政府在思想上、行动上走在前列，他们意识到国家创业教育对民族发展、国家强大的重要意义，因此大力倡导全社会开展创业教育。在政治层面，政府制定了相关政策，如市场准入政策、知识产权保护政策、扩大孵化空间、减少税收等，力图使英国成为年轻人创业的最好的舞台。在经济层面，政府为创业者提供基金支持。例如，"大学生挑战基金"旨在帮助学生把研究成果转化为市场产品；"科学创业挑战基金"主要用于帮助高校向学生传授创业知识，培养学生创业技能等。在社会层面，英国开办了各种协会，作为学校与企业交流互动的桥梁，并且作为大学生创业起步的平台。

2. 创业教育课程开展广泛，教学方法灵活

英国的创新创业课程中有两类非常有特色的课程体系，一类是"为创业"，另一类是"关于创业"。"为创业"就是为了创业做准备，这些课程中的教师大多数是曾经自己创办过企业的，有丰富的实战经验，他们通过小组教学的方式，模拟创业的各个环节。这样一种实践训练能够真正帮助学生在真实的环境下锻炼应变能力、组织能力、沟通能力、抗压能力等。而"关于创业"则更偏重于理论层面，教师通过讲授课本、分析材料、写小论文等形式向学生传授知识，是一种比较传统的教学方式，目前英国高校仍然以这种形式作为主导。

3. 社会各界积极支持开展创业教育

英国在推行创业教育的过程中，充分利用了各级政府、各种社会组织和民间的力量，形成了覆盖全社会的创新创业体系。例如，各地方发展局非常重视大学生创业活动，他们为高校提供各种项目帮助其开展创业教育实践活动。再如，英国许多非政府组织，如工业与高等教育委员会，就通过许多知名的企业、企业家与高校合作的方式，帮助学生树立创新创业梦想，培养学生创新创业的能力。同时，英国高校创业教育最成功的地方之一就是与企业的联系非常紧密。企业涉足大学的创新创业活动是一个双赢的过程，学校获得了资金、平台支持和成果转化渠道；企业增加了知名度，培训了员工，同时增强了自身活力。

4. 创业教育模式的专业化、创新化

英国的创业教育在各个学校已经趋于专业化，并且在各个阶段都有专门的教学体系。在本科阶段，英国将创新创业的课程嵌入学位课程，最为常见的是开设联合学位课程；在研究生阶段，为了满足学生对专业创新创业理论知识的需求，许多学校开设了专业"创业学"的课程供学生研读。前面所提的联合课程就是英国大学的创新教育，将创业学与经济学、会计学、法学、外语等许多专业组合，获得联合学位。"此外，英国创业教育细化趋势明显，新技术创新创业教育、家族

125

创新创业教育、妇女创新创业教育等类型的创新创业教育已在英国普遍展开。"❶

三、德国富有时代特色的创业教育

从 20 世纪 90 年代开始，德国的创业教育全面铺开。通过创业教育的引导，德国大学生的创业意识明显增强。尤其是在近几十年互联网迅速发展的时代背景下，德国形成了独具特色的创新研究和创业教育体系，不断鼓励学生自主创业，为推动中小企业蓬勃发展做出了贡献。

（一）方兴未艾的德国中小企业

可以毫不夸张地说，德国中小企业的发展称得上是一个世界奇迹。据统计，占德国企业总数 99.7% 的 338 万家中小企业的营业税占了整个德国企业界营业税的 99.3%，并提供了约 70% 的就业机会和 82% 的培训机会。现如今，德国越来越多的互联网企业快速发展起来，再创了德国经济发展的新高。这都得益于德国社会非常活跃的创业教育激发了德国青年学生的创业意识，并且带动了整个社会的创业氛围。

德国健全的法律法规促进了德国中小企业的发展。德国政府设有联邦卡特尔局和托拉斯局，禁止大企业对小企业的兼并或者收购，并且严厉打击那些采取低价或提价等不正当手段打压中小企业发展的行为。此外，德国政府内部有专门的机构负责处理中小企业的事务，帮助中小企业发展，并且解决一些中小企业自身无法解决的问题，成为中小企业在社会安全稳定发展的"保护人"。德国的许多法律也在最大限度上促进、保护中小企业的发展，如《中小企业促进法》《反限制竞争法》《关于提高中小企业效率的行动计划》等，它们规范了中小企业竞争的新秩序，并且鼓励、支持中小企业的发展。

除此之外，德国政府给予了中小企业最大的优惠政策，对初创期的中小企业实行税收减免的政策，规定在落后地区新建企业可以 5 年免交营业税。这鼓励了很多年轻人到经济落后的地方创业，带动了当地的经济发展，也增强了创业者的创业信心。并且，对于失业者，政府也鼓励创业，给予 2 万马克的补贴，这对失业者来说是一个再就业的极好选择。德国各级政府还开办相应机构，对创业者和中小企业中的就业者进行培训，经费也由政府补贴。

同时，针对中小企业融资困难的问题，政府通过低息贷款、投资补贴、贴息和担保等形式最大限度地帮扶中小企业发展。目前，德国共有 2 万到 3 万家可资

---

❶ 许德涛.大学生创新创业教育研究［D］.济南：山东大学，2013.

助中小企业的银行机构，而且申请贷款的程序非常简单。凡是创办中小企业，只要自有资金不少于投资总额的 10%，就可向德国复兴信贷银行和德国平衡银行申请 30% 的创业援助资金。创业援助贷款期为 10 年到 20 年，前两年可以不付利息，以后每年的利息也低于市场利息很多，前 10 年还可以不还本金，此项贷款由国家担保。

在德国，政府帮扶中小企业发展的方针政策非常多，这极大地激发了学生的创业热情，也随之带动了创业教育的不断发展。同时，正是德国对创业教育的重视，才促使了德国经济的飞速发展。

（二）富有时代特色的创业教育

德国拥有非常完善的创业教育组织体系，除了保障学校在创业教育中的主体地位外，还充分保障社会各界力量对创业教育的监督管理，这些社会力量能够准确把握时代脉搏，也能够了解市场的需求，对创业教育有前瞻性的见解，这对高校的创业教育是一种补充和完善。比如，盖尔森基兴应用科技大学中的创业教育由三个部门负责：执行局、董事会和顾问委员会。其中，顾问委员会就是由企业家、政府行政人员、政治家以及社会各行各业的代表组成的，主要提供教育实践方面的建议和帮助。

德国的许多高校还建立起了系统的创业教育课程体系，包括"企业家精神训练、企业创业管理、创业法律法规、商业计划书、财务管理、市场调研、新产品开发等十几门课程"。❶这些课程通常结合学校和专业的特点，并且根据学校特色开设相应的课程，如波茨坦大学偏重艺术设计的创新培训课程、柏林洪堡大学的高新技术创业理念培训课程、科特布斯大学的专业创新课程等。同时，在这个创业课程体系中，最重要的是学生有较大的课程选择的自主权，学生既可以选择就读注重培养生存性创业教育的职业培训学校和职业高等学校，又可以选择更注重所学专业的创新理念的培训和高质量创业项目的扶持的这样一些综合性的大学。但是无论你选择在哪里就读，只要有富有创意的设计理念，那么德国的高校就会给予你极大的支持。你可以带着你的创业计划书进驻大学校园孵化器，并且得到那里的教师的帮助和辅导。

德国的创业教育注重与实践相结合，如举办种类繁多的创新创业比赛。以慕尼黑的创业计划大赛为例，大赛将学生创业与时代需求相结合，在开办赛事的十

---

❶ 李时椿，常建坤.创新与创业管理：理论·实战·技能（第四版）[M].南京：南京大学出版社，2014.

几年中，成功走出了 500 多家企业，为社会创造了几千个就业岗位。还有的创业教育将课堂教学运用于实践之中，如慕尼黑大学的商业设计课程，学生根据教学的理念和设计的原则写出自己的企业发展计划书，并由学校的专家评审，对于具有实际操作价值的则运用于企业实践之中。此外，德国还积极创办大学生的实践平台，如高校与政府、企业等合作，整合资源，共同搭建学生就业创业实践平台。同时，充分利用互联网这一工具，建立起学生与社会各界的交流与合作，为大学生创业就业提供有力支持。

四、法国创业教育中的产学研结合

"企业家"一词最早源于法国，但法国鼓励创业和发展创业教育却不是最早的，也不是最积极的。美国在第二次世界大战结束以后不久就开始鼓动社会成员进行自我就业、鼓励创新。而在法国，创业教育的起步却较晚，一直到 20 世纪 70 年代以后，法国才陆续在几所大学开办了创业教育的课程，而真正的起步应该是在 20 世纪 90 年代以后了，这时法国才重视将创业的相关知识和技能的教学融入大学课程中。法国的创业教育实践主要有三个方面：第一，将创业教育融为高校教育的一部分；第二，将专业的知识体系教学与学生的创新创业实践相结合；第三，国家的政策法规支持、促进创业教育实践。

（一）创新创业的教育体系

在法国，第一所开设创业教育的高校是巴黎高等商学院，之后也只有零星的几所大学开设了创业课程。真正发展起来是在 1997 年创业教育领域的教师和专家学者共同创办的创业学院，它以鼓励教育各个层级开展创新创业的终身教育为宗旨，以促进科技发展及其成果转化为目标，极大地促进了创新创业教育的发展。

法国的高等教育体系是"两轨制"：大学和大学校。大学校主要是为满足工业社会发展的人才需要而创建的，它的教学目的有更强的实用性、职业性，因此大学校更加注重创业教育并且创业教育的体系也更加完善。比较有代表性的就是巴黎中央理工学院，它们以培养具有高科技素质的通用人才、能够领导创新项目的专家以及具有开阔视野的创业家为目标。它们的教学都与"企业"密切相关，企业可以直接参与到教学环节中，并且相关企业与学校进行合作，接纳学生参与实习，同时企业与校行政委员会、学术和研究委员会共同承担学校的管理工作。为了让学生具有创新创业的意识，了解世界的最新发展动态，新生一入学就会参加两周的研讨会，以充分认识当今世界的一些"机遇与挑战"，让学生知道当今世界最关注的话题是什么以及市场的需求是什么等。到第二学年和第三学年，学校会开设具有特色的创业课，旨在帮助有创业计划的学生实现创业梦想。"教学内容包括从创办公司和公司管理的角度对战略决策、市场财务进行综合性讲解，培养学生的创业者气质和能力，如全盘地考虑问题，质疑接收到的信息，学会创新性思维，树立自信，学会说服别人，学会团队管理，进行挫折教育。"❶同时，它和许多创业型的大学一样，成立了自己的孵化器，现在越来越多的网络科技公司从巴黎中央理工学院中走出来，为社会成员的就业和价值的创造做了不小的贡献。

（二）创新创业实践平台的建设

在法国，许多的创业型大学与企业共同创建了"创业中心"和"创业之家"，这些创业中心和创业之家不仅要培养学生的实战能力，还要培养学生的创业精神和创业意识，同时这些创业中心也是一个交流的平台，在这里，学生可以和企业家进行沟通，获得创业建议。互联网时代有无数的商机，同时会有比传统行业更多的挑战，你可以在网上以非常简便的程序成立一个公司，但要想让企业在这个时代中脱颖而出，必须具备企业文化的创新意识、思维方式的创新理念和企业管理的创新行动等。此外，在这个时代中，最重要的是具备互联网思维，而互联网思维是对传统理念的颠覆性的思考，是创新型的思维模式。

（三）支持和激励的政策

政府颁布了法律条例保障大学生的创新创业实践。2008 年，法国颁布了新的《经济现代化法》，国家允许个人，包括工薪阶层、失业退休人员及在校大学生从事营业活动。成为个体经营者，办理的手续非常简单，还能够获得国家相应的补助和税收优惠。

2009 年，法国教育部联合相关部门和协会组织发起了"大学生—创业者"计划，将创业融为了高等教育的一项政策方针，在全社会进行推广。2013 年，法国"国家创新计划"提出，要求高等教育领域要培育创业和创新文化，继续加强校企合作，进一步推进了法国创业教育的发展。

政府为大学生创新创业提供了大量的援助。法国高等教育与科研部从 2014 年启动"汤普林大学生创业奖"，为大学生的创新项目提供资金支持。这些年，"汤普林大学生创业奖"大部分颁给了与互联网密切相关的创业计划，也体现出了这个奖项紧跟时代步伐的特点。而法国的另一个困境就是税收，法国政府由于财政上的不足和政治意愿的缺乏，导致大幅度地削减税收变得非常困难。但是，法国

---

❶ 刘敏 . 法国创业教育研究及启示［J］. 比较教育研究，2010（10）：72-75.

政府从世界发展趋势中看到了大学生创新创业对一个国家经济发展的重要性，因此出台了 14 项政策以激发全社会的创业动力，这其中就有法国给予高校年轻企业的支持，通过减免税收等形式，帮助年轻企业创建和发展。此外，法国教育部还成立了 28 个创新孵化器。

（四）积极促进产学研结合

虽然法国的创新能力很强，但是转换为实际生产力的能力却不高，因此对于法国来说，最需要解决的是高校与企业进行合作，将创新创业的计划与技术转换为真正体现价值的实物。这些年，法国也采取了许多做法拉近学生和企业的关系。比如，法国有 300 多所高校创办了《创业参考》，它不仅提供了创业的知识和创业的信息，还宣传了高校与企业之间的合作关系，并且在期刊上登出了许多高校与企业合作的项目，学生都可以利用这些资源创新创业。

2015 年 12 月，法国教育部部长贝尔卡桑宣布将进一步加强学校与企业之间的联系。"高等教育与科研部的目标是每一位初中生都能参观一次企业、与一位专业人士交流、有一次实习机会、做一个具体项目。"❶学生通过与企业的接触，知道现在社会需要怎样的人才，以后在自己的学习生涯中更有针对性和计划性。并且在这样一个后现代社会中，依靠互联网这个媒介，学校和企业之间的联系更加密切了。在大数据时代，学生也可以从互联网上获取更多有用信息，成为自己创新创业的指南。

第二节　以日韩印加为代表的亚洲经验

自 20 世纪六七十年代以来，美国凭借创业教育使其经济发展再创辉煌，这成为美国经济腾飞的秘密武器。之后，许多国家开始效仿美国，在高校掀起了创业教育的高潮。创新成为经济发展的极大动力，也成为这场信息技术时代"无硝烟"战争胜利的关键。此后，亚洲的许多国家，如日本、韩国、印度、新加坡等都开始部署本国内的创业教育体系和创业教育实践，培养富有挑战性的人才。

一、日本"官产学联合"的创业教育体系

日本的创业教育是从 20 世纪 90 年代发展起来的，最初它的发展是带有很强

❶ 张力玮 . 法国创业教育发展历程和政策举措［J］. 世界教育信息，2016（9）：50-54.

的功利性的，希望通过创业带动国家经济的发展。但是之后，整个世界按照创新发展的理念向前迈进，因此对于日本来说，创新成为国家发展的重要命题。而且，在20世纪末，针对全世界60多个国家的创业精神的调查发现，日本的创新创业精神排名倒数第二，这对日本来说是一次警示。所以，重视创新创业精神的培养成为日本社会发展的当务之急。

在当代，日本的创业教育有自身的特色。日本是一个强调集体意识的民族，强调对于国家、政府的服从，不强调个人主义和冒险精神。因此，日本的创业教育以政府为主导，以高校和社会为辅助。政府作为主力军，出台了一系列创新创业政策，并且开展了许多活动，计划推动高校创业教育体系的发展。2000年，日本教育改革国民会议提出了企业家精神，并且将大学的创业方向与地方特色产业紧密地结合起来，通过学校创业将科学研究转化为地方生产力，推动日本各个地区的经济发展。此外，日本的经济产业省、文部科学省、厚生劳动省将创业教育作为国家发展的重要课题，共同推进创业教育发展。"从'青年自立挑战计划'的'政策联合部署'到《技术专业促进法》的颁布，从教育科研体制的系统改革到创业教育研究的'国际参与'，日本政府在创业教育系统中扮演了指导者、推动者和协调者的角色。"❶日本政府为了鼓励年轻人创业，简化了新公司申请的程序，要求公立银行加大对大学生创业的融资力度，并且给予创新创业公司政府补贴等。

企业在创业教育中扮演着重要角色。在日本，企业以更积极的姿态出现在大学校园中。比如，产业界与学校合作成立的技术转移组织（TLO）致力于以科技成果商品化为目的的技术转移，还通过提供技术、管理等方面的人才以及直接投资等方式开展创业活动。TLO作为科技中介组织，是大学与企业界沟通交流的重要平台。同时，日本的企业为学生提供了大量的实习机会，尤其是现在以虚拟网络为主的互联网公司，使学生以更简便、快速的方式参与到实践活动中，提高了效率，也降低了双方的成本。

在大学方面，日本认识到创业教育对一个民族的重要性，所以大力开展创业教育，并不断更新自己的创新理念。在大学原有的基础设施的基础上，日本创办校园孵化器、创业辅导机构等促进整个学校的创新创业发展，并且加强与校友的广泛联系，建立校友沟通网络，利用校友资源帮助在校大学生就业创业。在创业师资方面，日本引入了具有优秀创业家资质和创业经历的"双师"，以此提升创业教育的质量。此外，创业教育是从小学到大学的连贯体系。例如，小学生会利用早上课前的两三个小时勤工俭学，给人送牛奶、送报纸等，目的是培养学生创业

❶ 李志永 . 日本大学创业教育的发展与特点［J］. 比较教育研究，2009，31（3）：40-44.

就业的意识；在中学，日本教育部在"综合学习时间"内开展创业发明大赛、动手练习、网络小卖家等活动，为学生开拓创业思维奠定基础；在职业类的高等技术学校，日本开展了各种创业教育的培训课程，拓展学生的就业渠道；在大学阶段，日本开设的创新创业课程与时代需求紧密结合，并且以服务社会、服务民众为己任的创业更具有开创性。这一系列的创业教育为学生想创业、会创业、能创业，为创业转化为现实的劳动生产力奠定了基础。

二、韩国兼容并包的创业教育体系

1997 年亚洲金融危机和 2008 年全球金融危机给韩国的经济发展带来了极大的影响——整个国家的失业人数骤增。韩国高达 80% 的大学入学率也是世界之最，但金融危机使大学毕业生面临空前的就业压力。如何将就业压力转化为创业动力，以创业带动就业，化解经济压力，成为韩国政府亟待解决的社会问题。21 世纪初期，韩国青年的就业观念也是相对保守的，他们宁愿过"独木桥"，争抢大企业或政府事业单位的为数不多的就业机会，也不愿意冒险下海经商。因此，政府和整个社会都必须努力塑造一种全新的社会就业观念。之后，韩国政府强调"科技立国"，制订了《面向 2025 年的科学技术发展长期计划》，目标是至 2025 年，韩国科学技术竞争力在世界上居第七位，信息化指数居第五位，科技对经济增长率的贡献度达 30%，技术贸易指数为 1 以上，以推进技术对韩国经济发展的引导作用。韩国政府认识到科技发展的重要推动力就是教育，尤其是创业教育的发展。因此，韩国政府提出了一项高等教育改革计划"BK21 工程"，旨在进一步改革和完善高等教育体制，集中人力、物力、财力，有重点地把一部分高校建设成为具有世界一流水平的研究生院和地方优秀大学，培养 21 世纪知识经济与信息化时代所需的新型高级人才和国家栋梁。●经过多年的努力，韩国大学生的创新创业观念发生了很大转变。近几年的调查研究发现，韩国大学生选择自主创业的比例高达 50% 以上，而且韩国大学生创业成功率极高，在世界上也位居前列。创新创业精神在学生心中的塑造成为创业在韩国土壤中扎根的根本原因。

在互联网时代的背景下，韩国创业教育的实践主要有以下两个方面。

第一，开展了网络化的创业培训课程。韩国的雇佣信息院开设了题为"大学生发展方向"的网络教育课程。课程不仅提供与创业相关的信息，还举办与创业相关的专题和专业培训班。通过网络开展教育，可以保证效率、节约成本，并且

● 李时椿，常建坤.创新与创业管理：理论·实战·技能（第四版）[M].南京：南京大学出版社，2014.

网络资源的重复利用可以确保更多的学生获得更多的优质教学资源，这是传统的教学方式无法实现的。

第二，韩国除了少数大学设有本科阶段的创业教育课程外，更多的大学是将创业教育作为一个知识点穿插在专业课堂中，作为一个补充知识点，因此没有得到学生的重视。韩国高校在实践的过程中，走出了一条有特色的研究生阶段的创业教育课程体系之路。从 2004 年开始，韩国分别在首都圈的湖西大学、江源圈的中央大学、忠清圈的大田大学、庆尚圈的晋州产业大学和全罗圈的艺苑艺术大学开设了研究生阶段的创业课程，并且根据地方特色开设相应的创业课程，以满足当地经济发展的需要。湖西大学的创业研究生院以首尔国际化发展思想为依托，力争培养世界一流的创业人才。中央大学以培养农业、制造业、服务业等产业的创业者为目标，课程以创业环境经营、创业资源管理、CEO 领导力等为核心内容。大田大学的创业研究生院以创造创业神话为教育理念，主要是为大田培养技术创业型的人才，以满足大量的科技型企业和风险投资企业的需求。韩国现在的创业研究生院的规模越来越大，并且韩国政府每年会投入近百亿资助创业研究生院的发展。与网络相关的创业课程也应运而生，如何形成互联网思维、如何运用互联网快速建立网络连接、将传统行业融入互联网创造更大的市场价值，通过相关的创业课程，学生都可以一一了解和掌握。在这些知识的教学中，也穿插了实践学习课程，即通过虚拟平台创建公司，从中找到自身的优点和弱点，并且预测在创办企业的过程中会遇到的问题，积极思考解决对策。这不仅锻炼了学生解决问题的能力，还培养了学生的创新创业精神。

三、印度创业发展学院的创新创业实践

印度早期的创业意识较弱，创业率较低。但是，印度政府认识到创业是促进经济增长和创造就业机会的一个关键因素。同时，对个人来说，创业也是加速个人成长、提高个人的责任意识、提升个人的生活品位的重要路径。尤其是对印度这样一个经济发展还较落后的发展中国家来说，创业教育尤为重要。印度的几大困境促使其认为创业教育迫在眉睫：第一，印度人口激增，导致适龄工作的人口比例越来越大，但社会提供的就业岗位有限，最终使大量的印度人处于失业状态，影响整个社会稳定、制约国家经济发展；第二，印度的基础设施建设、宏观经济环境、卫生与初等教育和高等教育的水平都较低，开展创业教育已经成为激活印度社会各个领域发展的关键措施之一。通过多年的努力，现在印度的创业教育走在发展中国家的前列，大约有 13% 的人在创业起步阶段接受过创业教育，这也是印度政府认识到创业教育的重要性、重视创业教育的结果。并且在印度，自主创

业成了一种共同的生活和工作方式。印度的自主创业涉及社会的各个领域，但主要还是围绕印度的支柱性产业——IT产业展开的，创业极大地促进了印度的经济增长。

印度创业教育的实践主要有三种模式：创业发展学院模式、商学院模式和创业中心模式。其中，最具有印度特色的当属创业发展学院模式。它注重创业技能的培训、创业理念的熏陶、创业课程体系的完善和创业教育对象的扩大。首先，创业发展学院强调创业的根本目的在于塑造企业家精神，因此它在课堂的每一个环节都注重培养这样的精神。而在创业技能的培训中，除了课堂专业知识的教学外，最重要的就是各种形式的实践活动。它有为期8～10周的暑期实践活动。学生在实践活动中学习企业管理的具体运用。其次，通过类似于"详细项目投资报告"和"五年远景规划"的项目体验活动，学员尝试规划项目流程，最终由专家评委打分，并且由专家指出项目的优点和缺点，这对学生以后真正投身于创新创业有很大的参考价值。创新创业的实践活动还包括企业家互动。创业发展学院定期邀请成功的知名企业家为学生讲创业的经验和方法，这不仅有利于学生学得知识，还能激发学生创新创业的热情。最后，创业发展学院还开展了与国外的创业学院交流互动的学习，拓宽了学生的国际视野，使学生了解世界的最新动态，同时学习、借鉴国外创业教育的成功经验。比如，创业发展学院为学生安排访问中国和东南亚领先大学的机会；2012年暑假，在中国西南财经大学举办的第一届国际学生夏令营就有3名印度创业发展学院的学生参加昆明理工大学科学技术学院与印度创业发展学院签署了学生交流计划；等等。

印度创新创业实践的特点是关注创业精神的培育，这是开展创业活动的根本，也是一个国家创业教育能够长久发展的关键。印度向学生强调要创造平等的创业就业环境，鼓励学生积极参与创业活动、树立正确的创新创业观，通过创业承担起社会责任。创业不仅能实现自我就业，还能够为社会创造更多的就业机会，这也是印度创业者的理念。印度通过创业缓解了居高不下的失业率，对社会稳定、国家安全都具有重要意义。

四、新加坡创业教育的体系化实践

新加坡是亚太地区开展创业教育较早的国家之一。创业教育已经是新加坡教育体系、社会体系、教育研究体系中的重要组成部分。新加坡是个岛国，既没有地理优势，又没有资源优势。因此，新加坡在很早的时候就开始利用国外资源促进本国的基础设施的建设，以此吸引国外资金的投资。同时，新加坡将年轻的学生送往德国、美国、法国等发达国家进行学徒式的见习。这些举措都推动了新加坡经济的转型升级，从原本的劳动密集型的低端产业转向高附加值的高科技产业。从 20 世纪 90 年代开始，新加坡将目光转向全球，寻找金融、技术、人力信息等各方资源，积极吸引海外投资、建立工业园区，由此新加坡的创业教育进一步发展。近些年，新加坡更是建立了一套从小学到大学，更为完整的创业教育体系：在小学阶段，通过"虚拟股份"的游戏，培养学生的商业意识，提高学生探索发现的能力；在中学阶段，通过在专业课程中穿插商业创业知识的方式，让学生了解、掌握基本的知识体系；在大学阶段，不仅有本科生的创业辅修课程，还有专门面向研究生的"创新创业"课程。此外，新加坡还有大学孵化园和科技园，为学生提供实践的平台。

新加坡的创业教育已经呈现出完整的一套体系：创业政策的系统化、创业课程的体系化、创业资源的现代化、教育成果的产业化。在创业的政策上，新加坡政府每年用于风险投资、技术转移和创新创业的资金投入不少于 20 亿新币。同时，政府还有一系列的扶持政策：新成立公司的税务豁免计划，协助起步公司维持现金周转与盈利；起步企业的发展计划，促进创业企业融资；科技企业董事及顾问计划，为起步公司、小型企业提供建议和策略性的指导。❶新加坡的创业课程体系非常完善，多数大学采用了学分制，并且不断更新课程的设置和内容。高素质的教师队伍也是新加坡创业教育的重要保障，"新加坡很多大学的商学院、管理学院的教授曾经都有过创业的经历，甚至担任过一些大型企业的董事，这使他们对创业领域的实践、未来发展趋势以及创业教育的社会需求有着敏锐的洞察力和良好的把握能力"。❷而在创业资源的现代化中，主要有教学设备的现代化和教育方式的现代化。比如，"新加坡国立大学拥有校内电脑 3 400 多台，并通过互联网与世界 5 000 多个大专院校和研究中心保持密切联系；国际咨询服务终端已与海外 400 多所资料库建立了联系，这极大地带动了包括创业教育在内的高等教育现代化的发展"。❸教育方式的现代化表现在学校不再用传统的课堂教学方式，在教学过程中采用创新互动式的教学模式，通过交流，在潜移默化中增强学生的自信心，提高学生的沟通和思辨能力。新加坡的学校还采用网络实战模拟和课外实践等方式，让学生在实践过程中学习知识。

❶ 李霆鸣.新加坡创业教育的发展及其对我国高校的启示 [J].职业技术教育，2008（7）：86-89.

❷ 同上.

❸ 同上.

第四章　大学生创业教育的新时代理念

第一节　从意识层到技术层的全新改进方向

创新创业是当今世界经济发展的主旋律，它对缓解日益严峻的就业压力、应对知识经济的挑战、实现民族复兴和国家的可持续发展具有重要意义。创新精神的培养和创新创业能力的提高在本质上是人才培养的问题，因此创业教育是我国实现创新驱动发展战略的重要基石。创业教育被联合国教科文组织称为学习的"第三本教育护照"，与学术教育和职业教育具有同等重要的地位。虽然我国创业教育起步较晚，但是将创新教育与创业教育相融合，创造性地提出了创业教育这一概念。创业教育已成为许多高校转型发展创一流的战略选择，成为高校教育教学改革的热点。

一、立足观念革新

在经济新常态下，创新创业已经成为时代的主题，高校创业教育也随之快速发展。大数据对高校的创业教育提出了新要求，它迫切需要高校创业教育根据新形势变化，推进深层变革和建立适应发展的新思路。长久以来，我国高校创业教育是在市场需求的基础上建立和发展起来的。虽然高校认识到了社会和市场对创业模式有多样化的要求，不断丰富创业教育模式的种类来适应这种变化，但这种依托"需求产生—发现市场—引导进入市场"的传统思维模式制定的创业教育往往存在滞后性，造成了创业一窝蜂、模式单一的问题。因此，高校创业教育不仅要培养大学生创业者时刻关注当下经济热点和商机资源的意识，更需要大学生具备发展的眼光，敏锐地洞察市场前景，及早地"预见需求—创造市场"，提升高校创业教育的活力，激发大学生创业的主动性，树立"开放自由、多样发展、创新创造"的创业教育理念。在尊重教育规律、遵循科学的教育方法的基础上，高校要大力推动创业教育从传统的"社会本位"走向"社会本位和主体本位"相结合的道路。

目前，部分国外发达国家的创业教育依托高新技术的引领，深入社会发展的各个领域，改变了人们的消费方式和生活理念。相比之下，我国的创业教育对高新技术的依赖程度低，"信息化、智能化、网络化、服务化和协同化"的产业生态链尚未形成，所以要进一步呼吁高校创业教育充分利用互联网资源，突破观念，创新思维，依托技术创新和人才培养，大力促进高新技术的转化，以市场需求和社会发展为导向，构建高层次、多维度、立体式的创业体系新格局。

二、坚持技术创新

创业教育和专业教育的融合既是高校素质教育的内部要求，也是社会发展所需人才的外部需求，两者相互促进、相互作用。大学生自身所学的专业知识和实践技能在一定程度上决定了个人的知识结构和思维模式，并不可避免地影响到了其创业方向，特别是初期创业的发展方向。从推动创业教育的社会需求来看，拥有专业背景的创业型人才更加具备成为未来企业家的能力，创业教育和专业教育的融合更能有效地帮助大学生实现专业领域的创业。

专业教育仍是高校人才培养的主要模式和方法，并为社会推送和培养各领域的技能人才。在科技创新引领发展的时代背景下，高校创业教育的本质不是颠覆专业教育，而是结合专业教育促进高校人才在知识结构、创新创业能力方面的深度优化，注重大学生专业水平和创业能力的双提升。高校的创业教育和专业教育的深度融合要求高校从顶层设计开始，成立专门负责创业教育的组织机构，保障创业教育和研究工作的开展和落实。高校要将创业教育体系全面辐射和融合到专业教育的培养过程中，根据院系和专业的不同开展不同程度的创业教育，设立院系专业特色的创新创业课程、教学资源和相关基地，全方位地将创业教育落实到专业教育、教学计划、教学活动和技术产出等各方面，扩大创业教育与专业教育之间的融合深度及广度；构建开放互动的教学方式，打造多元分层的课程体系，将不同领域、学科的教师和学生集中到创业教育的课程中来，开拓学生的知识领域，激发学生的创造思维，整体优化创业教育的质量和成效。

三、完善平台立新

大学生的创业教育是多层次、多维度、多元化的一个系统，依赖"互联网+"组合的各种创业资源，包括课程建设、场地经费和优秀师资力量等，并通过各种创新平台推动创新实践和创业教育的协同发展，包括创新创业竞赛平台、创新创业项目训练平台、大学生创业实践基地和孵化园的教育实践平台等。高校通过改善课堂教学方式，引入慕课、微课等技术手段，精细化教学设计和内容，深化"第二课堂"的育人效果，加强与政府、社会和企业的合作，推动"全员育人、全社会育人"的理念更上新台阶。

高校在把握"互联网+"时代的新机遇、新问题和新途径的同时，要不断拓展创业教育的领域，坚持开放的教育理念，组建研究团队，组织大学生走出校园，勇于实践，邀请社会知名专家、企业家、创业导师开办讲座、沙龙，近距离向学生传授创业经验和知识，满足大学生创业过程中个性化和多样化的需要，解决实际问题。

四、加强政策出新

高校创业教育的重点内容之一是帮助大学生掌握创业相关的法律知识，提高大学生的创业安全意识。学校的相关负责机构统筹协调相关部门的职责，提供政策、经费保障，建立科学合理的评估制度，促进创业教育与专业教育的深度融合和长久开展。同时，高校要确保各项支持大学生创业的优惠政策能落实到位。比如，在大学生创业过程中，政府可以提供法律支持、工商登记和减免税收的相关服务，设立创业启动基金、风险投资基金，在大创园、科技园等场所建立免费或者优惠的场所。高校应为创业学生提供更加高品质的服务。例如，高校不断优化创业就业等信息网的建设和维护，利用各种新媒体、新媒介手段推送及时、高效的信息资源，动态精准地掌握学生的创业情况和需求，切实降低学生创业的成本和风险。高校在内可以深挖校园资源，鼓励和吸引学生和学校合作，开设校内企业、发掘名产品等，在外可以通过学校影响力和校友资源，争取政府、社会以及企业的支持与合作，为大学生创业项目走出校园、走向社会寻找助力。

总之，无论应用型还是研究型人才的培养，归根结底在于创新意识、创新精神、创业能力和创业素质的积累凝练。在高等教育大众化的今天，大学生个性化的创新能力正日趋薄弱，缺乏创新思维和持久毅力的大学生往往不清楚自己的社会定位和价值取向。在科技创新的时代背景下，大学生创业教育就是一种个性化协同的创新机制，是以充分尊重大学生为创新主体的一种人本主义创新理论，要在导师的引导下，让大学生成为创新创造的主体，培养大学生自主创新、独立发现、主动探索的能力以及主动完成创造创新的过程。正因如此，社会对大学生的创新教育发展过程中的各要素提出了更高的要求。

各高校不断挖掘和充实各类专业课程的创新教育资源，明确创新教育导向，有机融合专业教育、实践教育和创业教育，加大实践教学环节的设置比重，增强设计性、综合性、创新性，丰富课程内容，将最新的知识和理念引入课堂教学中，将最新的科学技术和研究成果应用于实践教学中，教学内容体现时代性、开放性、多元性和全面性。但在如何开设研究性学习课程，强化优质课程信息化建设，开发线上线下相结合的实用性课程，建设云课堂创业课程库，增强创新教育的针对性和学生获取新知识的自主性方面，各高校还需要进一步探索。

第二节　培养技术型创新人才的目标定位

我国的大学生教育已开始迈进创新、创业教育阶段，这是适应 21 世纪创新、创业教育的时代要求，落实科教兴国、建设创新型国家战略，促使我国从人力资源大国向人力资源强国转变的重要环节，是实现社会劳动者充分就业特别是大学生充分就业的重大举措。大学生创业教育极其重要，全社会都对此给予高度重视。目标定位是前进的方向，科学合理的目标定位是大学生创业教育有效开展的前提条件。因此，大学生创业教育的目标定位及其如何实现也成为全社会关注的焦点。

关于创业教育目标的研究。培养社会所需要的创新人才是开展创业教育的指南针，是对最终成果检测的基准。因此，创业目标的设置有着重要的意义。欧盟委员会研究认为创业教育应关注以下几方面：第一，培养学生的创业品质；第二，在学生中营造一种对待自我雇佣的积极态度；第三，传授知识，促进学生与商业世界的接触。弗斯、维纳和王朗认为创业教育的目标有三个：一是鼓励和培养人的创业精神；二是培养人们把自我雇佣作为一种职业选择的意识和倾向；三是传授创业知识和经营管理知识。格瑞德等 15 位在创业教育领域有造诣的学者进行了深入调查，对创业教育目标定位的重要性进行了排序，如表 4-1 所示。

表4-1　创业教育目标重要性的排名

创业教育目标	重要性排名
增加对新创事业创始与管理过程的认知与了解	1
增加学生对创业生涯专业选择的了解	2
发展与管理功能相互关系的了解	3
发展对创业者特殊才能的评价	4
了解新创公司在经济中所扮演的角色	5

一、我国大学生创业教育目标定位的重要性

（一）关系到国家、社会相关制度政策的正确制定和相关支持体系的构建

大学生创业教育是我国高等教育的新生成分，其顺利开展必然涉及高等教育的体制改革与制度创新，需要建构相适应的社会支持体系。大学生创业教育作为一种教育活动，围绕着它的教育目标展开，作为一种复杂的社会活动，必然涉及各种社会因素，进而形成各种相关的社会关系。同时，其目标的实现关系到各种因素的相互配合。这需要一系列相配套的制度政策进行协调和保证，需要建构相应的社会支持体系来落实。

（二）关乎创业教育的内容和过程的确定

任何教育活动都是指向一定目标的，教育活动的目标要依托教育活动的内容和过程实现，大学生创业教育也不例外。大学生创业教育的目标需要通过大学生创业教育的内容和过程实现，大学生创业教育活动的目标应当贯穿于其教育内容和过程的各个部分与环节。大学生创业教育目标的定位直接制约着其教育内容与过程的选择、确定，其内容和过程与目标相适应程度，则直接制约着大学生创业目标的达成程度。因此，大学生创业教育活动的内容与过程需要紧紧围绕它的目标去设置。

（三）关乎相适应的教育教学资源的合理配置

大学生创业教育的实施需要国家与社会给予必需的教育教学资源配置，其中所需的师资、教育经费、教育设施、实习训练基地及相关的社会资源都必须围绕其教育目标进行有效的配置。

（四）直接影响着大学生创业素质的提高

大学生创业教育的目的是全面提高大学生创业创新的核心素质，大学生创业教育目标定位与其目的、要求是否适合影响着大学生接受的创业教育能否使其得到有效的创业基础知识和基本技能，为成功创业打好扎实的创业功底。

（五）有利于纠正在创业教育上存在的认识偏差，充分认识和运用其内在发展规律

同所有的教育活动一样，大学生创业教育有其自身的内在规律，只有充分认识并按其规律办事，才能在大学生创业教育方面不断地取得好的成果。大学生创业教育目标的准确定位有利于纠正高校在大学生创业教育上存在的认识误区，从而正确地认识和把握其内在规律，促进大学生创业教育水平不断提高。

二、我国大学生创业教育目标定位需要考虑的主要因素

（一）我国高校对大学生教育现状的基本分析

从我国建立大学迄今已逾百年，无论在办学实践还是学者以中国文化译解西方理念方面，都有一种自觉的追求，就是将西方教育文化资源与儒家知识分子的理想相结合。中华人民共和国成立后，大学所处的社会环境、文化背景已经发生了巨大的变化，但大学教育面临的一些基本问题仍然是相同的，甚至中国在激烈的国际竞争中急于赶超的心态也大致相似。20世纪末至今，在科学发展观思想的指导下，我国高等学校开始把人的自由和全面发展与社会的全面发展和进步结合起来，借鉴国外高等教育经验，把创新与创业教育引入对大学生的教育之中。由此可见，确定大学生的创业教育目标，不仅需要前瞻，还需要回顾，从以往的大学教育中汲取经验，正确选择适合我国现实情况的大学生创业教育目标。

（二）当今社会对创业者应具备的主体素质结构的要求及大学生已具备的素质条件

（1）成功创业者需要具备的素质结构。综合目前国内外对创业者素质的研究来讲，对创业者的素质结构主要有这样几种考量方式：①对各类社会投资者和投资机构进行风险投资时，结合给具体投资对象设置的评估条件，对创业者主体条件的各项要求进行考察分析；②对创业实践者主要是成功创业实践者的案例进行分析研究；③对各类创办成功的企业的案例进行考察分析；④对各类社会组织、各界社会成员对创业者应具备的素质结构的认识进行调查。

（2）创业活动的内在要求。结合目前各种形式的研究成果分析，成功创业者应具备的主体素质结构条件可概括如下：①具有强烈的创业愿望和要求，敢冒风险、会控风险的风险控制力；②具有善于捕捉信息，能够把握机会，适时做出选择的市场洞察力；③具有恰当地进行目标定位，合理地进行规划的计划力；④具

有卓越的管理能力；⑤具有良好的社会交往与协作沟通的公关能力；⑥具有扎实的专业技术基础知识应用能力；⑦具有敢想敢干，持续不断的创新、创造性思维力；⑧具有不断进取，获取新知识的学习力；⑨具有面对不同社会环境，对社会资源积极整合和调配的使用能力；⑩具有面对各种突发事件，临变不乱，及时做出决断的危机克服力；⑪具有明确的理想和志向，有信念，有信心，有强烈的事业心、使命感，为社会、他人着想的品质；⑫具有良好的情感自控能力和不屈不挠、永不言败的精神等。

（3）大学生已具备的素质条件。目前，我国大学生具备较为系统完整的专业技术素质、较为强烈的创新创业意愿、一定的创业实践经历及创业能力，但也存在有想法但不持久、有热情但难见行动、有知识但创新能力不足等问题。

（三）我国大学生创业的现实社会环境条件

同任何创业者的创业活动一样，大学生的创业活动也是在特定的社会环境中进行的，是大学生创业主体同社会环境系统的结合过程，大学生创业主体对社会环境系统各方面资源的调配利用程度直接影响着其创业活动的效果。现阶段，我国大学生创业者要实现成功创业，需要恰当地对我国社会环境系统的各方面资源进行合理的利用，特别是经济资源、政治资源、科技文化资源、社会制度资源、自然环境资源等。因此，在对大学生进行创业教育时，重视提高其对社会环境资源的利用能力，是大学生创业教育目标定位时必须重点考虑的因素之一。

（四）国际大学生创业教育的发展状况

"创业教育"的概念是在1989年于北京召开的"面向21世纪教育国际研讨会"上首次明确提出的，但创业教育在国外的实践要远早于此当前，欧美一些国家的创业教育已经较为普遍和成熟，其中美国是创业教育发展最具代表性的国家，其创业教育已经有五十多年的历史。目前，美国的创业教育已经将主要任务确定为揭示创业的一般规律，传承创业的基本原理与方法，培养学生的企业家素质，目标是使受教育者具有创业意识、创业个性心理品质和创业能力，以适应社会的变革，而不再以岗位职业培训为主，其创业教育正逐渐从传统的功利性职业训练教学目标过渡到非功利性的教育本能，正经历着从课程教学到专业教学，再到学科教学的逐步建设过程。

三、现阶段我国大学生创业教育的目标定位及其实现途径

（一）现阶段我国大学生创业教育目标定位的基本思路

通过以上分析不难发现，确立我国现阶段大学生创业教育的目标涉及传统大学教育和现代大学教育目标之间继承、批判或改造的问题，涉及中外高等教育目标比较以及将国外的大学生创业教育民族化、本土化的问题，涉及国家现代化发展目标和人的发展目标之间的恰当定位问题，涉及大学价值理性和工具理性之间的取舍、选择（是培养专家还是培养通才、创业者）问题。

首先，我国以人为本全面建设小康社会的战略目标要求我国的高等教育机构对学生的培养既要有利于实现社会劳动力的广泛就业，又要有利于提升劳动者的创新、创造、创业水平；其次，我国高等教育由与基础教育、专业技能教育、职业教育相结合的教育向与基础教育、专业技能教育、职业教育、创新、创业教育相结合的方向发展，要求我国高校将大学生创业教育目标纳入现有的教育目标体系之中；最后，在全球化的今天，国际大学教育向有利于培养研究性、开放性、创新性、适应性人才目标发展的趋势要求我国对大学生的创业教育目标吸收国际上的先进经验。

由此可知，我国大学生创业教育的基本目标是提高大学生对专业技术基础知识的转化能力、对社会环境资源的利用能力以及在社会实践中的自控能力。其具体目标应是以所在学校、所学专业的层次为基础，扩大大学生的就业适应范围，提高其在社会提供的现有岗位上的进取能力、创新能力和创造能力，提高其自主就业、利用社会资源成功创业的能力。

（二）现阶段我国大学生创业教育目标实现的有利条件和不利因素

1.有利条件

（1）党和国家十分重视创业教育，为大学生创业教育目标的实现创造了大的制度前提。党的十七大、十八大报告中就明确指出，要"实施扩大就业的发展战略，促进以创业带动就业……完善支持自主创业、自谋职业政策，加强就业观念教育，使更多劳动者成为创业者"。《中华人民共和国就业促进法》第四十六条规定："县级以上人民政府加强统筹协调，鼓励和支持各类职业院校、职业技能培训机构和用人单位依法开展就业前培训、在职培训、再就业培训和创业培训；鼓励

劳动者参加各种形式的培训。"

（2）高等教育行政管理部门、高等学校在新的就业形势下，响应党中央的号召，为拓展大学毕业生的就业渠道，普遍开始重视起对大学生的创业教育。研究资料显示，全国不同类型的高校均不同程度地在课程设置、师资配备、教学设施配套等方面，开始探索大学生创业教育的方式，这是大学生创业教育目标实现的基础条件。

（3）大学生创业的愿望普遍开始强烈，接受创业教育的热情和积极性愈来愈高。社会上不少大学生出现因缺乏创业知识和经验而导致创业受挫的事例，也强化了大学生对创业教育的期待，从而形成了大学生创业教育目标实现的动力条件。

（4）各级地方政府和劳动人社部门、各类不同的企业和经营组织纷纷适应创业形势的发展要求，为各种创业教育提供组织服务，提供技术设施场地和技术力量，提供创业资金，为各种创业教育目标的实现创造了社会支持条件。

（5）以美国为代表的发达国家在大学生创业教育目标实现方面的经验、教训为我国大学生创业教育提供了可资借鉴与利用的外部条件。

2. 不利因素

（1）社会各方在创业内涵上的认识不一致，导致在大学生创业教育目标的定位上差异较大，社会还不能形成相对统一的大学生创业教育目标体系。

（2）我国在创业方面的体制特别是在大学生创业和创业教育方面的体制基本欠缺，国家和社会虽然加大力度进行这方面体制的建设与创新，但也需要时间，这对当下将社会力量集成起来，推动大学生创业教育，形成了一定的体制性障碍。

（3）我国以高等院校为主的大学生创业教育机构在师资力量、课程设置、资金支持等技术基础建设上，还不能满足当下大学生创业教育的现实需求，这对大学生创业教育形成了技术性的障碍。

（4）我国以企业为主的社会经济组织在对待大学生创业教育方面的积极性还没有充分调动起来，只是部分企业和经济组织认识到大学生创业教育的重要性，但整个社会支持体系还远未形成。

（5）在大学生创业教育方面，与国际上的交流较少，合作水平不高，还不能有效地利用国际创业教育的资源和经验。

（三）我国现阶段大学生创业教育目标实现的基本途径

（1）加强大学生创业与创业教育方面的理论和制度建设。由国家和政府部门出面，全面组织社会各方面的力量，展开对大学生创业和创业教育的深入研究，分析我国在大学生创业及创业教育方面的政策设置和落实情况、高校和社会各方在大学生创业教育方面的培训力量情况、企业和社会事业组织在大学生创业与创业教育方面的投入支持情况以及我国在大学生创业与创业教育方面和世界各国的交流与合作情况等，为推动大学生创业与创业教育事业的发展提供制度保障。

（2）构建大学生创业与创业教育需要的社会组织体系平台。在大学生创业与创业教育的政策制度基础上，构建以高校为主的大学生创业教育培训组织系统，将创业教育融入日常的大学生教育过程中，真正成为大学生教育的有机组成部分；创制以企业为主的兼容其他社会事业组织广泛参与的实习实训体系，为大学生创业与创业教育提供社会实践组织体系平台；构建以劳动和社会保障部门为主的社会管理、沟通、服务组织体系，为大学生创业与创业教育提供应对各种情况的社会保障组织平台。

（3）建立健全大学生创业与创业教育需要的社会资源支持体系。①在大学生创业与创业教育的政策制度基础上，设立各种形式的大学生创业与创业教育专项基金，鼓励社会从资金、物资、技术设施、技术力量诸方面，为大学生创业与创业教育提供支持与帮助；②集社会各方力量，组建一支高水平的大学生创业与创业教育师资队伍；③为大学生利用各种城乡自然与社会资源，从事创业与创业教育活动提供各种方便条件。

（4）构建适合我国大学生创业与创业教育需要的国际协作体系。①在创业教育方面，建立与创业教育发达国家进行交流的培训互动机制；②在创业实践方面，积极组织大学生参与国际各种类型的创业实践活动；③在资源利用方面，积极争取各种形式的国际创业资金与技术的支持，充分利用各种国际资源为大学生创业与创业教育服务。

第三节　以实用主义为大方向的价值取向

一、树立创业教育的全新价值观

在知识经济时代，大学生创业教育受到高度关注，被誉为"第三张教育通行证"的创业教育是21世纪教育哲学的全新理念，是21世纪教育的新的价值观，其核心内容就是事业心与开拓技能的培养。广义的创业教育就是要培养具有事业心和开创能力的人；狭义的创业教育是与培训、增收、解决自我生存的能力联系在一起的，当时被解释为"一个人开始经营一个小企业的过程"。

联合国教科文组织 1995 年发表的《关于高等教育的变革与发展的政策性文件》指出："在'学位等于工作'这个公式不再成立的时代，人们希望高等教育的毕业生不仅是求职者，还是成功的企业家和工作岗位的创造者。"联合国教科文组织 1998 年世界高等教育大会形成的《世界高等教育宣言》也指出："为方便毕业生就业，高等教育应主要培养创业技能与主动精神，毕业生将愈来愈不再仅仅是求职者，而首先将成为工作岗位的创造者。"这是一种高等教育的全新理念，是高等教育人才培养模式的根本变革。

20 世纪 80 年代，以比尔·盖茨为代表的科技创新人才有力地促进了美国大学生创业教育的发展。1990 年后，麻省理工学院师生平均每年创办 150 家新公司，仅 1994 年这些公司就提供了 110 万个就业岗位，销售额达 2 320 亿美元。硅谷 60% 以上的企业是斯坦福大学的教师与学生创办的，美国积极开展创业教育的做法引起了欧洲国家的效仿。1998 年，德国大学校长会议在全国范围内发起倡议，呼吁创造一个有利于高等学校毕业生独立创业的环境，要使高等学校成为"创业者的熔炉"。会议明确要求，在其后 5 ～ 10 年的每届毕业生中要有 20% ～ 30% 的人独立创业。

第二次世界大战之后，人们普遍担心的经济衰退和萧条并没有出现，代之以经济的持续增长。经济周期变成了高低的波动，变成了发展中的一股节奏，对此，传统的经济学家百思不得其解。西方经济学家将 1948 年至 1984 年劳动力和资本的投入代入公式进行计算，发现美国实际经济增长比资本和劳动力投入所带来的增长多出了 66%。日本对经济增长的研究也得出了同样结论。经研究，他们认为那些额外的增长主要来自技术和教育。所以，在经济增长要素中又增加了一项新的测算指标，这就是"技术进步指数"。西方经济学家在 20 世纪 80 年代提出的"经济增长四要素"论的核心思想就是将知识作为经济增长最重要的因素，而且是经济增长的主要动力。1997 年，世界经济合作与发展组织在关于 1996 年科学技术和产业发展的报告中提出了"以知识为基础的经济"的概念。

（一）培养创新创业型人才，必须建设新型大学

建设创新型国家，需要创新创业人才的培养，而创新创业人才的培养需要创新创业型的大学。美国高校创新创业思潮的出现恰恰符合时代与社会发展的要求，从而造就了一代又一代的创新人才，保证了美国新经济的可持续增长。这些经验值得我国学习和借鉴。

创业教育思想是由美国的斯坦福大学首创的。斯坦福大学校方积极鼓励师生创业，鼓励加强产、学、研合作。斯坦福大学教授、工程学院院长特曼最先提出

了学术界与产业界结成商业合作伙伴的构想。

20世纪30年代，特曼教授自己投入500美元，鼓励自己的学生开办惠普公司。据说这是世界上第一笔天使投资，或者说风险投资。于是，一个很小但富有活力的电子企业在学校一举成功，开创了斯坦福工业区。这也是最早设立的大学科技园区。后来，各国政府纷纷效仿。

创新创业人才培养的内涵究竟是什么？人的开创性、开拓能力、冒险精神、坚韧不拔的态度究竟是从何而来？是教育的结果还是个人学习的获得？这种人才成功的规律能否复制，能否传播，能否讲授？

对这个问题的探讨、研究，可能要颠覆我们对传统的教育理念以及传统的知识、能力的认识。

在知识经济时代，人们把知识分为两大类：一类是可编纂的知识；另一类是只可意会的知识。前者是指能够用语言和图形进行系统化处理的知识；后者是指不可编纂的知识，是人类对过去认识积累的经验、教训，只能意会不能言传的知识。这种对知识的划分第一次承认了经验类的未经系统处理的意念和意会也是一种知识、一种本领、一种能力、一种财富。创新创业的思想、创新性的思维与想法就属于这类知识。在知识经济条件下，知识只有在应用中才能存在，只有在应用中才有价值。知识表现为一种行动力，是一种把事情做成的能力，这种能力不一定非要在传统的正规教育和专业教育中才能获得，在学校之外、课堂之外、实践之中也能获得。这种认识说明了为什么"高分低能"和"低分高能"的人才同时存在。

如果说教育的功能最先表现为传承，那么个人的学习能力就最先表现为创新。人类的前进是以学习能力为前提的，这样"做中学"的教育理念就有了更深刻的时代与历史背景。因为从课本上学会的只是可编纂的知识，人们只有"做中学""干中学"才能真正掌握意会中的知识，"实践出真知"也就有了更深刻的认识论基础。

从总体上看，现行教育存在落后于时代的现象，它只是简单进行知识传承的工具，只是一种简单培养工薪阶层的价值体系。教育是什么？教育是人类智能的积累和遗传，它除了具有传承人类已有知识的功能外，还担负着表达新知识、新需求，创造新知识，培养新技能的任务。教育获得更多地表现为一个人的内心感受和主体认识。人的内在的学习、创新能力是人类真正的财富，这是创业教育的核心内容，也是它具有极大优势的核心竞争力。

当然，创新创业人才的培养还有赖于那些有利于人才成长的创新文化和创新氛围。因此，提倡独立思考、弘扬个性、营造创新文化、允许失败、允许试错、允许纠错是培养创新型人才必要的文化机制上的创新，这需要全社会营造一种宽容的态度和创新文化的氛围。

（二）创业教育要弘扬企业家精神

创新创业人才有自己的定义，除有一定的文化知识、科学道德素养之外，最重要的就是事业心与开创能力的形成，这是获得"第三张教育通行证"的能力。事业心与开创能力是以学术能力和技能的培养为前提的，只不过在现行社会中要挑战未来，挑战自我，真正解决人的生存与发展问题，必须持有"第三张教育通行证"，否则前两张教育通行证是无效的。它的具体表现就是，如果毕业后找不到现成的工作，就只能"等、靠、要"。

目前，在我国这种情况比较普遍。大学毕业生普遍缺乏这种意识和相关技能，我们必须反思现行教育体制的弊端。

国外有时把创业精神翻译成企业家精神。企业家是新兴的管理阶层，在工业社会，他们是超越农业社会、跑在前面的那些人，因此他们创造了大量的就业机会，又迅速转化了大量科学技术和发明专利。在知识经济社会，在信息高速公路上，新兴的企业家阶层是跑得最快又在最前面的人。

世界上有很多中途辍学但创业成功的企业家。我国的不少中小企业家也是这样，他们的学历水平不高，但能抓住机遇，创业成功。而受教育较多的大学生由于思想意识、创业素质不够，面临就业难的困惑，这是非常值得反思的一个教育问题。这种企业家的精神（开创能力）除天赋、禀性外，大都是在后天学习实践中获得的。如事业心、责任感、机会识别能力以及敢于冒险、充满激情、智慧创意都是可以通过培养、训练在实践中获得的一种本领。这就是我国高校创业教育要解决的根本任务，也是建设新型大学的任务。关键是思想要解放，教育观念必须更新。

因此，培养企业家精神、传播企业家精神、教授企业家精神与创新创业人才的培养目标是完全一致的，也是确立"第三张教育通行证"的历史任务，这既是时代的要求，也是我国建设创新型国家、高校培养创新创业人才的历史责任。

二、美国名校创业教育的价值导向

美国名校的创业教育体现了实用主义哲学的指导思想、服务社会的理念、基于学校特色和先进的课程理念。借鉴美国名校的创业教育经验，我国大学开展创业教育要强调以社会需求为导向，以学校特色为保证，以教师主导为抓手，以学生发展为目的。

从 1919 年美国霍勒斯·摩西创立的青年商业社开始，美国创业教育走过了百年的历史，其中经历了在中学开展商业教育，在大学开展课程教育、创业教育和学位教育的阶段。在这一历史进程中，创业教育经由百森商学院、哈佛大学、斯坦福大学等个别高校的率先行动，逐渐扩展到 1 600 多所大学的协同运动。斯坦福大学哺育出来的硅谷、麻省理工学院师生开办的遍及全球的 4 000 多家企业、威斯康星大学将大学的"边界"界定为威斯康星州等的行动与理念体现了现代大学发展过程中极其强烈的价值取向和卓有成效的行为方式。

（一）美国名校创业教育的课程体系及价值导向

1. 百森商学院的创业教育

自 1919 年成立以来，百森商学院就是创业学领域的领导者，以创业教育方面的特色与专长为世界所公认。其本科创业教育课程屡获《美国新闻和世界报道》的第一排名。《华尔街日报》在 2001 年把百森商学院的"毕业生创业技能"列为第一。杰弗里·蒂蒙斯教授不仅是该校开展创业教育的杰出教授，还是美国创业教育的领袖人物，由其主持设计的创业教育课程方案是美国各高校公认的创业教育课程范式。

百森商学院创业教育的课程体系共分为五部分：战略与商业机会、创业者、资源需求与商业计划、创业企业融资、快速成长。"战略与商业机会"课程主要阐述发现和挑选创业机会的过程，说明什么样的机会能够促成高发展潜力企业的创建，如何充分发掘自己的创造性才智，如何制订个人创业计划，如何模仿成功创业者的行动、态度、习惯和战略。"创业者"课程主要阐述创业者应具有的基本素质，分析创业团队在成功创建风险企业中的重要作用，以及创业者应该如何处理在组建新型风险团队时遇到的关键性问题和障碍。"资源需求与商业计划"课程主要阐述成功创业者如何制订商业计划，寻找资金来源、发展战略联盟、获得商业运营许可证等创业知识。"创业企业融资"课程主要阐述债务资本市场的新现实情况、如何部署融资和筹资战略、如何寻找股权投资者并与其打交道、如何在资本市场中获取债务融资等。"快速成长"课程主要阐述新建风险企业在成长过程中可能遇到的具体问题和危机，介绍风险企业所经历的发展阶段及其独特性、避免及摆脱困境的方法、领导和管理方面突破性方法的特征。

百森商学院创业教育的课程内容采用了模块化结构，它们主要由基本理论、案例分析和模拟练习等模块组成。课程通过分析、综合、比较研究的方法，把一个成功创业者所必须具备的意识、个性特质、核心能力和社会知识结构系统地进行了整合，体现了创业教育所具有的科学教育与人文教育的融合、智力开发与非智力教育的融合。这种系统化的课程设计有效地保证了创业教育理念的落实和教育目标的实现。

2. 麻省理工学院的创业教育

麻省理工学院创业中心提供了 35 门创业相关课程，这些课程主要分为五大类。第一类，以商业计划书为中心的一般性创业课程，如历史最悠久的"新企业商业计划的具体细节"等。第二类，创业活动的一些专业性、知识化课程，如"创业管理者法律知识""创业营销""创业金融"等。第三类，专业技术领域的创业教育，如"软件商业""培养创新精神""能源创业""生物医药企业的战略决策制定""数字创新"。第四类，体验性创业课程，如著名的"创业实验"和"全球创业实验。第五类，特殊的创业课程，如"公司创业""社会创业"等。

在创业教育教学方面，麻省理工学院强调教学方法的多样性，注重创业经验的传承。通过邀请校友分享创业课程和突出他们的亲身体验等是其突出的特色。比如，"十字路口的公司：CEO 的观点"课程让学生在与一些顶级 CEO 的交互学习中受益；"硅谷创业研究观光"课程则通过深度的硅谷团体观光，聚焦于理解一个创业生态系统；"能源创业"课程要求来自管理、工程和科学的学生团队将选择和评价一个能源创新，开发一个计划来创造一个新企业，并执行它直至实现。

除了创业中心外，麻省理工学院创新辅导服务中心的创业教育也非常有特色。该中心是在教务长办公室资助下成立的，其基本信念是仅具有一个好的思想和商业计划，而没有足够的经营技能和经验相匹配，那么创业是很难成功的。因此该中心将有潜力的创业者与有经验的志愿者顾问匹配起来，由 3～4 个有经验的顾问团队为创业者提供 1 学期的免费辅导。

3. 斯坦福大学的创业教育

斯坦福大学的创业教育是在创业活动的推动下发展起来的。20 世纪六七十年代，硅谷创业的高潮使人们对创业教育的需求大大增加。1967 年，斯坦福大学商学院首次开设了一门创业教育课程，随后便不断拓展、完善创业教育领域。1996年，斯坦福商学院成立了创业研究中心，为适应网络时代的到来，还一度成立了电子商务和商业中心。现在，斯坦福大学商学院还拥有社会创新中心、全球商业和经济中心等与创新创业相关的研究组织，开设了创业管理、创业和风险投资、管理成长型企业、技术和创新战略管理、公司创业、全球市场、国家政策和企业竞争优势等 21 门创业课程。这些课程主要面向 MBA 学生，也有一小部分课程对其他院系开放。

斯坦福工学院为培养（未来）工程师和科学家的创业技能，专门向本科生和研究生开设了数门与创业相关的课程，如为本科生开设"技术创业企业的管理"和"高技术创业入门"等介绍性的课程，为研究生开设高技术创业管理、全球创业营销、技术创业等更为深入讨论的课程，为博士生开设创业学科领域的研讨课。医学院、法学院、教育学院也开设了 1～3 门创业方面的课程。

（二）美国名校创业教育的理念及价值导向

1. 实用主义哲学的指导思想

美国信奉实用主义哲学。自进入 21 世纪以来，世界经济整体形势发生巨变，社会经济发展日益向服务化、创新化及多元化方向发展，促使第三产业及灵活的小企业成为世界经济发展的主动力，并伴随着社会就业形势及职业构成的急剧变化。美国经济学家的研究证明，在未来的经济发展中，中小企业将是美国经济发展的主体，是更多就业机会的创造者。在这种时代背景下，美国社会对美国大学教育进行了积极的干预，强烈要求大学走出知识的"象牙塔"，注重学生创新、创造能力的培养，以帮助他们适应不断变化的社会职业环境，面对新的就业机会和挑战。为了满足经济社会发展的需求和促进新时期青年更好地成长，美国大学纷纷调整自己的教学目标和人才培养的价值取向。在实用主义哲学思想的指导下，创业教育（包括培养学生的创业精神、创业技能和创业品质）成为美国大学教育的主流价值取向，乃至一些大学把它作为立校的根本。

2. 服务社会的理念

美国大学始终强调服务社会的理念。作为美国大学的第一门创业学课程，1947 年哈佛大学商学院 Myles Mace 教授开设的"新创企业管理"在其后 20 余年的时间里并没有得到很好的响应。究其原因，主要是美国在 19 世纪五六十年代正处于大工业化时代，经济快速增长，大公司繁荣发展，小公司不断减少，创业教育缺乏成长的社会环境。这种情况在 19 世纪 70 年代发生了根本的转变，由于中东石油危机引发战后最严重的世界性经济危机，世界各国相继出现大批企业倒闭、工人失业现象，大批失业人员流入社会引发社会问题，青年失业危机进一步加深。于是，创业教育作为一种战略选择得到各国政府的大力推行，美国大学的创业教育随即进入迅速发展阶段。到 2005 年，美国多达 1 600 多个学院开设了 2 200 多门关于创业的课程，成立了 100 多个有关创业的研究中心，累积了超过 4.4 亿的基金资助，44 本学术性期刊和主流期刊就创业相关的问题展开了研究。已有的数据表明，自 20 世纪 80 年代以来，虽然财富 500 强企业消减了 500 万个工作岗位，但是新增工作岗位达 3 400 万个，美国平均每年新创企业多达 60 万个，1996 年新创企业提供了 1 600 万个新的工作岗位，67% 的新发明来自新创企业。

3. 基于学校自身特色

在美国大学的发展中，市场机制作为主要的办学机制，优胜劣汰的市场法则是其基本的生存法则。大学要发展，要在竞争中取得优先，获取更多、更好的资源，必须强化自身特色，坚持特色取胜之道。作为创业学领域的领导者，百森商学院始终把培养学生的创业意识放在首位。百森商学院的创业教育主要由创业教育研究中心承担，其宗旨是全力帮助学生发展创业式的思维方式、进取心、灵活性、创造力、冒险的愿望、抽象思维能力以及视市场变化为商机的能力。其模式是通过创新性教学计划、外延拓展计划以及学术研究来支撑创业教育。哈佛商学院通过建立针对创业管理的资料和案例库，为学生提供良好的学习和研究环境。他们非常注重对学生创业意识、创业精神和创业技能的塑造和培养，强调通过校友在社会实践或工作中的遭遇反馈而写成的案例来系统学习创业知识，以培养学生的实际管理经验。斯坦福商学院在强调实际管理经验的同时，还强调对经济、金融、市场运转等理论的学习与研究。学院开设的创业管理课程，除了提供许多有关创业财务筹资的课程外，还非常重视创业战略的学习与研究，尤其是对创业过程中各阶段、各层面的策略与操作议题以及产学合作、产业网络等环境方面议题的研究。针对理工类大学的特点，通过系统的创业知识的学习，注重应用导向和学科间的优势互补，强调把"点子"转变为完整的企业。

4. 先进的课程理念

人才培养目标的实现关键在于好的课程资源与组织实施。美国大学在实施创业教育过程中，始终把课程资源建设放在首位，课程资源的建设与组织实施始终围绕培养创业型人才的需要展开。百森商学院有 35 名专职从事创业教育和研究的教师，通过设计创业课程教学大纲、组织实施外延拓展计划以及资助世界上最著名的一个学术研究会来支撑创业教育。创业课程教学大纲包括 33 门课程，这些课程以特色和富有创意著称。比如，"新生管理体验"课程，新生被划分为若干团队（小组），在教师指导下制订创业计划，以团队的形式贷款 3 000 元美金作为原始资本启动一家新公司，公司在学年结束时要还本付息，利润部分作为学生开办慈善事业的基金。外延拓展计划包括百森种子基金、百森孵化器、创业者日等。学术研究有创业研究协会（ERC）和世界著名的百森学院考夫曼创业研究基金会等。

（三）美国名校创业教育价值导向的启示

1. 以社会需求为导向

美国名校创业教育充分体现了以社会需求为导向。在美国，随着以电子通信、网络为代表的知识经济的快速发展，创业的必备条件得以简化，有形的资金、设备、场地等硬件更加容易与个人的知识和创新能力相结合，从而使大学生创业成为可能。美国政府、社会、学校为大学生创业提供了便利的条件，包括简便的新公司申请手续、健全的信用制度、充足的资金支持、广泛的社会援助等。灵活的教育体制使大学生创业的时间得以保证。同时，美国名校的创业教育强调建立在完整的创业教育体系之上。美国把创业教育纳入国民教育体系之中，内容涵盖从初中、高中、大学本科到研究生的正规教育。美国大学创业教育的发展经验告诉我们，大学创业教育的开展必须以社会需求为导向，大学创业教育的成效取决于一个完备的社会创业生态系统。大学创业教育的开展就是以认识、理解、发现、利用社会创业生态系统为出发点，激发学生的创业意识与精神，增加学生在社会创业领域方面的知识，增强他们在社会创业方面的技能。

2. 以自身特色为保证

美国名校创业教育都强调基于自身特色。百森商学院强调培养学生的创业意识，哈佛大学强调培养学生的实际管理经验，斯坦福大学强调培养学生系统的创业知识。可见，不同高校开展创业教育的侧重点是不同的，它必须与高校自身的特点紧密结合起来，从而呈现自身的特色。一所高校的历史发展、文化积淀、专业设置、学科特色、教师队伍等都是不同的，开展创业教育要充分发挥学校优势、优质教育资源的作用，与各个高校的人才培养特色紧密结合起来。

3. 以教师主导为抓手

师资是保障创业教育有效开展的关键，美国名校的创业教育都强调师资力量的配备。百森商学院有35名专职从事创业教育和研究的教师，开发设计了33门创业教育课程，并于1980年第一个设立创业学讲座教授席位。百森商学院要求创业教育师资中必须有创业风险投资家、创业家、实业家和初创企业的高级管理人才。除了专家、学者外，美国名校创业教育师资还强调兼职教师队伍建设，包括聘请企业家、创业者，通过短期讲学、案例讨论、创业论坛等方式参与学校创业教育项目。创业教育师资队伍建设是开展创业教育的前提条件与基本保障，高质量的创业教育师资队伍应该成为高校开展创业教育的着力点和突破点。

4. 以学生发展为目的

美国名校创业教育强调把"为每个学生的自由发展服务"作为自己的办学理念。大学教育的目标是为学生的多元化发展服务，而非仅仅为获得一份工作的"就业式教育"，大学教育不仅要强调赋予学生就业的一技之长，还要提供灵活的以学生的需求、兴趣为主导的多元化教育。正如百森商学院创业中心主任比尔拜格雷夫所倡导的，大学实施创业教育是为了帮助学生发展创业式的思维、进取心、灵活性、创造力、冒险的愿望、抽象思维能力以及视变化为商机的能力，这是美国大学为每个学生自由发展所应做的和应提供的有效服务。

三、大学生创业教育具有什么样的价值

（一）高等教育发展中的困惑

不可否认，创业教育重要性凸显的直接原因有：大学生就业压力巨大，大学毕业生人数逐年增加，而且多年来毕业生的即期就业率也一直在 70% 出头徘徊；经济转型发展，国家正努力调整经济结构，以免陷入"中等收入陷阱"；创新型国家建设，提高自主创新能力是未来发展的方向。因此，2015 年的全国教育工作会议明确提出要着力调整教育结构，深化高校创业教育改革。

几十年来，我国高等教育发展的方向是明确的，路径也没有问题，却产生了困惑。比如，我国每年发表的论文数位居世界第二，但依然不是创新型国家；高等教育规模早已位居世界第一，但不是高等教育强国。

（二）创业教育的即期和长远价值

国家要推动大众创业，是因为存在就业难吗？回答无疑是肯定的。国务院多次下发文件明确地提出"积极推进创业带动就业"，经济保持 GDP7% 左右增速的原因之一也是为了就业。因此，大学生创业教育的即期作用得以凸显。

对高校自身而言，毕业生就业问题的焦点不是数量，而是质量。数据显示，高校毕业生数量和国家经济发展总体是相适应的，但是还会出现就业难，其实是高校人才结构和培养模式出了问题。当前，我国大学生创业的成功率还很低，为什么呢？因为绝大多数的大学生并不拥有创业的基本要素——资本、经验、人脉、市场。它们恰恰是处于学习阶段的学生的弱项。这不是说我们不该提高创业率，

而是要进一步找到问题的根本，即创业教育的长远价值。

当把创业教育只作为一种具体的教育行为时，它的作用是眼下的。但当将其作为一种未来人才培养规格看待时，就有了教育模式的含义。即如果仅把创业教育理解为可以缓解大学生就业难，而需要扩展渠道、鼓励自主创业虽然有这种因素，但这也就把创业教育的意义说小了。创业活动可以真实地发生，也可以是一种意识或者精神的培养。创业教育更是一种企业家精神的孕育。

（三）创业教育需要高校整体设计育人模式

高等教育是一个系统工程，有自身的规律，不是强调什么就增加什么的简单加法。在创业教育中，还需要明白创业活动是真实的，而不是书本上的，创业教育是历练出来的，而不是说教出来的，学术创业者需要整合技术、资金、市场等多种要素，特别是要有捕捉市场需求机会的能力。因此，高校的创业教育要对自己的育人模式有整体设计。

一是育人思想。《中华人民共和国高等教育法》规定："高等教育的任务是培养具有创新精神和实践能力的高级专门人才。"党的十八大报告强调教育必须为社会服务。高等教育要培养学生的社会责任感、创新精神和实践能力。

二是育人内容。高级专门人才需要通过知识、能力、素质来实现，能力主要包括知识、技能和思维能力。现在我国的高等教育在培养人方面，知识灌输的内容过多，这是重大缺陷。创业教育的大部分内容其实是需要包含在高校专业教育的实施过程中的。

三是育人模式。高校的基本育人模式应该是文化熏陶＋专业学习＋实践活动。当然在具体实施方式上，各校可有异同。

四是学术创业。创业可以有创新，也可以没有创新，但高级专门人才的创业活动应包含知识和科技的成分，即有创新。所以，对于大学生创业，笔者的观点是，希望能走学术创业或专业创业的道路；有其他创业机会也不回避、不放弃；没有创业，选择就业，仍可以考虑岗位创新和创业；待将来把创业的要素积聚起来，便可以走向创业。

所以，高等教育阶段的创业教育要以专业教育为基础，要有实践内容，重点是培养学生的创新精神和创业意识。

四、大学生创业广谱式教育价值

大学生创业教育难道仅面向那些具有创新意愿和创业能力的部分学生吗？答案显然应该是否定的。要实现创新型国家战略目标，大学生创业教育的价值取向应当是广谱式的，即面向绝大多数大学生。

（一）要适应创业教育学科发展的需要

（1）从创业教育学研究对象视角来看，广谱式创业教育实践体系研究是对创业教育学科研究的丰富与发展。创业教育学以创业教育的现象和事实及其规律与本质为研究对象，这些现象和事实、规律和本质都逻辑地、内在地蕴含在创业教育实践这一极其复杂的人类社会实践活动中。因此，要研究这一现象和事实，要把握其规律和本质，首先就要把目光投注在创业教育的实践活动上。离开了对创业教育实践活动的研究，创业教育学就成为无源之水、无本之木，就失去了实践基础。创业教育实践是创业教育学的有机组成部分，对其体系进行完整、系统、科学的研究和构建则是创业教育学科深入发展的必然需要，具有理论研究和实践探索的双重价值和意义。

（2）从创业教育学科理论转化视角来看，广谱式创业教育实践体系研究有助于创业教育学科理论的转化与吸收。创业教育实践研究包括三个不同层面的内容：一是创业教育实践活动本身，我们将此层面概括为实践层面或微观操作层面；二是根据创业教育实践活动总结出的经验和认识，我们将此层面概括为初级认识层面或中观总结层面；三是根据实践活动及其经验而抽象、概括出来的创业教育思想和理论，我们将此层面概括为高级认识层面或宏观理论提升层面。这三个层面既有联系，又有区别，对构建创业教育学科体系和构建创业教育实践体系等理论内容都具有不同的价值和作用。学者彭钢对这三个层面内容的关系做了清晰的阐述，他指出，创业教育实践活动是经验、思想、理论的实践基础，它的实际内涵比概括出来的认识、经验、思想、理论丰富得多，因而潜藏着丰富的素材和资源，具有多次加工处理的可能性。问题是如何通过已经建立起来的创业教育学的逻辑结构的分析、转换机制和问题探索规程，使之从未知转化为已知。认识和经验较之实践活动的丰富多彩，显得概括和抽象，经过了加工和提炼的过程，但又比思想和理论具体、实在和鲜活，既可以直接纳入创业教育学的逻辑结构，也具有再次加工和开发的潜在价值。思想和理论是一种抽象化和概括化的东西，它已经揭示和触及创业教育的某些规律性和本质性的东西，因而已具有知识和材料的统摄和整合作用，可以通过一定的分析、转换机制，经过重新解释、说明和界定，吸收、归并到创业教育学体系中，成为创业教育学的有机组成部分。通过这样一个过程，广谱式创业教育实践体系研究将会有效地促进创业教育学科理论的转化与吸收。

（3）从创业教育培养目标视角来看，广谱式创业教育的实践体系研究有助于对开创型个性的深刻理解和展现。有学者指出，开创型个性作为创业教育的培养目标，是指善于在已有的社会秩序、规范、条件、关系和格局下，创造新的秩序、规范、条件、关系和格局，由各种心理要素共同参与并综合表现在身心各个方面，明确指向和影响实践活动过程和结果的心理特征和行为特征的总和。我们可以从以下三个层面理解和把握这一概念及其与社会实践活动之间的关系：一是开创型个性是在社会实践活动中发展和形成的，同时必将自主、积极、能动地反作用于社会实践活动；二是开创型个性在社会实践活动中必然唤起主体各种心理因素的共同参与，并综合表现在个体身心各个方面；三是开创型个性是心理特征和行为特征相互交融、相互依托的总体性概括，因此其指向性十分明确，即指向社会实践的过程和结果。通过对开创型个性基本内涵的介绍和分析，我们可以得出开创型个性与社会实践活动之间有着密切的关系，它时刻需要通过社会实践活动这一环节来展现并发挥作用。社会实践活动又是广谱式创业教育实践体系的重要组成部分。因此，开展和加强广谱式创业教育实践体系研究可以有效地促进我们对开创型个性的理解与展现。

（二）适应高等教育自身发展的需要

（1）从高等教育人才培养功能视角来看，高等教育应构建一种创新人才培养机制来提升自身的核心竞争力。高等教育是国家持续发展和提升国际竞争力的智力资源，在市场经济社会，高等教育的地位和功能面临新的挑战，即高等教育的传统职能（文化传递、专业技能传授等）尚可维持，但其单纯的科研、教学功能已不能适应当今社会的需求。在政府的改革推动下，在企业经营的成功范式下，未来高等教育的核心竞争力是构建以培养学生的人文和科学素质、就业和创业技能、创新和创业精神为主的机制。近年，我国颁布的《国家中长期教育改革和发展规划纲要（2010—2020年）》中明确指出：加强就业创业教育，提高人才培养质量。可见，国家已将通过加强创业教育，提高高等教育人才质量这一具有前瞻性的战略摆在了教育持续发展的高度并加以重视。大力发展创业教育及其实践，引导大学生积极就业创业，培养大学生的实践精神、探索精神、冒险精神和创业能力，将是我国高等教育创新发展、提升核心竞争力的有效途径之一。

（2）从高等教育国际化发展视角来讲，开展创业教育有助于促进高校的国际化发展。全球化是当前高等教育改革与发展的一个基本背景，尤其是发展中国家的高等教育领域几乎所有的改革措施都自觉或不自觉地将发达国家的成功经验与模式作为学习与借鉴的对象。相对于其他高等教育课题来说，虽然实施大学生创业教育在发达国家也是一个相对较新的领域，但相比较中国而言，欧美发达国家却已经积累了相当多的经验，无论是在课程、师资方面，还是在办学模式和实践探索方面，都可以为发展中国家发展大学生创业教育提供借鉴经验。同时，我国高校在实施大学生创业教育方面缺乏经验，而全球化浪潮下，高等教育国际化趋势日益明显，再加上近些年来，随着我国加入 WTO 之后，高等教育领域合作办学的扩展，都为我国的高等教育机构提供了在创业教育方面进行合作办学的良好契机。

从近些年国外高等教育机构与我国高校合作办学的良好势头和我国高校在创业教育方面的激情与巨大社会需求来看，今后类似中欧国际商学院模式的创业教育中外合作办学规模将会得到较大的发展。这种中外高等教育机构合作实施创业教育的方式，既可以很好地借鉴欧美国家高等教育机构成熟的大学生创业教育经验，也可以使我国高校的创业教育在较短时间内综合采用全球优良的教育资源，实现跨越式发展。因此，创业教育是 21 世纪我国高等教育与国际接轨的大势所趋。它的全面系统实施有助于促进我国高等教育的国际化发展。

（三）适应大学生个体自我价值实现的需要

根据人本主义心理学家马斯洛的观点，人的需要由低到高可以分为五种：生理的需要、安全的需要、爱和归属感的需要、尊重的需要以及自我实现的需要。马斯洛在提出需要层次理论的同时指出，能满足自我实现需要的个体在整个人群中所占的比例非常少。因为要达到自我实现，需要付出常人难以想象的努力。越来越多的大学生开始明白，创业虽然难，但是更具挑战性，并且更能体现个人的价值。因此，创业在现实中已经成为我国大学生自我价值实现的需要。根据创业的特点，创业教育实践确实可以帮助大学生个体达到自我价值的实现。

（1）创业教育实践过程有助于大学生个体主体性的实现。在创业教育实践过程中，应以学生的主体作用发挥为主教育者在其中仅起指导和启发作用。例如，在创业计划阶段，大学生可以根据自身专业等优势选择自己的创业项目类型——广告公司、动漫设计或服装设计；大学生可以自主选择创业企业的类型——个人工作室或有限责任公司；也可以自主聘请工作人员。在企业经营阶段，大学生同样有很大的自主性，对企业经营进行决策。大学生的思想在创业教育实践过程中能够得到充分展现。

（2）创业教育实践过程有助于激发个体实现梦想的动机。大部分大学生把创业行为作为自己的一种梦想去实现。创业教育实践全过程等同于一种自我实现动机的激发过程。一旦这种动机被激发，必然会有相应的行为出现。大学生会比平时更努力地去查阅创业企业相关的资料，通过学习获得创业相关的知识或技能，观察并模仿他人成功的创业经验，力求使创业获得成功。

（3）创业教育实践全过程是对自我极限挑战的过程。个体的极限包括很多种类型，如身体极限或精神极限等。这一过程不是对大学生某种极限的挑战，而是对大学生个体综合极限的挑战。创业实践过程的艰辛使大学生个体的身体极限受到挑战，创业过程的风险性和不确定性又使大学生个体的精神极限受到挑战，经历过创业的个体能够实现多种类型的理想。

（四）适应民族创新能力提升的需要

创新是一个民族的灵魂，创业就是这种灵魂的体现。21世纪是一个创新的世纪，创新和创业是这个时代的主题。创新包括程序、制度、法律及组织的创新，也包括理论的创新。它们的共同本质在于解决具体的社会问题，或使社会进步成为可能。创新具有新颖性、前瞻性、艰巨性等特性。创业属于一种组织内的创新活动，是创新的主要体现。进入21世纪以来，世界各国竞争加剧，中国要想在国家竞争中占据制高点，实现从人口大国向人力资源大国转变，进入创新型国家行列，必须挖掘大学生这一最具创新潜力群体的创新能力。这说明了中国大学生创业教育的兴起与民族创新能力的要求是密不可分的。面向大学生群体开展创业教育与实践研究，有助于教育者挖掘出大学生这一群体的创新能力，提高国家和民族的创新力。创业是一种充满风险和创新的活动，从一个新企业的成立到运行、成熟壮大，这一过程能够充分体现和培养个体的创新精神，锻炼个体的创业能力。有学者曾提出，创新应包括三个方面的素质：一是专注，二是勇气，三是特立独行。创业作为创新的一种体现，同样包括三种素质。首先，大学生创业要做好长期奋斗的准备，在困难面前能够坚持下去。其次，大学生创业同样需要勇气，需要放弃安逸的工作、选择不确定的勇气。再次，创业还需要与众不同的行为方式与思想。高校不仅仅是理论家、思想家的摇篮，更是拥有现代经营理念的优秀创业型人才的摇篮。大学生的这种创新精神和创业能力维系着一个国家的经济可持续发展和竞争力。因此，在高校开展创业教育，能够提高学生的创新能力与创业能力，并进一步为整个民族创新能力的提高做出贡献。

综上所述，目前我国高校的创业教育还处于起步阶段，无论从创业教育学科发展角度，还是从高等教育人才培养角度，无论从大学生自身价值实现角度，还是从民族创新能力提升角度，广谱式创业教育实践在高校都有进一步开展和研究的必要性，它的系统、科学推进有助于创业教育整个体系的科学化、规范化发展，有助于促进大学生全面而自由地发展，有助于帮助大学生转变就业观念，将创业作为一种人生态度、作为自己未来的一种职业选择，也为经济社会发展输送大批优秀的创新创业型人才奠定基础。

第五章　新时代大学生创业教育的新模式

第一节　大学生创业教育模式概览

一、模式述评

教育模式是对教育进行有效实践而采取的一种教育策略的集合体系，其特点主要是体现出一定的程序。高校创业教育模式从宏观角度来讲，主要指创业教育的工作体系构建；从微观角度来讲，主要指创业教育的课程设置、教学实施、师资组成和实践活动等。

在对创业和创新创业属性研究的基础上，我们进一步考察创业教育模式。当前，较流行的创业教育模式主要有素朴的创新创业教育模式、商学院创业教育模式、广谱式创新创业教育模式（专业型创新创业教育模式）、创业型大学模式等几种。

（一）素朴的创新创业教育

国内创新创业教育的初级阶段主要表现为举办和引进竞赛，本书称其为素朴的创新创业教育。1989年，在国家教委的统筹下，清华大学等高校和全国学联、中国科协等单位联合发起举办了首届"挑战杯"大学生课外科技活动成果展览暨技术交流会。随着社会对创业的逐渐熟识以及国外创业教育不断被介绍到国内，20世纪末，清华大学经济管理学院的青年学生把美国创业计划竞赛引介到国内。1998年，清华大学举行了中国最早的学生创业计划竞赛。1999年，共青团中央、全国学联等单位主办、清华大学承办的首届"挑战杯"中国大学生创业计划竞赛成功举行。在这一阶段，竞赛成了推动创新创业教育最有力的动力。国内创新创业教育研究基本上都会涉及"挑战杯"，在这一品牌下汇聚了创新竞赛和创业竞赛两个子品牌，并对其进行严格区分来宣传引导。创新竞赛是指课外科技创新成果方面的学科竞赛。创业计划竞赛采用风险投资模式，参赛者组成竞赛小组，围绕一个具有市场前景的产品或服务概念，以获得风险投资为目标，完成创业计划书。在设计竞赛的过程中，创新与创业从一开始就被分割开来，使创新创业教育明显地先天不足，创新和创业成了完全不相关的两件事情，导致在后来的竞赛管理中存在着诸多问题，如参赛人员直接使用老师的科研成果、创新竞赛成果直接用于创业竞赛等。在这一阶段，高校师生对创新创业的需求已经有了萌芽，素朴创新训练和创业竞赛满足广大师生素朴的创新创业需求。之后，创新创业竞赛的发展逐渐有学科化、专业化的趋势，如全国大学生智能汽车竞赛、全国大学生节能减排竞赛、机器人竞赛等，更加偏向于科技成果的转化应用问题，偏向于知识的资本化。

（二）商学院创业教育模式

商学院（管理学院）内部创业学科的发展被称为专业模式或聚焦模式。2004年，教育部在浙江大学设立了"创业管理"硕士点和博士点，在本科阶段设立"创业管理"方向，并与国外多所专业院校建立了国际合作课程。同时，中国高校开始广泛引进国外创业教育项目，SYB（Start Your Business）、KAB（Know About Business）等创业教育项目和课程在中国的商学院里得到了推广。2009年，浙江大学与百森商学院等国际一流商学院联合创办了"全球创业管理"硕士研究生项目，在国内掀起了一股以商学院为主力军的创业教育潮。而学界对商学院模式的弊端已有较深刻的认识，其受经济学影响太深，照搬了商学院的教学方式，过于聚焦企业管理，该模式让商业计划成了创业的代名词，并将其置于核心位置，削弱了非商业环境下创业的潜能，创业环境过多地集中在市场模式，教学设计集中在创业行为的培养，忽略了创业技能、态度的培养等问题。高校很难接受这种以商业为主导的模式，需要对创业教育模式进行有效改进。从本质上来说，商学院模式不同于其他创新创业教育模式，不同之处在于它所传授的就是创业知识本身，即为了创业而学习创业。这种模式应该属于创业属性中的建构范围，这和创新创业教育传授创造性工作的宗旨是不一致的，对于创新创业教育而言应该是一种非典型模式。真正的挑战是构建一个新的模式，将商学院已经发展了50余年的教育模式取而代之。

（三）创业型大学模式

创业型大学模式被认为是继教学型、研究型大学之后的第三种大学模式。创业是大学从知识的保存、传播和创造的基本功能之外，衍生出的第四种功能。亨利·埃兹科维茨认为，经常得到政府政策鼓励的大学及其组成人员对从知识中收获资金的兴趣日益增强，这种兴趣和愿望又加速模糊了学术机构与公司的界限。创业型大学模式的关键是建构了以知识资本化为中心的大学—企业—政府三螺旋关系，大学、企业和政府是平等的，在促进创新和产业进步的过程中，一切以需求为核心。这一模式具有大学高层管理者全力支持、自上而下推动的特征，广泛成立专门开展创业教育的机构，建立跨学科研究中心，同时努力培养学生的创业行为、创业技能和创业态度，注重学生创业情感、智力的发展。有学者对美国排名前 38 的大学的创业教育模式进行研究，发现有 74% 的高校采用全校性创业教育模式。所以说，创业型大学模式成为大学生创业教育的主要趋势。

国内有的学者将创业型大学作为创新创业教育的一种高级形式，这值得商榷。一方面，创业型大学所指的是大学治理、高等教育管理层面的问题，这是组织转型的问题，是教学型、研究型大学如何更好地发展的问题；另一方面，创业型大学显然涉及创业教育，创业教育只是创业型大学的一部分或者其中的一个显著特征，更直接地说，创业教育已经融入创业型大学。

目前，创业型大学是否是大学发展的一个确定性阶段有待商榷，同时，创业型大学在国内普及是否同样有效也有待观察。因为国外创业型大学是建立在研究型大学基础上的，而国内却并不如此，可以说是百花齐放、百家争鸣，各种层次类型的大学都在探索创业教育。从逻辑的可能性上来说，各种不同层次的大学需要不同类型的创业教育。

二、策略研究

国内创新创业教育发展经历了素朴的创新教育和创业教育、传统商学院组织模式、创业型大学组织模式等多个阶段、体系和模式，其内容从以商业计划为核心转向以创新创业能力培养为核心，教育对象从以商学专业学生为主拓展到面向全体学生，教育特征从具有"广谱效应"的模式发展到专业化、技术化的创新创业教育模式。这对宣传鼓动、营造氛围、形成文化起到了重要作用。从创新创业教育模式的发展过程看，具有"广谱效应"的创新创业教育延伸发展了商学院模式，但未能真正实现知识资本化。具有"广谱效应"的创新创业教育实现了创新创业量的增长，需要解决的是质的提升。同时，国内大多数高校难以达到创业型大学的要求，同时要摆脱商学院的弊端已成为一大难题。这一系列问题指向的是构建适合当前教育水平的创新创业教育模式，以切实提高国内创新创业教育的效率和质量。

（一）明确高校创新创业教育的定位

创业的概念具有丰富的外延。这个概念不但很难讲清楚，而且一直在变化，用马克思的话说叫作"实践的概念"。几乎所有的学科都是根据自身热点问题，对创业稍加关注，很少有学科会主动去考虑创业的基础理论及自身的理论构架，甚至对创业的概念没有严格按照形式逻辑中关于"种差＋属"的定义方法来界定，而是以较为随意的类比、列举、描述等方式来界定。这就使创业在高等教育中的运用成了一件具有危险性的事情，因为传授给学生的"创业"一方面没有经过严密的科学论证，另一方面在实践中的可操作性一般化。所以，高校开展创新创业教育要进一步明确的是开展具有探索性的创新创业，而非一般性的商业贸易，要努力让师生获得掌握知识资本化的能力。

（二）确立知识资本化的核心地位

国内高校开展创业教育的目标或核心在于培养学生创新创业的能力、意识和精神等，其本质指向的是以学生为主体的教育，这无可厚非，但是只靠理念的指引，效果并不好，这些理念都是完全正确且值得提倡的，但是在操作中却存在诸多困难，不能一针见血地指出创新创业教育的核心。在高等教育所鼓励的创新创业教育中，无论是一般性企业创建还是创新创业，盈利仅只是最基本的需要，知识资本化才是其核心需要。广泛开展创业技能、企业管理知识的培训，最大的弊端就是妨碍了教师和学生对知识资本化的认识，将学术研究、知识学习与创新创业作为两件事情，削弱了高等教育服务经济社会发展的作用。高校的创新创业教育要正确面对这一薄弱环节，努力确立知识资本化的核心地位，以此为核心建构创新创业教育的体系和模式。

（三）处理好知识资本化和非功利性的关系

以创业促进就业是一个好的思路，但这似乎不应该是高校的主要工作，而是应该由政府推动。高校以此为目的普遍开展创业培训，过早地束缚了学生的思维和创新意识，引导学生更多地关注创业的建构属性，在一定程度上剥夺了其探索的勇气。我国高等教育的根本任务是立德树人。创新创业教育作为立德树人的重要组成部分，要摒弃以创业促就业的功利思想或努力让学生通过创业成为百万、千万富翁的实用观点。开展创新创业教育并不是为了让学生成为功利主义的人，而是培养学生创新创业的劳动精神，促使其能够全面发展。美国百森商学院的蒂蒙斯认为，学校的创业教育不是为了解决就业问题的培训，而是为未来几代人设定"创业遗传代码"，以造就最具革命性的创业一代。

（四）鼓励创新创业的草根精神

创新创业从本质上来看，具有非规划性、实用性不明确等特征。特别是创造性的工作是一个不可分割的整体，不是通过灌输创业知识、培养创新精神和创业精神，就能使学生具备创造性工作的能力。2011 年，我国大学生自主创业比例为 1.6%，远低于发达国家 20% 的水平，创业成功率只有 2% ~ 3%，一方面说明创业的难度，甚至可以说风险很大，另一方面说明当前创业教育的效果并不能满足国家和社会的需要。社会上涌现出来的草根创业英雄说明草根精神的可贵，乔布斯在车库里创造出苹果公司，姚欣在学校读书时架构起 PPlive，他们都是草根出身，然而划时代的创新意识、敏锐的市场洞察力、知识资本化的高明运作促成了一桩桩商业史上的传奇。所以，必须营造相对宽松的创新创业教育环境，鼓励学生从自身的专业、兴趣等方面开展主动性的学习研究，并充分保护学生的好奇心。

三、大学生创业教育模式的内涵

从本质上说，创业教育就是指培养学生创业意识、创业素质、创业技能的教育活动，即培养学生适应社会生存，提高能力，使学生掌握创业的方法和途径。高校的创业教育实际上是大学生素质教育、创新教育的一部分，是适应知识经济发展、拓宽学生就业门路和构建国家创新体系的长远大计，也是高等教育功能的扩展。

创业教育是一种使人的素质不断提高的终身教育，而不仅仅是一种专业技能教育。创业教育的核心是创新教育，以发掘人的创造潜能、弘扬人的主体精神、促进人的个性和谐发展为宗旨。

创业教育在 1989 年 11 月由联合国教科文组织在北京召开的面向 21 世纪教育国际研讨会上提出。1991 年联合国教科文组织亚太地区办事处东京会议报告指出：创业教育，从广义上说是培养开创性个性，它对拿薪水的人同样重要，因为用人机构或个人正越来越重视受雇者的首创精神、冒险精神、创业能力、独立工作能力以及技术、社交和管理技能。从狭义上说，创业教育旨在培养学生的创业意识、创业素质和创业能力，通过各种教育手段，不断提高学生的综合素质，以满足知识经济时代对大学生创业精神、创业能力的需求。

目前，我国高校的创业教育还处于起步发展阶段，其中一个值得关注的重要问题就是现有的创业教育模式还不够完善，致使高校大学生创业教育的现实状况与大学生迫切的创业需求存在着较大的距离，这无疑给高校提出新的任务和要求，高校需要努力构建大学生创业教育的新模式。

模式是一种问题的解决思路，它已经适用于一个实践环境，并且可以适用于其他实践环境。换言之，模式其实就是解决某一类问题的方法论，即把解决某类问题的方法总结归纳到理论高度，体现出一定的应用形式或样式。基于这样的定义，我国高校大学生创业教育模式可以归纳出多个类别。比如，研究型大学创业教育模式、教学型大学创业教育模式和服务型大学创业教育模式。又如，可将创业教育模式划分为课堂式创业教育模式、实践式创业教育模式和综合式创业教育模式。由上可知，大学生创业教育的模式不是唯一的，而是多样的，每一所高校都应结合实际选择适合本校的创业教育模式。不管是哪一种创业教育模式，其构成都应该包括五个方面：实施目标、专门课程、训练项目、保障机制、内外环境。

四、高校大学生创业教育模式的现实特点

高校大学生创业教育模式是在现实应用中发挥作用的，随着创业理论研究的深入和创业教育实践的发展，将会出现多种多样的创业教育模式。虽然各个类型的模式呈现出多样性和层次性，但诸多创业教育模式仍具有一些共同的特点，主要表现如下：

（一）导向性

创业教育的最高目标是为社会培养大量创业型人才，使其在工作岗位上发挥才能，成为社会经济发展、科技创新的推动力。这样的目标虽然好，但是不符合实际。而实际需要把握的是大学生创业教育的现实目标，重在培养大学生的创业精神、创业知识、创业意识，达到以创业带动就业的目的，这才是大学生创业教育的根本方向和追求。因此，如今在开展大学生创业教育过程中，要充分认识到模式的导向性，应将以创业带动就业作为最基本的创业教育模式构建与实施要求。

（二）全面性

创业教育是面向高校所有大学生的，其本质就是素质教育。在各个类型的创业教育模式中，其包含的内容都应全面而具体，不仅体现在世界观、人生观、价

值观以及人生规划，还包括创新思维、创造力开发以及创业原理、创业技能、经营实践等。在实际的内容安排上，大学生创业教育内容主要涉及四个方面：创业意识教育、创业知识学习、创新能力培养、创业实践活动。这四个方面的内容构成一个整体，缺一不可。

（三）实践性

创业教育与传统应试教育有很大区别，其更注重理论与实践的结合，没有实践的创业教育是空洞而粗浅的。无论是哪一种类型的创业教育模式，都必须强化理论知识学习与实践应用体验结合、课内安排与课外安排结合、校内教育与校外教育结合，突出创业实践训练环节。要注重引导学生强化实践意识，养成"学中做，做中学"的习惯，鼓励学生积极参与生动的创业实践活动，在实践中锻炼和提高自己。

（四）变化性

创业教育是在持续发展中不断推进的，其内容和形式不是固定不变的，而是动态变化的，所以创业教育模式也必然是发展变化的。这就要求大学生创业教育模式要不断吸取新思想和新技术，在师资、教材、项目、内容、方式等方面及时更新，进而得以改进与加强，使创业教育中的诸多因素能够适时优化，使其日趋完善，符合时代的需求，确保有效发挥其应有的作用。

（五）过程性

大学生创业教育的内容十分广泛，涉及管理学、创造学、心理学、社会学、经济学、法学等相关学科知识，既有理论教学，又有实践训练，需要按计划、分学期逐步落实。因此，大学生创业教育模式的构建与实施应贯穿于大学教育的全过程，绝不是阶段性、片面性的应付，要从大学生入学开始，按照年级分别确定可行的创业教育目标、教育内容，并选择相应的教育方式、方法，做到有计划、有内容、有实训、有标准、有考核。

（六）特色性

高校开展大学生创业教育不能千篇一律，切忌简单效仿。每一所高校应当在现实中求创新、求突破，彰显自身的创业教育特色。从根本上来讲，形成创业教育特色主要体现在模式上，这就意味着高校必须打破僵化、单一的大学生创业教育模式，大力突出模式的个性化和多样性。可以断言，一所大学的创业教育开展得好，其创业教育模式必定是具有特色的，在很大程度上特色决定成效。

第二节　不同类型高校的大学生创业教育模式

创业教育虽然有其一般性，但由于各高校办学类型不同，承担的主要任务也不同，所以不同高校的大学生的创业领域与层次、方式与方法也不同。因此，大学的创业教育模式不能千篇一律，高校必须在坚持创业教育一般模式的同时，结合各自的办学层次与特色，探索具有自身特色的大学生创业教育模式。

一、研究型大学创业教育模式的构建

研究型大学的办学特色从社会职能方面看，是"以创新性的知识传播、生产和应用为中心"的大学；从组织目标方面看，是"以产出高水平的科研成果和培养高层次精英人才为目标"的大学；从办学水平方面看，是"在社会发展、经济建设、科教进步、文化繁荣、国家安全中发挥重要作用"的大学。

研究型大学创业教育模式的构建应具有以下特色：第一，在培养目标上，侧重培养高层次的创业型人才。我国研究型大学有国内一流的师资、一流的生源、一流的实验室，研究型大学在国内不仅科研是一流的，教学也是一流的。这诸多一流必然要求研究型大学创业教育也是一流的，即要培养国内科技界、管理界等领域一流的创业型人才，引领国内经济、文化发展。第二，在课程设置上，在研究生和本科课程中设置创业内容，有助于大学生创业教育的规范化。在这个方面，许多高校已经做了有益的尝试，并取得了较好的效果。总体来说，要以学科渗透原则、第一课堂与第二课堂相结合原则、理论联系实践重在实践原则为基准，拓宽专业教育，淡化专业方向。加强基础，实施整体优化，在基础教学中，尤其要加强学生利用基本原理分析和解决实际问题的能力。在培养实践能力方面，要避免实践能力就是简单的操作技能的误区，重点应该是建立在思考基础上的动手能力、应用能力。第三，在培养方式上，在坚持教学与科研相统一原则的前提下，坚持以学生为本和个性化的培养思路，充分尊重学生的个性、兴趣、爱好、能力、特长的差异，设计一种多样化、模块化的教学内容与课程体系和弹性化、柔性化的教学运作机制，因材施教。同时，结合研究型大学承担科研项目多、科研成果层次和转化比例高的特点，为学生的创业素质培养提供良好的条件，特别是国家重大科技项目，是培养学生创新能力、团队协作和爱国奉献精神的重要载体。

二、教学型大学创业教育模式的构建

教学型大学作为我国高等教育的主力军，量大面广、层次多、类型多，是培养应用型创业人才的主要力量。它和研究型与服务型大学相比具有鲜明的办学特色，这主要表现在：一是在办学层次上，以本科教育为主体；二是在人才培养方面，以培养应用型和复合型人才为主；三是在服务社会方面，以服务地方经济为主。

教学型大学创业教育模式的构建应具有以下特色：第一，在培养目标上，教学型大学要结合自身的学科优势与办学特色，结合区域经济发展的要求，培养大批促进区域经济社会发展的创业型人才，防止盲目攀比现象的发生。教学型大学是培养中等创业型人才的主力军。第二，在课程设置上，调整课程设置，淡化专业设置，增加创业教育的相关课程，拓宽学生知识面，注重通识教育，培养复合型、实用型的创业人才。第三，在培养模式上，要通过课堂教学、实践教学和科学研究的有机结合，强化大学生社会实践活动，提升大学生了解社会、适应社会的能力，提高学生创新、创业的可能性。

三、服务型大学创业教育模式的构建

服务型大学是目前我国高校数量最多、招生人数最多的高校，在中国高等教育中占有重要的地位。根据教育部《2003—2007 年教育振兴行动计划》的要求，服务型大学要以就业为导向，以促进就业为目标，实行多样、灵活、开放的人才培养模式，把教育教学与生产实践、社会服务、技术推广结合起来，加强实践教学和就业能力的培养。

服务型大学创业教育模式的构建应具有以下特色：第一，在培养目标上，服务型大学应该以创业为主线，以学生创业精神和创业能力的培养为重点，以学生德、智、体、美、劳等方面的全面素质培养为基础，以学生主体性和个性潜能的发挥为根本，通过全过程、多方位和多种形式的学习、实践和指导，使学生能够成为社会需要的人才。第二，在课程设置上，要从未来社会每个人应得到的学术性、职业性和证明个人事业心与开拓技能的三本"教育护照"为基本结构，把课程划分为公共课程、专业基础课程、专业课程和创业教育特色课程四大板块，形成适应创业人才培养要求的新课程体系。特别是课程要紧紧围绕所学专业的成熟技术，形成由点到面的放射。第三，在培养方式上，一是依托专业实践基地，加强创业实践训练；二是通过对学生单向技术的传授与训练，使学生能成为掌握一技之长的创业型人才。

四、工科大学生创业教育的模式

创业已经成为世界各国、各地区经济发展和科技进步的重要推动力量。中国工科高校如何进一步发挥自身的优势与特色，构建一个全程式的工科大学生创业教育的发展模式，是一个重大课题。

在借鉴他人研究成果基础上，深入分析工科大学创业教育的特点，提出"在全面工程教育背景下的创业教育"和"基于 CSSO 的工科大学全程创业教育"的新模式，构建创业精神培养、创业知识的传授、创业技能的训练、创业实践的辅导一条龙的创业教育机制，充分整合校内外各种资源，在组织建设、课程建设、理论研究、教育模式改革、实践基地建设、学术团队与师资队伍建设等领域加大创业教育力度，保障创业教育目标的全面实现。

（一）对症下药

全面深入分析工科大学创业教育的现状，摸清工科大学创业教育基本情况，对症下药，提高工科大学创业教育质量。

随着知识经济的发展和世界竞争的加剧，具有较高学历的创业者已成为当今创业的主力军。随着各国就业问题的日益突出和创业热潮的涌现，越来越多的高校大学生开始走上创业之路。

在高等教育迅速发展的背景下，我国的高校毕业生人数从 20 世纪 90 年代的几十万增加到 2016 年的 700 多万。大学生就业问题不仅直接涉及学生的切身利益，牵动着千万家长的心，也是全社会共同关心的问题，它关系到社会稳定和高等教育的健康发展。由于创业活动具有就业倍增效应，一名大学生成功创业不但能解决自身就业问题，还可为社会提供更多的就业岗位，所以支持大学生创业教育逐渐成为各级政府部门的共识。

我们必须看到，工科高校与其他高校在创业教育模式上是有一定差异的。综合性大学和文科大学主要关注学生创业精神和创业素养的培养，着重考虑完善大学生的知识结构和综合素质，强调夯实学生的基础知识和开阔视野。工科大学因执着于工程教育，所以重点关注大学生创业技能的培养，特别是利用工科学生的技术特长进行科技创业。随着创业教育的发展，很多高校认识到，只注重基础知识培养的创业教育和依靠技术驱动的创业教育都是不完善的教育模式。完整的教育模式应当是创业素养和技术特长并重，既注重课堂学习，又注重实践，鼓励学生亲自实践的教育，这也体现了全面工程教育的精髓。

（二）进一步明晰工科大学创业教育的任务

近年来，中国大学生特别是工科大学生的创业热情逐步高涨，涌现了大批成功的创业企业。本书从全面工程教育的视角出发，对中国工科大学创业教育模式进行探讨，提出工科大学全程创业教育的四个培养目标和保障措施。

（1）培养掌握现代科学技术的大学生创业者，依托现代科学技术创办高科技企业，有助于科研产业化，提升创业水平和层次，实现科技为经济发展服务。

（2）培养具有创业精神的大学生创业者，使受教育者在未来工作中具备开拓精神，追求卓越，能够在组织内不断开拓新事业。传统的高等教育在培养目标上存在着"知识性、专业性"的片面性，忽视人才素质的全面发展，过分强调人才对现实社会环境的被动适应，而忽略了学生个性的发展和创造性的培养，很少考虑学生充分发挥自己的主观能动性和创造性，不重视教育学生认清对社会环境主动适应和能动改造的重要意义。部分学生情愿待在家里等好运气，也不愿接受企业一线的操作岗位，这正是缺乏创业教育的体现。因此，就业难等社会问题和大学生缺少创业精神有关。在就业竞争十分激烈的形势下，创业教育要使学生做好就业意识、技能和心理方面的充分准备，增强离校后的社会适应性，具备自我发展的信心和能力，具有服务社会的职业理想和创业意识。

（3）培养能胜任创业企业管理职位的复合型人才。并非所有的大学生都适合创业，想创业和实施创业之间是有差距的。工科高校的创业教育不仅要培养具备开创新企业的能力的创业者，还要培养胜任企业管理职位的复合型人才，使大学生具备将来从事职业所需的知识、技能和特质。当前高校的企业管理教育关注点在非创业企业管理上，更多关注成长性或成熟企业。然而，创业企业管理与现有教科书的理论和案例存在很大差异。如何兼顾企业创业问题和创业企业管理，同时处理好现有企业管理教育的问题，就成为创业教育需要解决的问题。

（4）培养了解创业企业特点、能为创业企业提供服务的人才。工科大学生具备对创业企业"硬"技术的深入了解，但是缺乏"软"技术的支撑。这就为创业教育提出了新的要求，即培养了解创业企业特点、懂得创业企业运作流程和问题、能为创业企业提供服务的管理人才。

（三）构建 CSSO 的工科大学创业教育思想体系

根据工科大学教育的特点以及对创业教育目标的认识，本书提出了基于 CSSO 的全程创业教育新模式。

CSSO 就是由"构思（conceive）—策划（scheme）—模拟（smiulate）—运作

（operate）"四个环节构成的全程创业教育新模式。其主要思想就是大力加强本科教学中创新创业理念的渗透，规范创业教育课程的教学与管理，积极建设创业教育第二专业和辅修模块，完善大学生创业教育的课程教学体系。

"构思"是指在创业教育课程的内容安排上，采用模块化结构，按照创业概论、创业者的个人素质、创业计划、创业融资、企业申办程序、创业管理和创业风险的教学体系，对企业、创业等职场元素进行分解和介绍，在教学方式上更加强调互动性和启发式、参与式教学。积极支持学生进行工厂调研实践，鼓励学生寻找和发现市场需求。完善创业培训班的组织机制，鼓励学生开展创业头脑风暴活动，组织创意文化和创意产业论坛，激发学生创意。

"策划"是指组织学生跨学科组成创业策划团队，依托学校化工学科科技成果，提供易于成果转化的新型化工产品和化工技术服务，通过市场调研、战略规划、财务分析等分析研究工作，独立撰写商业策划书。同时，组建由校内外创业教育专家、学者和风险投资家组成的智囊团，全程指导创业团队的创业策划。每年组织校内创业计划竞赛，选拔优秀作品参加上海市和全国大学生创业计划竞赛。

"模拟"是指通过角色扮演、头脑风暴、商业模拟游戏、创业人物访谈、团体游戏、小组项目、纸笔练习、案例讨论等多种形式，使学生在开放、愉快的学习环境中，了解从产生商业想法、写出商业计划书、组建一个企业到企业发展、运作的基本过程。通过开展沙盘模拟经营大赛，让学生模拟一个企业若干年的经营、运行，切身体会企业运营的过程，对所学的复杂抽象的经营管理理论和创业知识有更为直观的理解与体会，加强理论与实践的结合。创造条件，组织学生到新型化工企业开展企业考察、市场调研等工作，提高模拟阶段的实际成效。

"运作"是指充分整合各种社会资源，完善学校鼓励大学生创业的支持措施，鼓励和支持学生以团队为单位、在教师指导下到科技园从事创新和创业活动，营造拥有专业特色的公共服务环境，提供旨在让产学研一体化发展更有成效的一系列服务。

（四）CSSO全程创业教育模式下，工科大学生创业教育的保证机制和保障措施

（1）根据全程创业教育思想体系的要求，充分调动各方面的积极性，整合校内外资源，为创业教育提供强有力的组织保障。学校可成立由教学副校长和党委副书记担任组长的"创业教育示范区领导小组"，领导小组成员来自教学管理、科研、产业、高教研究、教学、国际合作与交流等多个部门。同时，设立"创业教育研究中心"来全面负责实验区建设的具体工作。

（2）建立各职能部门的联动机制，在创业教育方面，由校决策会议达成共识，形成相应的制度和规范，保证创业教育的联动机制顺利进行。

（3）建立各部门的协调机构，将传统上由学院管理的创业教育资源，划归协调机构统一调配，协调机构统一进行创业教育的规划、分析、实施和评估。

（4）在学校各部门、各学院的教师和员工中进行宣传和强调创业教育的重要性和必要性，有针对性地提高全校对创业教育的认识，以支持创业教育的施行，进而保证创业教育的顺利开展。

（5）完善创业教育的课程体系建设。在本科生中将《创业精神导论》全覆盖，可根据教学目的和对象的不同，设立创业精神普及教育系列、创业专门知识选修系列、创业辅导与实践系列、创业专业系列等四个系列课程的建设目标。

首先，组织力量修订培养方案，将创业教育课程纳入培养方案，从教学运行机制上保证创业教育工作的顺利开展。其次，全面展开普及创业教育系列课程工作，根据培养方案要求，开设面向全体大一学生的必修课程《创业精神导论》。第三，开发创业专门知识选修系列课程。第四，推动创业专业系列课程建设，整合校内外资源开设"创业管理"第二专业；第五，进一步拓展创业辅导与实践系列活动。

（6）专兼结合加强师资队伍建设。在CSSO框架下，来自思政教师、经济管理教师、其他学科教师和社会兼职教师等四个方面的师资队伍在"构思（conceive）—策划（scheme）—模拟（simulate）—运作（operate）"这四个阶段扮演着不同的角色，他们以"矩阵式"的方式参与创业教育的全过程。

构思阶段主要由前三者参与。在这一阶段，思政教师开展模块化的教学并负责学生心理层面的辅导，帮助学生正确认识自己的性格特点、特长爱好，以此为基础构思创业方向；经济管理教师则从专业的角度教会学生发现市场机会、寻求创业渠道；其他学科的教师则在课程教育中渗透创业思想，并在技术、学科方面的问题上给予指导。在策划阶段，思政教师和经济管理教师指导大学生跨学科组成创业策划团队，开展市场调研、战略规划、财务分析，独立撰写商业策划书。在模拟阶段，除了思政教师和经济管理教师之外，还有来自政府部门、企业等的社会兼职教师的参与，学生通过沙盘模拟等途径，模拟创业的整个过程，以此完善自己的创业计划。运作阶段需要所有师资力量的参与，这些教师指导学生在真实的市场环境下进行创业尝试。

对师资队伍的专业培训包括课程内容、授课方法、企业实践等三方面的培训。在创业教育课程内容培训方面，采取校内外资源相结合的方式。一方面利用校内已有资源对师资队伍进行系统培训，另一方面结合教育部每年举办的"创业教育骨干教师培训班"以及团中央致力推广的"KAB 创业教育培训"对参与创业教育的师资进行专业化训练。在创业教育授课方式的培训方面，则致力于普及创业教育的基本理念。CSSO 全程教育模式主张建立与教学计划、教学方法和学生评估体系相协调的学习构架并辅以现代学习和实践的环境。该教育模式强调在教学的过程中，教师通过课程教学、讲座沙龙、创业竞赛、案例实践、模拟创业等多种途径使学生真正参与该模式的全过程，培养其创新精神与开拓意识。在创业教育的企业实践培训方面，学校可邀请政府部门管理人员、企业管理人员对创业、企业进行系统讲解和分析，使创业教育者了解创业的实际流程和相关政策；同时，学校也可组织创业教育者深入创业企业、创业园等，实地了解企业运作的特点。

（7）虚实结合开展创业模拟实践活动。模拟与运行是 CSSO 全程创业教育体系的两个重要环节。高等院校要充分利用各种资源，拓展一系列实践活动，保证这两个重要环节的落实。

大学生创业计划大赛。实践表明，创业计划大赛在营造创业氛围、传播创业知识、激发创业热情方面，是一项卓有成效的活动。

创业训练营与创业实战赛。创业实战赛可激发大学生的创业激情，锻炼大学生的创业能力，让在校大学生走出校园、步入社会、锻炼自我、体验创业环境；它也可为大学生提供一次走出象牙塔的良机，让大学生真实地体验创业环境。大赛可分为三大板块：创业策划、创业模拟、创业实战，不同板块各有侧重。在创业策划板块，从报名的学生中选拔优秀学生参与举办的创业训练营，并对其进行医疗培训、心理培训、法律培训、紧急情况处理培训；邀请名师名家和创业成功人士就创业相关专业知识、创业相关扶持政策以及创业成功案例分析等方面对参赛学生进行培训；给每个团队配备创业导师，创业教师全程指导学生在一周内完成实地创业策划书，最后被筛选出的优胜者进入创业模拟环节。在创业模拟板块，组织优胜学生进行创业策划书与计算机沙盘模拟，并邀请专业教授对创业策划书进行系统指导与修改，晋级的学生参加创业实战环节。在创业实践板块，晋级学生实地实践创业策划书的具体内容。

创业见习活动。为进一步培养大学生的创业精神，落实创业带动就业的工作，学校可实施大学生"创业见习资助项目"，为大学生搭建创业实践平台。学校每学期组织创业成长性明显的企业提供能了解和熟悉企业全面经营管理的见习岗位，面向诚信守法、品学兼优、能够按时完成学业、具有创新创业精神、勇于挑战自我的大三、大四本科生及在校研究生，在该活动中，企业和大学生通过双向选择确定是否参与。创业见习期限一般在 4 个月左右，创业见习时间不少于 50 天。学校提供一定的见习补贴，并为每位同学购买一份人身意外保险。

大学生创业服务与辅导。创业教育研究中心与校产业处可以合作建立大学生创业服务中心。该中心一方面积极与各类创业投资基金合作，为大学生创业提供资金支持和各类咨询服务，另一方面建立专门的"创业实践基地"，为学生进行创业实践提供平台。

创业社团建设。积极扶持和帮助大学生创业俱乐部成长与发展，指导他们通过开展头脑风暴、创业沙龙、创业讲座、创业实习等活动发现创业型人才，借助沙盘和经营模拟软件开展创意实践和企业模拟运作。同时，学校可聘请相关领域的专家、教授担任创业俱乐部的指导老师，以帮助学生明确创业目标、撰写创业计划书，启动创业步伐。除此之外，学校可举行创业基金咨询研讨会，组织创业基金管理人员为创业团队提供咨询。

第三节　构建大学生创业教育的特色模式

一、创业教育模式中特色的重要性

高等学校的大学生创业教育必须有自身的特色，包括特色教材、课程设置、教学方法、培养目标、管理模式、管理风格、教育教学组织运作形式、校园文化等。只有构建富有自身特色的大学生创业教育模式，才能以特色求生存、以特色求发展。为适应国家实施科教兴国战略和人才强国战略的需要，落实中央"以创业带动就业"的决策部署和教育规划纲要，当前我国大学应深入贯彻落实科学发展观，围绕培养拔尖创新人才的目标，把创业教育纳入人才培养方案，形成"专业教育＋创业教育"的创业教育人才培养模式，探索构建全方位、立体化的创业教育模式，大力推进创业教育，切实做好大学生创业指导和服务。具体可从如下方面着手。

第一，更新观念，升华认识，建立明确清晰的创业教育目标体系。

一是认识创业教育内涵，建设创业教育文化。明确以人为本、追求质量、崇尚创新、强化能力的创业教育理念，在内容上坚持与专业教育、实践教育、学生理想信念教育、校园文化活动、学生管理、就业指导和服务相结合，推进创业教育的全方位、立体化，探索具有示范作用的创业教育模式，建设鼓励探索、鼓励创新、允许失败、宽容失败的创业教育文化。学校师生都应有"创业是当代大学生应负起的时代责任，创业教育是素质教育的重要环节"的意识。二是强化学生创业意识，培养创业精神。开展主题教育活动，弘扬创业精神。例如，在"创业从点滴做起"的主题实践活动中，组织学生深入企事业单位并开展实践调研。三是修炼学生创业内功，提高创业能力。把创业教育融入专业教育，通过专业教育培养学生基本的创业技能；大力推进创业教育，指导扶持一批学生创新创业团队；通过创办公司、组建创业工作室等实践训练，加强学生将知识转化为财富的能力。四是培育学生创业典型，发挥其带动作用。

第二，扎实推进、锐意进取，探索富有成效的创业教育实施体系。

一是规范创业培训，建设创业教育教学系统。根据人才培养目标，对课程体系进行整合优化，开设创业教育通识类、技能类、实训类课程。例如，开设 SYB 培训课，成立 SIYB 培训项目管理部，建设学员信息数据库和创业项目信息数据库；引进欧洲模拟公司创业实训技术，开办创业实训试验班，指导学生成立模拟公司。二是依托基地建设，建设创业教育实践系统。设立创业实践学分，依托校内实验室、工作室、学科性公司及校外高新技术企业，与政府机构、社会企事业单位合作，建立创业依托基地、实践基地、模拟基地。三是搭建创业服务平台，建设创业教育服务系统。创建大学生创业综合性服务网站；成立大学生创新创业素质培养学校；建立大学生创业就业服务体系；建立大学生创业园，开展项目孵化等服务；启动学生创新创业项目；等等。

第三，优化机制，整合资源，构建有力的创业教育保障体系。

一是党政高度重视，形成制度保障。学校成立大学生创业教育领导小组；将创业教育纳入学校培养方案，建立评估和激励机制。二是成立组织机构，强化组织保障。学校成立学生创新创业指导中心，二级学院培养创业教育专干，班级培养创业教育委员，建立创业教育校、院、班三级组织；学校建立"大学生创业教育指导教师专家库"，组建创业课程教师、创业团队指导教师和创业导师队伍，满足创业教育多层次、多样化需要。三是增加经费投入，提供财力保障。把创业教育的经费列入学校预算，并不断增加对创业教育的投入。四是加强场地建设，完善物质保障。设立集创业培训、创业实践、网络服务和成果展示功能为一体的"大学生创新创业教育实践基地"。

二、积极构建中国特色大学生创业教育模式

党的十九大报告明确提出："就业是最大的民生。要坚持就业优先战略和积极就业政策，实现更高质量和更充分就业。大规模开展职业技能培训，注重解决结构性就业矛盾，鼓励创业带动就业。"这一目标既是建设创新型国家、促进社会全面协调发展的必然趋势，又是全面贯彻落实科学发展观，构建社会主义和谐社会的必然要求。为此，肩负人才培养任务的高等学校要更新教育理念，以培养创新

型人才为第一要务，积极构建中国特色大学生创业教育模式，大力发展创业教育。

（一）创新我国大学生创业教育理念

教育理念是人们对教育及其实施过程的基本主张，通常表现为人们对有关教育的信念、价值及活动准则的认识。所谓大学生创业教育理念，就是高校在培养创业型人才中对创业教育信念、价值及活动准则的认识。在构建大学生创业教育模式时高校必须树立这五种理念。一是创业教育既要针对大学生中的精英分子，又要考虑到所有在校大学生；二是创业教育是为社会培养创业人才，以减轻大学生的就业压力，也是使大学生成为社会经济发展、科技创新的推动力；三是创业教育不仅仅是大学自身的任务，还是全社会共同关注的问题，是一个复杂的系统工程；四是创业教育不是对现有的就业教育、择业教育的简单否定，而是对现行就业模式的深化与提升，是对就业教育与择业教育的辩证的否定；五是在构建创业教育模式时，必须坚持理论与实践相统一、共性与个性相统一，使大学生创业教育模式既符合高等教育的一般规律，又能体现各高校的自身特色，既具有科学性，又具有可操作性。

（二）构建大学生创业教育特色模式

自1947年哈佛商学院率先开设新创企业管理课程以来，美国的大学生创业教育获得了长足发展，美国著名高校集中了创业教育模式的主要类型，包括以培养创业意识为主的百森商学院模式、以培养实际管理经验为主的哈佛大学模式、以培养系统的创业知识为主的斯坦福大学模式等。美国创业教育是创业实践蓬勃兴起的结果，同时创业教育研究也促进了其创业教育实践的发展。

当前，在学习和借鉴西方大学生创业教育经验和模式的基础上，我国大学生创业教育有了系统和长足的发展，各种模式在实践中不断完善，特色较为鲜明。目前我国大学生创业教育存在三种模式：一是强调创业教育"重在培养创业意识，构建知识结构，完善综合素质"，将第一课堂与第二课堂结合起来开展创业教育。二是以提高学生创业技能为侧重点，其特点是学校实行商业化运作，建立"大学生创业园"，教学生如何创业，并提供资金资助以及咨询服务。三是实施综合式的创业教育。一方面注重学生基本创新创业素质的培养，另一方面为学生提供创业所需资金和技术咨询。三种创业教育模式中，第一种模式重创业意识的培养，轻创业实践活动；第二种模式重实践技能培养，轻创业意识灌输；第三种模式是我国今后大学生创业教育的发展趋势。许多高校已经在课程设置中将创业理论列入必修课，有的院校在推广SYB课程，这使越来越多的学生接受到创业意识和创业理论知识的教育。但必须承认，我国大学创业教育中创业实践环节相当薄弱，可供大学生创业实践的创业孵化基地或创业科技园的数量远远不能满足广大学生的需求。为推进大学生创业教育向深层次发展，必须把创业实践环节作为创业教育的重中之重，为学生提供充分的创业实践条件。

（三）从具体操作层面构建适合国情的大学生创业教育模式

创业本身是一个鲜活的过程，因此创业教育的教学模式不能呆板僵化。创业教育过程主要由理论教学、案例教学和实践基地教学等基本教学环节构成。

1. 理论教学

创业理论教学的实质是学习创业。学习不仅是创业的第一阶段，而且贯穿创业实践的始终。通过学习创业理论，学生可以了解创业的基本知识，了解创业的准备过程和程序，掌握创业的基本规律。在创业教育中，教师要注重指导学生有效地进行有关创业的体验，使学生获得创业的感性认识，从而激发学生的创业意识。学校可以通过邀请创业企业家、创业成功的校友参加创业讲座并介绍创业、立业、敬业的事迹，来增强学生的创业意识，鼓励学生将自己的专业技能和兴趣特长相结合，把创业作为自己未来的选择，实现人生价值。

2. 案例教学

案例教学可以增强创业教育的趣味性和针对性。教师进行案例教学时，不仅要讲成功的案例，也要讲失败的案例，目的是让学生从经验中学习，将经验和教训升华到理性认识。案例教学更有利于提高学生的学习兴趣，有助于使学生初步了解创业的机制，感受创业的环境，增强对创业的分析能力。

3. 实践基地教学

创业是实践性很强的活动，学生除了要学习理论，还必须通过创业的实践活动来强化创业意识、培养创业精神、消化创业理论、提高创业技能。创业教育实践基地的建设是创业教育的重要组成部分。创业教育的实践基地可分为两类。一是参观实习基地，学校可以联系各类公司，供学生参观实习，目的是让学生感受创业，强化创业意识；二是模拟创业基地。模拟创业实践基地可为学生提供实战场所。高校在实施创业教育的过程中，要采用校企联合的模式。高校可在企业创立学生创业实践基地，学校本身也可以利用自身的优势创办一些实体企业基地，为学生提供创业实战演习场所；高校也可以根据学校专业设置情况，制定创业培养计划，鼓励广大同学在不影响学习的情况下利用周末及业余时间创立一些投资少、见效快、风险小的实体企业，让学生从中体会到创业的乐趣与艰辛。

（四）构建"三位一体"大学生创业教育模式

大学生就业是重大的民生问题。开展大学生自主创业教育，提升大学生自主创业能力，是大学生素质教育的重要组成部分，也是培养具有创新精神和创造能力的创新型人才的重要途径。

大学生创业教育既包括理论知识的传授，也包括实践技能的培养。当前，我国大学生创业教育主要存在三方面问题。一是认识片面，缺乏对创业教育的深刻理解。与国外中小企业的兴起和发展促进了创业教育的繁荣不同，我国创业教育的原动力之一是解决就业问题。这样的目标设定使创业教育被简单地理解为如何引导学生创办企业，如何通过创业教育减轻就业压力。事实上，创业教育不仅仅是一种就业教育，更是高等教育创新人才培养模式的一个切入点。二是模式封闭，内容陈旧，方法途径单一。在教学模式上，大多数大学生创业教育局限在校内和课堂，搞统一的教学计划，忽视学生的个性特点，显得较为陈旧、封闭；在教学内容上，以专业为中心，以行业为目标，专业面偏窄，知识结构单一；在教学方法上，创业教育偏重理论性、知识性的传授，较少开展实践活动。三是师资力量不足，缺乏专业的创业教育师资队伍。专业化、正规化的创业教育师资队伍还未形成，有的教师在进行案例分析、操作练习时不免纸上谈兵，既有先进教育理念又有丰富实践经验的"学者型企业家"或"企业家型学者"非常缺乏。

针对大学生创业教育存在的问题，高校应努力构建"创业教育＋模拟实训＋创业实践"的"三位一体"创业教育模式。这种教育模式强调以创业教育为基础，以创业运筹、创业营销战略等为主要内容，通过创业理论课程教学，使学生积累创业所需的知识；以模拟实训为实践教学的主要手段，帮助学生了解创业过程；让学生在学校创业园开办企业，或在创业园实习，使学生的创业能力真正得到提升。构建"三位一体"创业教育模式，需抓好以下几方面工作。

（1）大力营造创业文化氛围。创业文化是指敢于开创事业的思想意识以及相应的价值观念和鼓励创业的社会心理的总和。高校实施创业教育，应重视创业文化的培养，营造浓厚的创业文化氛围。

（2）深入开展创业教育理论研究，建设创业教育师资队伍。深入开展创业教育理论研究，并注重对创业教育实践进行总结，形成一套较为成熟的理论体系来指导创业实践；重视师资队伍建设，鼓励支持教师通过创业体验或通过定期参加创业组织、创业协会的活动以及同企业家交流创业经验，获取创业教育的鲜活材料和信息，培养既有理论基础又有实践经验的创业教育师资队伍。

（3）加强实践环节，建立校企联合模式。高校开展创业教育，应该建立校企联合模式。高校可以通过产、学、研结合的方式，建立学生创业实践基地，强化实践教学环节；高校也可以通过向校办产业、研究所、科技开发公司等筹集资金，建立创业基金会、创业协会等组织机构，为学生提供创业实践场所。

高校要提供坚实的创业实践组织保障。高校领导和教务处、学生管理处等相关部门组成创业组织指导机构，负责对大学生创业活动的组织管理；高校可建立创业活动固定场所，如一定规模的大学生创业孵化中心或创业园；高校还可出台鼓励政策，如建立大学生科技创业基金，为创业团队提供创业资助并减免租金、水电费、通信费等费用，扶助大学生创业团队开展创业实践。

（五）"双平台、双层次"大学生创业教育培养模式的科学构建及运行

在众多的高校大学生创业教育培养模式中，一种体现大学生特性、发挥大学生创新能力、注重培养大学生创业意识的"双平台、双层次"创业教育培养模式，在实践探索中不断成熟和完善起来。此模式也很好地体现了针对不同教学对象的分层教育理念。该模式对丰富高校大学生创业教育培养模式的实践具有一定价值。

2010年5月5日，教育部出台了《教育部关于大力推进高等学校创新创业教育和大学生自主创业工作的意见》，要求高等学校高度重视创新创业教育工作。目前，各大高校积极开展创新创业教育，鼓励大学生自主创业。但是各高校都处在探索的过程中，没有可以依循的创业教育培养模式。"双平台、双层次"的创业教育培养模式为广大高等学校开展大学生创业教育提供了一定的借鉴。

1. "双平台、双层次"创业教育培养模式的科学构建

"双平台、双层次"创业教育培养模式是基于创业教育对象是大学生这一条件被提出的。高校大学生创业教育与社会上的创业教育有所不同。大学生创业教育的目的不是快速培养一名企业家，因此，大学生创业教育不能功利化，也不能形式化，而是应当让学生在接受创业教育的过程中去进行自我教育，在接收创业信息、继承创新精神的同时，提升自身的创业素养，提高创新能力。为此，我们提出了涵盖广大学生而非只针对个别学生的、科学的、具有层次性的大学生创业教育培养模式。

"双平台、双层次"创业教育培养模式利用两大创业教育平台，针对大学生的不同阶段，有重点、有目的、有层次地进行创业教育。双平台由"三个课堂联动的教学平台"和"三类实践互促的实践平台"构成。教学平台主要侧重于培养大

学生的创业精神、创业观念、创业意识，比较偏重模拟教学。实践平台则更加侧重于培养学生的创业实践能力，以培养真正的创业者。"双层次"教育则是根据学生的不同阶段，依托两大创业教育平台具体开展对大学生的创业教育，如图 5-1 所示。

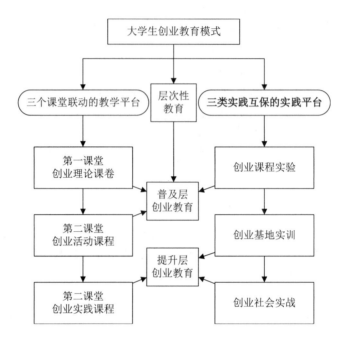

图 5-1　"双平台、双层次"创业教育培养模式基本构架

2."双平台、双层次"创业教育模式的实践

1）双平台实践

（1）构建三个课堂联动的教学平台。"三个课堂"是根据创业型人才培养的要求和获取知识与培养能力的规律来设立的。因此，大学生创业教育过程可以分为三个部分，即第一课堂（创业理论课程）、第二课堂（创业活动课程）和第三课堂（创业实践课程）。这三个部分既相互分离，又相互联系，形成一个有机整体。

①大学生创业教育"第一课堂"——创业理论课程。在大学生创业教育"第一课堂"中，教师主要采取理论课程教学的方式对大学生进行创业教育，通过理论课程培养大学生的创业意识，为大学生传授创业知识，培养大学生的创业技能。创业理论教育有学科渗透、必修课和选修课三种形式。创业教育的学科渗透是把各学科的专业教育和创业教育有机结合起来，以学生自身专业为基础进行的创业

教育。比如，以文科教育为基础进行创业意识的教育，以理科教育为基础进行创业知识的教育，以技能教育为基础进行创业技能的教育，等等。创业教育的必修课程是大学生创业教育的基础课程，高校要尽可能地让大学生都参与该课程的学习。在必修课程中，高校可以开设创业意识课、创业常识课、职业指导课、创业技能课、公共关系课、经营管理课、法律知识课、市场营销课等。例如，大学以KAB、SIYB、创业心理教育等课程为载体，对大学生进行创业课程教育。创业教育的选修课程则是学生根据自己的爱好、兴趣、特长以及不足等有选择地学习的课程，选修课程可以满足不同学生的发展需要，有助于学生弥补自身的缺点。

②大学生创业教育"第二课堂"——创业活动课程。大学生创业教育"第二课堂"以培养学生的创造能力、帮助学生获得创业经验为目的，让学生在创业活动中去感悟和体会创业教育。创业活动主要包括开设创业论坛、举办专题讲座、举行创业计划竞赛、参观访问成功企业等。大学每年都可以开展大学生课外科技作品竞赛、大学生科研创新计划竞赛、大学生创业计划竞赛、大学生程序设计大赛、机械设计大赛、数学建模大赛、创业金点子大赛等活动项目。与此同时，高校中出现了一系列精品讲座、论坛活动，主要包括"做人做事做学问"名家系列讲座、师生"讲述自己的故事"、政府和企事业单位领导主讲的"地方社会经济发展论坛""企业家论坛""百名优秀企业家、高级管理人才进大学"等。这些活动邀请来的一些成功企业家和著名人士给学生带来了各种各样的案例，能够让学生看到不一样的成功特质，对学生的直接影响很大，对大学生适合自身的成才方式、寻求人生发展机会都有很好的启迪意义。

③大学生创业教育"第三课堂"——创业实践课程。创业实践课程不同于活动课程，它涉及直接的动手操作等诸多方面。在创业实践课程中，指导老师与学生组成一个团队，让学生通过模拟创业，亲身体验创业的流程及方式。指导老师也可把学生分配到企业内部进行实战演练，让其将理论和实践结合起来，对学生的创业过程进行直接指导。

（2）构建三类实践互促的实践平台。"三类实践"是指创业课程实验、创业基地实训和创业社会实战。创业课程实验以课程实验为主要内容，旨在提高学生的创业理论水平；创业基地实训以扶持创业团队进行创业活动为主要内容，旨在培养学生的创业实践能力；创业社会实战以政府、高校、企业相结合的创新活动为主要内容，旨在为学生提供真正的创业机会，增加他们在商界的实战经验。

①创业课程实验。创业课程实验是在课程教育的过程中，进行一些模拟企业行为，让学生来充当模拟创业者，并让其从中体会创业需要哪些基本条件。课程实验可以利用KAB、SIYB等创业教育课程，通过角色模拟、沙盘演练、商业游戏

等方式来完成。

②创业基地实训。大学生创业教育具有一定的实践性。但是如果让大学生直接进入社会进行创业，不仅难度很大，而且风险非常高，成功率也会相当小。让大学生在创业基地的真实环境中进行创业实践，能够有效培养大学生的创业意识，提升大学生的创业能力。目前，我国许多高校创立了大学生创业孵化中心或大学生创业园等创业基地，为缺乏创业经验和办公场地的大学生创业者提供一段时期的孵化平台和政策扶持。创业基地的建立让大学生的创业实践不再仅仅停留在"纸上谈兵"的层面上。

③创业社会实战。大学生的创业最终还是要回归社会。高校在大学生创业教育的后期，要探索一定的途径来帮助大学生进行创业社会实战，把一些优秀的创业项目引入社会。学校要为学生创业提供一系列的服务，如协助创业团队办理税务登记、工商注册，提供企业管理、法律咨询、专利申请、科技计划申报等服务。

创业中心还要联系地方创业基地，帮助成熟的创业团队做好入驻工作；组织校内外有关专家和管理咨询机构以提供一系列的咨询服务和人员培训；提供会议室、接待洽谈室、培训教室等公共设施；帮助学生创业团队进行宣传以获得社会的投资。创业指导中心定期对入驻基地的创业团队进行业绩管理与评价，安排学生的创业成果推介会，通过推介会将学生的成果推介到相关企业，或者帮助学生筹集资金，实现自己的创业梦。

2）双层次阐述

针对不同教学对象，创业知识教育实施分层次教育，即"普及层创业教育+提升层创业教育"相结合。"普及层创业教育+提升层创业教育"方式，实际上是学校创业教育目标和理念的具体体现。

（1）创业教育培养普及层。对全体大学生，教师要采用普及型创业教育方式，以培养大学生的创业意识和创业精神为教学目标。高校要在全校范围内开设创业教育的必修课和选修课，辅导学生进行创业计划的制订，举办一些创业类的讲座、论坛，邀请一些企业家来给学生普及创业知识，与学生分享创业经验。学校还要从大学一年级开始培养学生的创业精神和创业能力，并随着年级的升高加大这种教育力度。各大学的"大学生创新创业训练计划"是开展普及型创业教育的良好载体，它使大学生创业教育四年不间断。普及层创业教育是面向全体学生的教育任务，有助于培养学生顽强的意志和实际动手的能力，使大学生在毕业的时候能够敢于面对激烈的就业竞争，以创业者的心态打工并使自己脱颖而出，在条件成熟的时候还能进行自主创业。在教育设计方面，教师要注重理论教学与实践教学的相互结合，专业课程与创业知识课程的相互渗透。

（2）创业教育培养提升层。对在校期间有创业能力和创业条件的学生，教师要采用提升层创业教育方式，以培养创业者为教学目标。高校要通过测评软件找出职业锚为创业型的学生，为他们提供一定的创业培训和创业支持，培养自主创业者。例如，高校可采用"项目准入、全真管理、企业孵化、定期考核四级联动模块"创业指导模式，通过提供专业的创业教育以及在学生创业过程中提供创业基地和创业启动资金，积极推动大学生进行创业尝试，积极鼓励大学生组建创业团队以培养创业者，定期对学生创办的公司进行考核评比。

提升层创业教育面向的是具有明显创业倾向且有家庭商业背景的学生，教育目标是培养学生的创业精神和创业能力，使他们成为自主创业者。在教育设计上，学校除了要让他们接受普及层创业教育外，还要开设一些直接与创业相关的知识性和技能性课程，让学生参与模拟并获得直接的创业经验。在学生接受普及层创业教育后，教师通过一定的选拔方式选取具有明显创业倾向的学生接受提升层创业教育，以培养未来的创业者。

3."双平台、双层次"创业教育培养模式的保障机制

大学生创业教育是一项牵涉面广、环节诸多的系统工程。我们要想有效推动"双平台、双层次"创业教育培养模式的可持续发展，需要建立机制来保障模式的运行和促进模式的优化。

（1）课程保障体系。在"双平台、双层次"创业教育培养模式中，高校要针对大学生设计一套理论与实践相结合的创业教育课程体系，形成课程教学大纲，对他们进行创业观念、创业知识、创业方法、创业技能等方面的教育和培养。高校在设计课程的时候应当考虑创业教育课程与其他各门课程相互配合、相互协调、相互支持，使大学生的创业意识和创业能力得到比较系统的提升，从而达到培养高素质创新人才的最佳效果。

（2）师资保障体系。高素质的师资队伍是大学生创业教育成功的保障。高校首先应当实施一系列激励教师和引导教师积极参与创业教育的政策，建立大学生创业教育师资队伍培养机制，夯实学校创业教育体系的师资队伍基础。其次，高校要安排创业教师走入企业、融入社会，使其将社会创业经验和创业实践的一手资料带回学校，使创业教育更加贴近实际。最后，高校还应当聘请政府部门、人事部门、工商部门、知名企业、相关学科领域的技术能手成为高校创业导师。

（3）硬件保障体系。由于创业教育具有很强的实践性，所以创业教育对实践场地、教学设备和教学设施等硬件设施的要求就比较高。在开展创业教育之前，高校要改善创业教育条件，保证创业教育和学生创业实践的顺利进行。学校要尽

最大努力为创业教育增设新场地和新设备，不断提升创业教育的水平。

（4）经费保障体系。在大学生创业教育的过程中，资金非常重要。大学生创业教育是综合性很强的教育，在教师培训、场地环境、教学设施和实践环节中都需要一定的资金保障。高校应当盘活内部资源、积极争取外部资金，从多渠道、多层面解决创业教育的经费保障问题，为大学生创业教育提供资金支持。

第六章　新时代大学生创业教育
　　　　　实证分析

第一节　杭州师范大学创新创业教育的实践探索

　　近年来，杭州师范大学深入贯彻落实国家"大众创业、万众创新"的战略和高校创新创业教育改革的部署，积极顺应互联网时代创新创业的新趋势，深入推进创新创业教育，加快培养创新创业人才，努力凝练创新创业"杭师系"品牌，取得了明显成效。学校成为首批"全国创新创业典型经验50强高校"、首批"全国深化创新创业教育改革示范高校"并且是"国家级大学生创新创业训练计划实施高校""全国高等学校创业教育研究与实践先进单位"。

一、创新创业教育的发展历程

　　我国高校创新创业教育起步较晚，但各地高校结合学校实际积极主动地实施创新创业教育，走出了各具特色的发展道路。和全国其他许多高校一样，杭州师范大学创新创业教育也是从组织开展大学生创新创业竞赛起步的。随着学校转型发展的深入推进，创新创业教育成为学校发展的战略选择。学校把创新创业教育融入人才培养体系，使其贯穿人才培养的全过程。

（一）萌芽期

　　1998年，清华大学举办我国高校首届创业计划竞赛，如同播下了一颗创业教育的火种。随着1999年，由共青团中央、中国科学技术协会、中华全国学生联合会主办，清华大学承办的首届"挑战杯"中国大学生创业计划竞赛的成功举行，这颗火种便有了燎原之势。全国各地的高校纷纷参照国家级竞赛和省级竞赛组织开展校级大学生创业计划竞赛。2005年，杭州师范大学设立每年资助10万元的学生创新创业校级资助项目，支持学生参加各类创新创业竞赛。由于师范院校以基础学科为主，缺少经济类和管理类学科专业的支撑，所以学校面向参赛团队开设了财务管理、营销策划、企业管理和团队建设等方面的讲座。与此同时，许多成功的企业家走进校园，和高校的金融学、经济学和管理学的任课教师一起成为大学生的创业导师。创新创业竞赛是这个时期创业教育的主要载体和形式。此时的创业教育没有形成体系，创业教育的目的是提高学生的综合素质和实践能力。

（二）成长期

高等教育的大众化发展帮助千千万万的学子实现了上大学的梦想，同时也使大学毕业生就业逐渐成为全社会高度关注的热点问题。随着高校毕业生人数的持续增加，大学生的就业压力也持续增大。特别是 2008 年全球金融危机后，企业招不到合适的大学毕业生和大学生找不到如意的工作岗位这对矛盾，成为困扰政府的一个大问题。杭州师范大学乘着高等教育大众化发展的东风也新建了许多非师范专业，并与阿里巴巴集团、IBM 等企业共建了阿里巴巴商学院和杭州国际服务工程学院，加大了应用型人才的培养力度。为了增强毕业生的就业竞争力，促进学生自主创业，并以创业带动就业，就业部门也积极主动地加入创业教育的队伍中。2009 年，学校收回 10 间沿街商铺建立大学生创业园，为学生创业团队提供免费场地，并为每个创业团队配备创业导师。学校结合专业相继开设了许多创业类课程，还通过组织 KAB 和 SYB 培训，培养学生的创业意识和创业能力。在这个阶段，大学生自主创业被视为解决毕业生就业问题的有效手段，学校的教学、学工、团委和就业部门协同作战，共同推进。

（三）转型期

2010 年 5 月，教育部成立高等学校创业教育指导委员会，提出将创新创业教育面向全体大学生，纳入教学主渠道，并结合专业教育，将创新创业教育贯穿于人才培养的全过程。这标志着我国创新创业教育进入一个新时期。杭州师范大学实施"创新创业能力提升计划"和"应用型人才培养提升计划"，面向全体学生开设创新创业类必修课程，并结合专业实施创新创业教育，成立创业学院，设立创新创业试点学院，形成创新创业教育"一体两翼"、协同推进的工作格局，确立课程教育、实践训练、培育孵化、分层推进的工作思路。创新创业教育不再是帮助少数大学生创办企业的教育，而是与专业教育深度融合，以培养学生的创新精神、创业意识和创新创业能力为目标的教育。

二、创新创业教育的工作举措

杭州师范大学地处杭州城西科创大走廊腹地，紧邻浙江海外归国高层次人才创业园、阿里巴巴集团等创新创业高新人才集聚区。深受创新创业氛围的熏陶，师大人对"大众创业、万众创新"有着更深刻的理解，创新创业教育成为学校"转型发展创一流"的战略选择。

（一）推进转型发展，确立创新创业战略

在新的发展阶段，学校积极推进由师范类院校向综合性大学、由教学型大学向教学研究型大学、由普通高校向一流大学的转型，进一步提升学校的综合办学水平和核心竞争力，将创新创业教育纳入学校的发展战略，将实施创新创业教育工程作为党代会报告、"十三五"规划提出的"七大工程"之一，以创新创业助推转型发展创一流，以创新引领创业，以创业促进就业，积极探索地方高校创新创业的教育模式。杭州师范大学成立学校创新创业工作领导小组，由校党委书记、校长任组长，由分管学生工作副书记、分管教学工作副校长任副组长，出台《关于加强大学生创新创业教育工作的实施意见》，明确五年目标和各年度任务，提出17条具体措施，切实将国家和省市的重要部署落到实处。

（二）改革培养模式，推进创新创业教育

1.调整人才培养方案

学校除了抓好师范传统特色教育外，根据地方主导产业和战略新兴产业的需求调整专业设置，把创新创业教育纳入人才培养方案，将培养创新精神、创新创业能力作为实施"应用型人才培养提升计划"的目标，重点建设2～3个创新创业试点学院、15～20个新兴应用型专业。2015年，2个试点学院和5个应用型专业群被列为浙江省首批应用型建设示范点。学校主动对接地方经济社会发展和产业需求，实施学科专业预警、退出管理办法，建立以需求为导向的学科专业结构和以创业就业为导向的人才培养类型结构，深化校政企协同育人改革，推进与杭州市委宣传部合作举办文化创意学院，培养文化创意人才；与阿里巴巴集团合作举办阿里巴巴商学院，培养跨境电子商务、国际商务人才；与微软、IBM合作举办国际服务工程学院，培养服务外包人才。学校"四位一体、六维协同"的人才培养模式获2014年国家教学成果二等奖。

2. 实施教育教学改革

学校实行弹性学制，建立创新创业学分累计制度，开展"3+1"创新创业教育改革，试行以创新创业实践代替毕业实习，以创新创业项目代替毕业设计；完善创新创业教育课程体系，在通识课程中专设创新创业教育课程（群），面向全体学生开设公共必修课《大学生创新创业基础》，同时为具有较强创新创业能力的学生定制《企业模拟经营》《创业实务与管理》等实践课程，实行精英化训练，结业证书可认定学分。学校相继编写出版 7 部创新创业类专业课程教材，这些教材已被全国 30 多所高校使用。其中，《电子商务服务》《网络金融服务》被评为"十二五"国家级规划教材；《网络零售》被评为国家级精品课程。学校还加强了创新创业师资队伍建设，鼓励百名教师"进企入园"见习，同时积极引进具有企业经营管理经验的人才到校任教或指导创业。

（三）加强资源整合，发挥创新创业优势

1. 加强校外资源整合

学校发挥地处杭州城西科创大走廊腹地的区位优势，积极与毗邻的阿里巴巴集团、未来科技城（海外归国人员创业园）、梦想小镇等合作，建设浙江省高校产学研联盟创新创业人才培养基地和梦想驿站等，深化产学研用结合。现在已有 7 个学生创业项目入驻梦想小镇众创空间。学校还发挥以马云为代表的企业家校友的优势，弘扬学校创新创业文化传统，建设百名创业导师队伍；发挥学校的市属体制优势，积极争取杭州市关于大学生创新创业的一系列政策和经费支持。

2. 加强校内资源整合

在杭州师范大学，马云教育基金设立每年 100 万元的大学生创新创业专项经费；"攀登工程"专设创新教育项目经费 267 万元，为毕业两年内留杭自主创业的学生提供住宿等支持。学校还改革教师评价考核方式，对创新创业指导教师进行工作量计算，并将其作为教师评聘高级别岗位的优先条件。同时，学校适当增加学生创新创业工作在部门和学院绩效考核中的比重；改革学生评价考核方式，在奖学金评定及各类学生荣誉评选中，进一步突出创新创业能力及成果的作用，优先支持创新创业学生转专业。

（四）强化平台建设，助推创新创业实践

1. 创新创业教育平台建设

学校于 2014 年 6 月成立创业学院，由阿里巴巴集团党委书记任名誉院长、校党委副书记任院长、知名创业校友等任副院长。创业学院以"互联网+"为特色，成立创新创业实践教学、竞赛指导、教育研究、项目孵化和成果转化 5 个中心，以系统推进创新创业教学和实践。截至 2016 年 10 月，浙江省有 97 所高校成立了创业学院。创业学院成为高校对学生开展创新创业教育的重要载体和实践平台。

2. 创新创业孵化平台建设

学校于 2009 年建立大学生创业园。经多年发展，大学生创业园初步形成"一园二区五中心"的格局，建筑面积达 7 500 余平方米。2015 年，创业园获批成为杭州市大学生创业园，并获市财政 100 万元的资助。创业园已累计孵化大学生创业企业 187 家，在孵 63 家。2015 年，创业园销售额达 7 000 余万元。

3. 创新创业实践平台建设

学校大力加强校内外实训实践基地建设，共建立 15 个校内实训示范基地和 20 个校外实践示范基地，现有国家级实验教学示范中心 2 个、国家级大学生校外实践教育基地 1 个；开放校内实验室，实施本科生科研导师制；将杭州师范大学科技园、杭州未来科技城"梦想小镇"等作为学校创新创业实践教育平台；大力扶持创新创业型学生社团建设，每年组织科技文化节。

4. 创新创业竞赛平台建设

学校把创新创业训练和竞赛作为创新创业教育的重要载体，坚持以项目带动学生创新创业实践，指导学生积极申报"国家级大学生创新创业训练计划项目""浙江省新苗人才计划项目"。自 2010 年以来，学校培育了挑战杯大学生创业大赛全国金奖 5 项、银奖 3 项，全国"互联网+"大学生创新创业大赛银奖 4 项、铜奖 2 项。学校是浙江省"互联网+"大学生创新创业大赛的秘书长单位，从 2015 年开始已连续承办两届赛事。

（五）优化育人环境，营造创新创业文化氛围

1. 充分发挥典型示范效应

学校良好的创新创业文化环境对人才培养具有很好的教化作用、导向作用和激励作用。学校秉承开放、包容、大气的文化传统，加强创新创业精神宣传，弘扬创新创业正能量，营造良好的创新创业氛围，激励更多的学生大胆创业、勇于创新。学校重视发挥知名校友马云的示范效应，发掘树立大学生创新创业先进典型，让创新创业者成为当代大学生的楷模和骄傲。自 2009 年以来，学校有 4 名学生当选"浙江省十佳大学生"，2 名学生当选"浙江省最美青春校园人物"。

2. 充分发挥知名校友优势

除了互联网领军人物马云，杭州师范大学还有许多知名校友从事文学创作。他们中有出版小说《网络英雄传Ⅰ：艾尔斯巨岩之约》的郭羽，有出版著作《互联网思维到底是什么：移动浪潮下的新商业逻辑》的项建标，有出版著作《互联网时代的金融创新》的王文革。学校充分发挥校友企业家的优势，建立了 100 多位知名校友企业家组成的创新创业教育智库。学校实施"师友计划"，为每位创业学院的学员配备创业导师，帮助创业学子全面提升创新创业意识，开拓创新创业视野，提高创新创业能力。

3. 充分发挥制度激励作用

学校建立健全系统完备、科学规范、运行有效的制度体系，在政策导向上激励创新，将资源资金及保障条件向创新倾斜；修订《学生奖学金评定办法》和《学生学科竞赛管理办法》，加大对学生的扶持和奖励力度，在奖学金评定及各类学生荣誉评选中，充分体现对创新创业能力及成果的重视；适当增加大学生创新创业工作在部门和学院绩效考核目标任务中的比重；把指导学生创新创业作为教师评聘岗位和晋升职务的条件。

三、创新创业教育的经验借鉴

杭州师范大学将创新创业教育与专业教育、文化素质教育相融合，坚持把创新创业教育融入人才培养体系，贯穿人才培养的全过程，着力增强学生的创业意识、创新精神和创新创业能力。学校积极探索以创新为引领的创业教育模式，凝练以互联网为特色的创新创业"杭师系"品牌，努力为地方高校、师范院校提供可借鉴的经验。

（一）紧密结合学校人才培养定位

服务区域经济社会发展是地方高校的重要使命。地方高校要主动适应区域经济社会发展的需求，创办体现区域特色的学科和专业，为区域培养和输送不同层次的应用型人才，为区域发展提供人才支持和智力支持。因此，地方高校创新创业教育必须紧密结合高校人才培养定位。只有"立足校情、服务地方"，高校才能获得地方更多的政策和资源支持，创新创业教育才能成为高校创新创业人才培养、促进区域经济社会发展的推动力。

（二）积极创建多方协同育人机制

地方高校要高度重视创新创业资源与要素的集聚，推进政府、企业等社会力量与学校创新创业教育的协同育人机制建设，从创新创业的教育引导、课程建设、项目孵化和成果转化等多方面开展深入的产学研合作，并不断完善创新创业指导服务、资金支持和政策保障体系。学校要充分整合校内优质资源，明确学校各职能部门和专业学院在创新创业教育中的职能边界，形成既各司其职又团结协作的齐抓共管格局，形成共同关心、支持创新创业教育和学生创新创业的良好生态环境。

（三）要善于利用"互联网+"思维

互联网的创新发展，不仅仅是一次技术的革命，更是一场思维的革命。"互联网+"改变了我们的生活方式，也颠覆了我们的思维方式。"互联网+"将互联网的创新成果深度融入经济社会各领域，催生新兴业态。在"互联网+"的背景下，地方高校创新创业教育必须在理念、目标、方法、途径和载体等诸多方面进行创新发展，学校不能仅把互联网看作技术、平台，更应该看作一种观念和思维方式。学校既要利用互联网技术手段和信息平台开展创新创业教育，又要通过创新创业教育培养"互联网+"思维和"开放、平等、协作、分享"的互联网精神。

第二节　东北电力大学大学生创业科技园的功能、架构与建设

东北电力大学大学生创业科技园是国家创新体系的重要构成和自主创新的重要基地，是中国高等教育体系的重要组成部分，是产学研结合、培养创新创业人才的重要平台。本着培养创业精神，培育创新意识，打造创业人才的建设理念，以服务引导大学生创业，建设吉林地区大学生创业特色平台为宗旨，致力于把东

北电力大学大学生创业科技园打造成实现大学生创业教育、创业项目研发及孵化、大学生创业和就业实习实践、高校科研成果转化等于一体的多功能载体。

一、东北电力大学大学生创业科技园功能定位

东北电力大学大学生创业科技园结合吉林市地区产业转型升级要求，紧跟吉林省新兴产业发展的大趋势，利用学校的人才智力资源，重点支持在校及应届毕业生的初始创业、往届毕业生的发展创业及女大学生的专项创业，并扩展到吉林地区所有的自主创业学生以及社会人士。

(一) 企业孵化器

大学生创业科技园是大学生创业成长的摇篮，是走向真正创业的必经之路。充分利用已有条件，将吉林市经济技术开发区、高新技术开发区和大学生创业科技园等资源整合到一起，为在校和已毕业大学生提供自主创业的企业孵化器。放低入园门槛，并为自主创业的大学生提供服务。所有符合条件的创业者都可以提交申请，在评选合格后入驻园区，享受各种优惠政策。服务内容包括：创业前培训、项目商业计划书指导、硬件支持、协助办理各种手续、运营过程中的营销、市场管理方法、法律事务咨询与指导、创业后培训、企业运行评估等服务。园区在政策、经费、项目等方面提供必要的支持。依托学校对创业者的扶持计划，在校大学生创业显得轻松许多。

(二) 创新创业教育教学实践基地

"一实两创"即实践能力、创新意识和创业精神，是东北电力大学为适应21世纪人才需求而提出的人才培养特色。大学生创业科技园是学校开展创新创业教育教学的重要组成，也是检验教学成果的实习实践基地，所有教学部门都需要参与或支持创业科技园区，要把创业科技园区的工作纳入教学计划。首先，创业科技园区直接激发学生对于创业的热情，这是创新创业教育的目标所在。无论是创办企业还是岗位创业，或者只是创新及创业意识的启蒙，对于大学生来说，都是一种启蒙。其次，项目的实际锻炼加快了知识向能力的转化。大学生对于创业计划理解更为深入，既要考虑到基本的可操作性，又要预测市场前景。再者，通过创业科技园区的设立，为在校大学生提供良好的创业环境和就业模板，依托学校这个坚实的基础，更容易积累成功经验。

（三）项目管理功能

园区对所有项目实行统筹管理，对进驻园区的项目建立档案，跟踪扶持；发现问题及时处理，保证项目正常进行。

（四）资金管理功能

对入园项目给予基本无偿的场地及基本办公设备，在项目资金筹措上给予帮助和支持，支持其申请政府相关优惠待遇。

二、东北电力大学大学生创业科技园架构

大学生创业科技园的管理体制分三级，即政府引导、学校决策和园区运作。成立东北电力大学大学生创业科技园建设指导委员会、东北电力大学大学生创业科技园建设领导委员会、东北电力大学大学生创业科技园建设领导小组、东北电力大学大学生创业科技园发展公司。

公司下设行政综合部、企业发展部、信息（技术转移）中心、创业培训中心、计划财务部5个部门，各部门的职责如下。

行政综合部：承担科技园的综合服务职能。包括接待、宣传、文秘、档案及科技园房屋租赁、水、电、设备、卫生等物业配套服务。

企业发展部：负责科技园企业的日常管理和有关项目工作。

信息（技术转移）中心：从事科技园的信息化建设，承担信息技术应用和信息系统开发、维护、管理及信息资源开发利用工作，以及协助技术对接、成果转移等相关工作。

创业培训中心：负责科技园企业培训及大学生的创业、就业培训工作。

计划财务部：负责科技园发展公司的财务管理、投融资，并协助企业完成市、区等相关部门要求的月报、年报以及年检等工作。

三、建设及发展规划

（一）东北电力大学大学创业科技园目前存在的问题

1.创业项目专业性过于明显

低碳能源领域：重点发展洁净煤燃烧技术、节能减排技术、新能源与可再生能源技术等。

智能电网领域：重点发展风电、光伏并网以及储能技术，安全监控，智能化变电站，储能技术、电动汽车充电和配电自动化，智能电表和用电信息采集系统，一体化智能调度体系等。

（1）紧紧围绕电力生产需求，跟踪能源科技发展前沿，以建设"低碳能源与智能电网"为特色，建设新型大学科技园。

（2）利用学校多年来行业知名度直接推动产学研合作，充分发挥电力行业人才聚集优势，结合学科应用性强的特点，通过电力行业改革发展拉动学校新学科发展。

（3）以学校教师领办、创办科技企业为主，加快高校科技成果转化，实现高新技术产业化，不断孵化高新技术企业，促进地方经济又好又快发展。

2.创业团队良莠不齐

创业门槛低在一定程度上也存在不足。创业门槛低就意味着创业团队素质难以统一，出现良莠不齐的局面。大学生创业由于缺乏人力资源，团队组建缺乏合理性。创业团队中由于缺少经验，团队管理能力不强，团队凝聚力显得薄弱。这对于形成良好的创业环境有很大的影响。

（二）拟定合理的发展战略

为更好地提升大学生创业科技园的优势地位，拟定合理的发展战略。我们需要做到以下几点。

1.建立健全大学生创新及创业教育课程体系

对在校大学生进行专业教育的同时，要结合创新及创业教育，将其纳入人才培养的全过程。以全面提升学生综合素质，着力培养学生的创新精神、创业意识和创业能力，落实学校改革人才培养模式和课程体系的目标，不断提高人才培养质量。

加强创新及创业课程体系建设。将创新及创业教育纳入专业教育和文化素质教育教学计划和学分体系，建立全程化、立体化的创新及创业教育课程体系。

加强创新及创业课程师资队伍建设。鼓励专业教师、就业创业教育教师积极开展创新及创业教育理论研究，发挥教师在专业教育、就业指导课中提高创新创业教育意识和能力的作用。

开展创新及创业实习实践活动。将实习实践活动作为创新及创业教育的重要延伸，依托校内外实践教学基地、校企校地合作平台，鼓励学生参与创新及创业类型赛事、讲座、论坛、实习等方式，丰富学生的体验，在实习实践中践行理论知识，提升学生的创新精神和创业能力。

建立质量检测跟踪体系。建立创新及创业信息跟踪系统的大数据平台，动态收集和更新信息，将创业成功和创业项目质量作为评价创新及创业教育的考评指标，以此指导学校的创新及创业教育教学和课程建设。

加强理论研究和经验交流。在高校之间、企业之间、教师之间和学生中广泛开展经验交流会、调研活动等，总结相关经验，推广成功做法，共享优秀成果。鼓励课程组编写创新及创业教育先进经验材料汇编或教材和大学生创业成功案例并结集出版。

2. 提升创业科技园区服务质量和水平

东北电力大学大学生创业科技园为创业者提供必要的创业硬件，包括办公场地、会议室、接待室等；提供创业软件服务，包括一站式注册服务、财务服务等；提供相关法律、工商、税务、财务、人事代理、管理咨询、项目推荐、项目融资等方面的创业咨询和服务；提供多种形式的资金支持；开展创业培训、实训；建立公共信息服务平台，发布相关政策、创业项目和创业实训等信息。

建立低门槛创业准入机制：除法律法规另有规定外，符合在校大学生身份，无不良信用记录及违反学生管理规定等记录，不设最低注册资本等限制，放宽注册资本登记条件。

建立低风险退出机制：创业者能力水平不一，创业项目前景不可预测，不论出于何种原因，创业科技园将引入科学的评估程序，对创业企业进行评估，对于有发展潜力的项目重点支持，对于难以生存和持续发展的企业进行转让或清理。

开展创业相关培训：对有强烈创业愿望并具备了一定创业条件的大学生或毕业生，开展全员性创业培训及个性化指导。充分利用吉林市人社局、就业局、人才交流中心等资源，把成熟的创业培训项目引入园区，并探索、开发适合学生实际且具有生命力的培训项目，增强创业服务的针对性和有效性。

加强信息服务：充分利用现有就业信息网平台，拓展服务内涵，广泛收集创业优惠政策、项目和其他信息，及时发布相关信息。

学校要出台相关服务政策、制度和办法，保障学生自主创业，帮助学生通过多种渠道筹集资金，吸引相关大中型企业设立大学生创业扶持资金并提供合作项目；依托东北电力大学大学创业科技园和大学生科技创业中心等为学生提供更多创业基地和平台。同时结合学科专业和科研项目的特点，积极促进教师和学生的科研成果、科技发明、专利等转化为创业项目。

（三）划定建设期限

创业科技园区硬件建设已完成，不断完善需 2 ～ 3 年时间。

1. 投资规模及资金来源

自筹资金为主，以"吉林省全民创业发展专项资金"为辅，总计投入 600 万元。

2. 政策优惠

为深入贯彻《国务院关于进一步做好普通高等学校毕业生就业工作的通知》（国发〔2011〕16 号），根据《教育部关于大力推进高等学校创新创业教育和大学生自主创业工作的意见》（教办〔2010〕3 号）及《关于进一步做好大学生创业科技园建设的通知》（吉人社办字〔2011〕195 号）要求，落实党的十八大提出的"鼓励多渠道多形式就业，促进创业带动就业"发展战略。东北电力大学调动各方面积极性，为大学生创造优良的创业环境，充分发挥创业带动就业的倍增效应。同时学校坚持不懈地倡导大学生科技创新创业实践活动，取得了丰硕的成果，形成了良好的创新创业氛围，为进一步开展大学生自主创业打下了坚实的基础。

（1）以创新创业教育为核心，突出人才培养特色。东北电力大学投资 1 800 余万元兴建了总面积为 5 000 余平方米的大学生活动中心，为学生开展科技文化活动提供了硬件保障。近几年，大学生举办了科技节、文化节、艺术节等 100 余项活动，参加人数达 20 余万。学校开设"大学生学术报告厅"，多次邀请政府、高校、科研院所知名学者来校举办讲座，近 3 年来邀请俞敏洪等国内知名企业家 20 余人来校举办报告会，使学生进一步了解现代企业的经营和管理理念。学校大学生科技创业中心建立 13 年来，孵化了因特雷工作室、挑战者工作室等 30 余个学生科技组织，学生研制的"新型低碳采暖系统"等近百件产品被企事业单位采用。此外，通过组织大学生数学建模、电子设计竞赛、商业计划书大赛等精品赛事，提升了科技创新活动的层次和水平。东北电力大学国家大学科技园是学生开展科技创业实践的重要基地，每年约有 400 名学生进入驻园企业进行专业实习实践，参与项目研究和管理。毕业生邓文杰在学校大学科技园创办了吉林市圣科软件开发有限责任公司，自主研发的可视化三维动态仿真项目获吉林省科技进步二等奖，是学生自主创业的典型代表之一。

经过多年的教育实践，东北电力大学形成了突出"一实两创"（实践能力、创新意识、创业精神）的人才培养特色。一直以来，东北电力大学毕业生以"留得下，用得上，干得好"赢得社会的广泛赞誉。2016 年至 2018 年，学校年均接待来校招聘用人单位 700 余家，年均举办专场招聘会 300 余场，用人单位提供的就业岗位数量远远超过毕业生人数，供需比在 1：3 左右。在越发激烈的就业竞争中，学校能保持较高就业率，应该说得益于坚持和不断深化突出"一实两创"的人才培养特色。

（2）完善创新就业指导内容，就业指导课程建设。2002 年，东北电力大学开设就业指导课，2010 年起更名为"创业就业教育"，纳入必修课，教师队伍由全球职业规划师、国际职业指导师、国家职业指导师等具有专业资质的人员组成，其中教授 2 人，副教授 3 人，讲师 8 人。每学年上课学生人数近 9 000 人。学校的就业指导与服务贯穿于学生在校学习全过程：对大一学生进行专业兴趣、专业素质教育；对大二学生进行职业规划、择业就业观念教育；对大三学生进行就业技巧、创业技能教育；对大四学生进行求职实践体验教育。学校将毕业生就业实习纳入教学计划，共建立毕业生就业校内外实习基地 122 个，年度实习人数 13 000 余人次。

东北电力大学根据不同专业和学生特点，坚持全程化和个体化相结合的职业生涯教育，帮助学生科学、合理地进行职业生涯规划。2016 年至 2018 年，学校举办就业指导讲座 60 余场，就业团体咨询 22 次，参与学生人数近 3 万人次；组织双困生就业能力拓展培训 49 次，培训 1 075 人。同时，通过就业工作坊、就业宣传月、创业大讲堂等常态化的特色活动，将就业教育、创业教育、励志教育有机结合起来。学校积极鼓励学生到部队、到基层、到西部、到祖国最需要的地方建功立业，共为新疆、青海、甘肃、内蒙古、云南、西藏等地区输送毕业生 1 100 余名。

（四）可行性研究结论

2010 年 3 月，教育部下发了《教育部关于大力推进高等学校创新创业教育和大学生自主创业工作的意见》。意见指出，大学生是最具创新、创业潜力的群体之一，在高等学校开展创新创业教育，积极鼓励高校学生自主创业，是教育系统深入学习实践科学发展观，服务于创新型国家建设的重大战略举措；是深化高等教育教学改革，培养学生创新精神和实践能力的重要途径；是落实以创业带动就业，促进高校毕业生充分就业的重要措施。该意见为高校培养创新型人才，促进大学生自主创业带来了前所未有的机遇。

东北电力大学是省属重点综合性大学，2012 年学校入选为国家"中西部高校基础能力建设工程"重点建设高校。多年来，学校高度重视大学生就业创业工作，加强组织领导，完善制度建设，积极推进大学生自主创业工作，走以创业促进就业之路。学校始终坚持"面向国家重大需求、积极服务地方经济社会发展"的科研方针，不断提高学术研究水平、科技创新能力。学校有国家地方联合工程实验室 1 个，国家大学科技园 1 个，包括省部共建教育部重点实验室、教育部工程研究中心在内的省部级重点实验室、研究中心、文科基地等 16 个，吉林省重大需求协同创新中心 1 个。2010 ~ 2014 年，学校承担包括国家 973 计划项目、863 计划项目、国家科技支撑计划项目、国家自然科学基金重点项目等各级各类科研课题 1 600 余项，取得了一大批高水平研究成果，获国家科技进步二等奖 2 项，省部级科技进步奖 58 项，为推动科技进步和地方经济建设发展做出了重要贡献。

四、建设东北电力大学大学生创业科技园的必要性

（一）项目建设背景

自高等学校扩大招生规模以来，高校毕业生规模迅速增长，就业形势日益严峻，就业压力持续加大。高校毕业生就业问题事关人民根本利益，事关社会和谐稳定，已经成为我国就业工作首要问题和重要民生工程。

同时，国家和吉林省"中长期教育改革和发展规划纲要"也提出要大力加强就业创业工作。以下对东北电力大学大学生创业科技园建设作必要性分析。

1. 全面推进大学生自主创业工作是学校培养创新型人才的必由之路

高等学校对贯彻落实党的十八大精神，深入实施科教兴国战略和人才强国战略，加快建设创新型国家负有重大历史责任。而自主创业是培养创新意识和创新行为的最有效载体。因此，大力推进大学生自主创业工作必将成为今后东北电力大学深化教育教学改革，努力培养创新型人才的核心任务之一。

2. 全面推进大学生自主创业工作是解决高校毕业生就业难问题的有效途径

创业，是城市发展的内生动力。就业，是和谐社会的民生之本。大力推进高等学校大学生自主创业工作是培养学生创新精神和实践能力，推动高校毕业生充分、高质就业的重要措施。学校提出以创业促进就业，一是扶持一部分学生实现成功创业，使其在实现理想的同时为社会提供新的、更多的就业岗位。二是帮助大部分学生提升意识，锻炼能力，开阔视野，积累经验，丰富阅历，增强信心。

创业科技园区是根据国家有关部门的指示精神，利用政府的资助，大学配套

支持所建立起来的培养学生创造精神、创新能力、创业技能的教学实践基地与自主创业就业园区。

本项目的实施是全面贯彻落实党和国家有关文件精神,充分利用东北电力大学现有智力资源,整合社会资源,以开展创新创业教育为先导,以全面提升大学生创新创业能力为目标,将东北电力大学大学生创业科技园建设成以电力能源科技产业为特色的综合性园区,园区将实现各种相关政策全方位覆盖,进驻园区的企业将享受到相关产业的所有优惠政策;而且不同的企业之间将形成良性的互动和互补。未来 2～3 年时间,实现如下预期目标。

第一,进一步完善创新创业教育思想研究,将创新创业教育、专业教育、文化素质教育教学充分融合,纳入人才培养全过程之中,形成内涵丰富、层次多样、机制灵活、可操作性强的创新创业教育课程体系。公开出版特色教材 2～3 部。

第二,进一步完善创新创业教育指导教师队伍,提高其理论水平,提升业务素质,形成专兼职结合、课内课外融合的新型师资队伍,人数达到 60。

第三,进一步营造追求创新、崇尚创业的校园文化氛围。通过举办创新创业大赛、讲座、论坛、模拟实践等方式开展系列创新创业活动,计划每年培训、指导学生人数不低于 4 000。

第四,进一步加强理论研究和经验交流。吸收优秀博士、学科带头人带领课程组编创教材和案例集。加强交流、推广经验,学习先进做法。2～3 年内,申报省级以上研究课题 2 项以上,发表高水平论文 10 篇左右。

第五,开发质量检测跟踪系统。建立在校和离校学生创业信息跟踪系统,收集反馈信息,形成大数据、云平台,把未来创业成功率和创业质量作为评价创新创业教育的重要指标,反馈指导学校的创新创业教育教学。

第六,完善管理及服务系统。深入挖掘信息及软硬件服务,开展更优质的创业服务。

第七,整合学校资源,依托专项资金,充分利用校内外实践教学基地和国家级省级各类科研、创新平台,校企校地合作平台等,建设大学生创业科技园区、校内外创业孵化基地群和创新创业实习基地。计划每年遴选入园孵化项目 20 个,争取孵化成功率达到 25%;3 年内新建创业实习基地 50 个,有效安置毕业生 1 000 人左右。

力争 2～3 年内,把东北电力大学大学生创业平台打造成集大学生创业就业基地、创业项目研发基地、大学生实习实践基地、高校科研成果转化基地于一体,省内领先、在国内有一定影响力的省级大学生创业平台。

（二）经济效益

经孵化成功的创业项目正式投产后具有良好的营利能力。在取得资金收入的同时，创业项目具有强大的辐射功能，可以有效推广应用新技术和新品种，为相关企业创造巨大的经济效益。

（三）社会效益

大学生创业科技园的成功建设可以为大学生创新及创业实践活动提供空间和场地，有助于培养大学生的创新精神、创业能力。经孵化成功的创业项目正式投产后，社会效益明显。一是可直接或间接促进一定数量的毕业生就业创业，具有充分的典型带动作用，可以有效引导和鼓励其他毕业生创业。二是通过项目可大大提高劳动生产率。三是可安置大量的劳动力，有效促进和谐社会建设。

学校充分认识到创业科技园区肩负着培养人才的使命，从长远的角度考虑，针对当前大学生创业科技园建设普遍面临的各种问题，创新教育模式，将创业教育、创业实践、创业者和市场紧密结合，抓住国家大力扶持大学生创业的机会，实现创业科技园区的"人才孵化器"功能，加强大学生创业科技园建设。

东北电力大学大学生创业科技园将按照"政府支持、业主开发、整体规划、分步实施"的原则，坚持以市场为导向，以提高创新能力为核心，以营造创新创业环境为重点，以孵化项目为突破口，把创业科技园区建成持续自主创新的重要基地。

东北电力大学大学生创业科技园要充分利用学校的人才、学科和技术优势，突出"低碳能源与智能电网"特色，孵化科技型中小企业，加快高校成果的转化与产业化，开展创业实践活动，培育高层次的技术、经营和管理人才。建成产学研结合及具有社会服务功能的创新平台，推动吉林经济发展、支撑电力行业技术进步。建立适应社会主义市场经济的管理体制和运行机制，通过多种途径完善园区基础设施建设、服务支撑体系建设、产业化技术支撑平台建设、高校学生实习和实践基地建设，为入园企业提供全方位、高质量的服务。

第三节　香港地区高校创业教育实践的启示

香港地区高校创业教育充分体现了自由、自主、多元的特点和"全人教育"的本土化特征。香港中文大学创业研究中心是该校创业教育的主要组织实施者，中心宗旨是透过研究、教育及实践鼓励香港中文大学师生及社会人士参与创业，加深对创业知识的理解，继而迈向国际，成为创业研究及教育界翘楚。

为了有效解决高校现有创业支持不够完善和系统化的问题，促进各项散在资源的有效整合，在校内，创业研究中心与知识转移处、创新科技中心和其他相关单位合作，磋商知识转移策略；在校外，该中心与香港民政事务局、香港科技园、数码港、香港天使投资脉络、香港设计中心、深圳市社会科学院，以及珠江三角洲一带企业家、天使投资者、创业投资者等广泛联系，创办了"中大创进坊"。这是一个崭新的全校性创业支持项目，"创进坊"将提供一系列创业实用工具、培训工作坊以及业务咨询服务，目标是为有志于创业的中大师生和校友提供从概念、初创到扩展各阶段的服务，连接校内参与者、校外投资者、创业培育中心、技术和业务顾问，协助有创业概念的人找到创业合伙人和管理团队，开拓商业机遇。为了更有效地推动每个创业项目，"创进坊"也会定期跟进各项目的发展情况，提供相应协助。通过"中大创进坊"，香港中文大学建立起融教育项目、顾问服务、连接地区资源及投资机会于一体的创业教育体系，值得内地高校参考借鉴。

一、分阶段和群体提供教育、培训和服务

当前，高校创业教育亟待实现由表层实践向纵深发展的跨越，在此过程中，存在着制约发展的深层次问题。高校不同学院、部门下设立的培训和服务项目，通常在不同管理部门下各自运行，缺乏有效的平台进行整合优化；大学常有很多不同类型的展览，展示大学在各个领域的科研成果，但如何促进这些成果转化为实际运行的业务并且持续营运下去，各个高校并没有真正切实有效的解决办法。而且，现时香港院校主要是通过培训培养创业知识，通过比赛选拔项目，提供种子基金资助等，成效并不十分理想。其目的虽是帮助创业，但无法提供长期支持和协助，就如做"慈善事业"一样，捐赠过后也少有下文。何况得到资助的创业项目始终是少数，大量创业构思在缺乏指引和资源的情况下被默默放弃，还未加入市场已遭淘汰。香港的创业教育要更进一步，需要更系统化、更立体、更全面，才可在更大范围内有效地促进创业。随着有创业需求的非专业学生不断增加。为了有效整合各方面资源对全校各专业有创业需求的学生进行指导与跟踪服务，实施更系统、更立体和更全面的创业教育，"中大创进坊"应运而生（图 6-1）。"中大创进坊"旨在协助有志于创业的中大师生和校友开拓及把握商业机遇。中大创业研究中心、创新科技中心及知识转移处，携手提供一系列创业实用工具、培训工作坊以及业务咨询服务，并配合大学课程和地区资源，为中大师生和校友提供从概念、初创到扩展各阶段的服务，致力于系统地协助他们在创业道路上迈进。

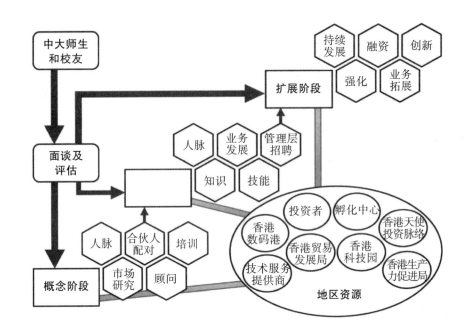

图6-1　香港中文大学"创进坊"概念图

该项目在实施过程中创造了分阶段、分群体的教育、培训和服务方式，首先对来自校内外有创业需求的学生和人员进行初步信息统计与分类，划分为三个群体，即没有创业的学生、初创企业的学生、创业中期的学生。然后针对三个群体的不同情况，在概念阶段、初创阶段、扩展阶段分别安排指导教师对不同群体的学生进行有针对性的指导与跟踪，以满足不同专业学生的创业需要。

概念阶段的教育项目。"概念阶段"是指将商业概念付诸实践，将科研成果转变为商业化产品，组织创业团队。在这个阶段"教育项目"主要提供商业化和创业及业务管理方面的教育和培训；组织学系间的分享交流，促进跨学科合作。

初创阶段的顾问咨询。"初创阶段"是指利用地区资源，丰富创业知识和技能，招聘管理层等。在这个阶段"顾问服务"主要提供面谈指导，并为个案作跟进、回顾及总结。

扩展阶段的连接地区资源及投资机会。"扩展阶段"是指建立持续发展的业务，通过创新技术或管理方案强化自身优势，寻找融资机会，进一步拓展业务。在这个阶段主要是连接校内参与者、校外投资者、创业培育中心及技术和业务方面的顾问，协助有创业概念的人找到创业合伙人和管理团队，开拓商业机遇。

二、以校内外资源创良好创业生态

"中大创进坊"充分发挥了资源整合和加强集资平台建设的功能。校内资源整合方面，在香港中文大学创业研究中心的组织协调下，"中大创进坊"得到了工程学院创新科技中心和中大知识转移办公室的全力支持，并得到政府知识转移基金的资助。创业研究中心主要贡献创业和商业管理方面的知识和经验；创新科技中心则主要提供创新科技的资讯和商业化方面的知识和经验；知识转移办公室则会提供关于大学相关政策的建议和服务。

校外资源整合方面，目前申请进入"创进坊"的成员可以获得推荐使用合适的地区资源与服务。目前"创进坊"已邀得浩观（CoCoon）、数码港、香港天使投资脉络（HKBAN）、香港生产力促进局、香港科技园、香港贸易发展局等政府组织与非政府组织成为伙伴机构，希望满足处于不同创业阶段、不同行业"创进坊"成员的需求。如浩观可为不同领域的创业人员提供创意工作空间、交流平台和学习机会，在这里不同创业者可进行头脑风暴；数码港为有创业意向与需求的创业者提供创业大赛平台与基金项目支持，针对数码行业公司的培育计划；HKBAN可帮助初创企业改善商业计划，并创造吸引天使投资机会；香港生产力促进局则可为处于发展阶段的企业提供许多技术发展与市场开拓方面协助与支持；香港科技园既有针对科技企业的培育，也有对领先科技公司的技术支持；香港贸易发展局则有针对中小企业的支援项目和各个领域的讲座、展览等。

"中大创进坊"加强集资平台建设，正在积极与创投基金及集资平台等建立合作伙伴关系。一是由中大校友发起的香港创业基金将优先投资中大校友参与的创业项目，首轮基金为3 000万港元，专门用于投资早期的创业项目；二是中大还有一个新型集资平台FringeBacker，是香港第一家群众集资的平台。这些平台不仅为创业者开拓融资渠道，也让投资者了解优秀的创业项目，以此促进香港的创业投资。"创进坊"将推荐合适的创业项目使用这种方式进行集资，以及进行先期市场反应调查，以此吸引更多资金投入"创进坊"的创业项目。

三、开展社会企业挑战赛

近年来，香港特区政府通过多种渠道，大力倡导发展社会企业（社企）。社会企业的缘起有两方面，一是"由社入商"，社会服务机构加入商业元素，成为社会企业；二是"由商入社"，商业机构履行社会责任，发展成独立的社会企业。社会企业可以实现"助人自助"的目标，发掘社会的潜在资源，填补政府与NGO的空白。香港民政事务局许晓晖副局长认为："社企透过不同的社会目标，从提供就业机会给弱势社群协助他们融入社会，提供各种特色服务推动环保和减废，均为建构更美好的公民社会做出不少贡献。"

为了在全社会宣传社企的理念，培养更多的创办社会企业的人才，2007年香港中文大学创业研究中心开始举办香港社会企业挑战赛，这是香港首创团结大专院校一起参与的社会企业计划比赛。比赛旨在培育青年社企，挑战赛通过一系列的社会企业家讲座、创意与创业技巧工作坊及计划书撰写训练，为将商业营运融入社会提供一系列培训、指导，以使参加者在学习社企知识之余，全面提升他们在企业营运和资金筹募方面的技巧，稳固创业根基，有助于其业务的长远发展。至2013年已经成功举办了7届比赛，已有约4 000名来自24所大专院校的学生参加并积累超过600个社会企业计划概念，涉及减废、扶助弱势人士就业、公平教育、凝聚家庭社会力量等社会问题。HKSEC每年评出两个冠军队，冠军队成员将获得香港民政事务局颁发的实践资金。最终冠军组成员会得到丰厚的项目启动资金。以2012年为例，冠军队每名成员获得了48 000美元的奖金。同年8月，这两个冠军组都发布了他们的企划案，并且得到了香港中文大学I·CARE活动项目的补助金，用于启动项目，每组100 000美元。香港社会企业挑战赛的成功举办使得社企理念在香港渐渐深入人心，刺激了大学生积极构思新颖的社会企业，从而促进社会企业的创办，当中有不少参赛队伍利用创新思维和灵活变通的生意头脑，将商业计划付诸实践成立社企，而且有不少具有特色的社企持续经营，成绩令人鼓舞。香港中文大学创业研究中心项目总监蔡明都介绍，曾有美国的大学生参加社企比赛，得奖作品是太阳能电筒，赢得比赛以后，得到启动资金，生产电筒。现在这位同学已经来到香港开公司，生产基地在内地，产品销售到非洲多个地方。为使社企可持续发展及进一步壮大，达到"社会公益"与"业务可行性"并存的双重目标，培育更多的社会企业家，2008年，香港民政事务局赞助香港社会企业挑战赛，目的在于让年轻人有机会通过讲座和工作坊学习，参与社企的社会创意计划以便开阔视野，体验社企营运过程，促进社区共融和跨界别的交流互动与合作，与此同时，在个人发展方面，学习如何有效运用企业经营模式协助解决社会问题。香港特别行政区民政事务局许晓晖副局长认为，社企不仅对社区和同学的个人成长都大有裨益，而且有利于创造富有人文关怀兼具创新动力的社会。

香港社会企业挑战赛创办以来不断发展和完善。本来参赛者只限于香港中文大学的学生，现在则开放给全港大学及大专学生参加，职业训练学校、副学士、本科生、硕士生和博士生都可以参加。香港社会企业挑战赛会赞助在香港比赛胜出的参赛队参加国际比赛，而国际比赛仅允许毕业不到三年的校友参加，所以香港社会企业挑战赛就将参赛者扩展至毕业后三年以内的校友。除了这些方面的发展外，更为重要的变化是挑战赛的举办者将比赛向前延展，加入一些注重创意的培育课程，在比赛之前开展系列教育培训活动；又由竞赛向后拓展，发展出创业"学长计划"等辅导项目，促进竞赛获奖项目的实际转化与应用，形成了集教育、培训、竞赛、项目孵化为一体的科学体系。

四、致力于帮助学生多方面汲取社会经验

这是"中大创进坊"的系列项目之一，特邀中大创业校友及成功创业人士担任学长，面授创业经验，是首个针对"创业"指导的学长计划。Mentor源于希腊神话人物Mentor，在此引申为有智慧、可信赖的"良师益友"。香港中文大学在学校层面设有"学长计划"，这项计划由学校选择"有相当社会历练，在各自领域卓然有成"的校友作为在校学生的"学长"。获邀为学长的校友与学生在为时一年的计划期内定期会面，形式不拘一格，或邀学生参观工作地点，或一同郊游、聚餐和参与文艺活动，通过与学生分享工作心得和人生体会，帮助学生成长，汲取社会经验。

根据中大创业学长计划的安排，学长负责指导学员改善其商业方案，或协助其将商业计划付诸实践；学员可通过与学长密切互动，改善方案、学习创立业务，或创新现有业务，获得技术商品化等方面的专业意见，并拓展行业人际网络。创业学长计划以鼓励创业精神，启发年轻一代，促进知识转移为理念，目标是帮助有志于创业的学生和校友改善、实践商业计划，拓展行业人际网络，为不同年代、届别的亲友及学生创造交流和沟通的平台，促进知识转移。该计划在2011年9月首次启动，多个项目在学生的指导下完成了产品开发或商业模式设计，注册了公司，甚至成功取得投资。

五、注重开阔香港年轻创业家视野

青年创业者能力提升计划是谷歌与香港中文大学合作推出的创业培训计划，包括三项内容：一是与中大联手设计一项培训及导师计划，让创业家有机会与一众在本地难以接触、具备丰富经验的导师交流；二是表现出色的本地创业家将获邀到访谷歌美国山景城总部，与全球社群接轨，广结世界各地的专家；三是寻找方法凝聚本地创业社群，协助年轻创业家克服创业初期的困难。2014年2月活动启动以后，受到了广泛关注，多达900余人报名参加活动，使得原来计划400～500人的活动不得不在场地安排等方面重新规划。

该计划包括两部分内容，在工作内容方面多有创新，在培训方面实行跨专业培训，目的是使不同学科专业的参训者能够充分交流，互相借鉴，相互助力。对

于参与培训和指导的创业导师，本项目也有专门的激励措施，获奖团队的指导教师将与团队成员一起完成"创业达人远征"，到谷歌总部参观。

一是跨专业创业技能培训，被选中的申请人将被邀请参加跨专业创业技能培训。在这个培训中将会有一系列的专题讨论会、研讨会以及各种主题的聚会。在一些参加过培训的前辈带领下，参与者将学习到如何在固定模式的产品和服务基础上设计灵活的商业模型，当然最重要的是跨专业技能的应用和思考。培训的主题包括商业模型设计、创新、撰写，理解客户和使用者的需求等等。参与者学习并且使用技术性产品，利用技术交流、分享商业灵感。参与者将以个人或者团队的形式参加培训。入选的团队将被邀请与所有人分享想法、商业企划等等。所有的团队成员一定是通过选拔的申请者。在培训过程中不允许出现换人的情况。

二是能力提升，参与者将成为活动中的一员，接受一系列有深度的培训。每一团队都会委派一名有经验的监督者负责提出有针对性的建议并且监督培训过程。监督者将对团队的商业企划案或者活动计划提出有针对性的建议，给予及时的指导，鼓励团队应用系统性的方法实践商业计划。在培训过程中，团队将有机会与不同行业和地区的专家、投资者见面。团队将从会面的经历和投资者提出的建议中获益，并且从这些人当中获得潜在的投资。

在完成了培训之后，学员可以为自己的企划或者产品找到一些投资者。杰出的学员还会收到谷歌领导团队的邀请，远赴美国山景城谷歌总部观摩与学习，与全球的创业团队和投资者建立联系。对于青年创业者能力提升计划，社会各界给予高度评价，香港商务及经济发展局局长苏锦梁表示："我们非常欢迎'EYE 年轻创业家计划'，凝聚本地创业社群，让本地年轻人有机会为社会及经济带来崭新的商业理念，为香港建设可持续稳定发展的创业环境。"

六、创业教育体系要勇于走开放之路

首先，通过高校创业教育中心等机构促进校内创新科技中心、知识转移处等各个部门的横向联合。创业教育是一个生态系统，在高校内部主要涉及创业研究中心、创新科技中心、知识转移处等各个部门的横向协调，只有实现内部的有效整合才能推动高校与社会的衔接和联动。如果没有内部整合，那么高校系统中的各个组成部分都可以集中精力完成属于自己的那份任务，但是对于整个系统的"短板"却很少有人关注，这就像一个由独栋别墅组成的大型社区，每一家都可以在自家庭院里种花种草，但是要将每一家的庭院串联起来，组成一个大花园，却需要有一个协同机构。高校创业研究中心应该主动承担起这份责任。

其次，要"注重整合大学与社会资源"和"积极引进群众集资平台"，积极地在高校与政府、企业和社会组织之间搭建沟通的桥梁，成为多方联动的纽带。在整合大学与社会资源方面，高校创业研究中心要积极发挥桥梁作用，积极推动整合学校不同机构、部门以及一些政府组织与非政府组织机构和社会企业、家族企业等校内外资源，为创业教育实施和创业项目操作提供各方保障与支持；在积极引进群众集资平台方面，香港地区有很多思维敏捷、富有创新创意的国际化创业人才，香港的创意设计和金融等产业发展位居世界前列，当前迫切需要的是将一些创意想法、商业项目和科研成果通过创业研究中心提供的力量支持，转变为实际运营的产业项目，高校创业研究中心要积极探索有效举措来解决商业项目和科研成果的转化问题。

再者，通过"内合外联"实现资源共享和市场共建。高校要结合校本特色，进行切合经济和社会需求的应用研究，与工商界及行业团体发展密切的合作伙伴关系，全面发展学生的学术以及个人才能，提升高校服务区域发展的能力；高校创新创业教育以培养创新型人才的独特方式服务于创新型国家建设，成为创新型国家建设的基础工程；高校逐步走出"象牙塔"，走向社会的中心，通过直接兴办高科技产业，引领科技产业发展方向。高校直接服务于创新型国家建设和现代企业发展，这就形成了全新的政府、企业、大学的"三螺旋"结构。大学不应被企业或政府指挥，而应在促进创新和产业政策体制中，作为有影响力的行动者和平等的合伙人出现，处于在新经济中的中心地位。在这样的大学中，高层管理者全力支持创业教育可以成立专门开展创业教育的机构，建立跨学科研究中心，实现多部门参与。这样既有效地做大高校创业教育这块"蛋糕"，又可积极促进相关各方优化资源配置，有效降低创业教育成本，提高创业教育效率。

第七章 我国大学生创业教育的未来展望

第一节 大学生创业教育的发展趋势

大学生创业是指大学生通过个人及组织的努力，利用学到的知识、技术所形成的各种能力，以自筹资金、技术入股、寻求合作等方式，自主搭建工作平台创造价值的过程。它是大学生实现就业和理想的重要途径。当前，大学生创业已引起了社会各方面的关注。国家不断推出针对大学生创业的各种优惠政策，鼓励和支持大学生毕业后自主创业；各地政府部门也推出了针对大学生的创业园区、创业教育培训中心等，以此鼓励大学生自主创业。为提高大学生的自主创业能力，高校应根据大学生实现自主创业的实际需求，运用各种手段和途径，积极开展创业教育，全面培养他们的创业意识和创业能力，并努力创造条件使其接受创业实践的锻炼。

一、对创业教育理论进行更新

（一）创业型职业锚理论

在职业生涯规划领域中，美国著名职业指导专家施恩提出了著名的职业锚理论。经过不断完善，1992 年，职业锚被麻省理工学院的学者具体拓展为 8 种锚位：技术 / 职能型、管理型、自主 / 独立型、安全 / 稳定型、创业型、服务型、挑战型、生活型。简单来说，创业型锚位指的是创业人希望利用自己的能力创建属于自己的公司或创建完全属于自己的产品（或服务），而且愿意冒风险，并设法排除所面临的障碍。对创业型的人来说，最重要的是建立或设计某种完全属于自己的东西，极强烈的创造欲使他们对自己提出了标新立异、有所创造的要求，并做好冒险的准备。

（二）创业人才培养模式

美国的百森商学院、哈佛大学和斯坦福大学是开展创业教育最早且比较成功的大学，它们的创业人才培养模式各具特色，值得研究。

1. 百森商学院的"强化意识"模式

百森商学院的创业教育主要由创业教育研究中心承担，通过创新性课程计划、外延拓展计划以及学术研究支撑创业教育，倡导创业精神。例如，创业教育研究中心为本科学生设计了创业课程教学大纲，课程由一系列必修课和选修课组成。不少课程极富特色，如"新生管理体验"课程，新生班级被分成若干小组，在教师指导下各组制订创业计划，学校为每小组提供最多 3 000 美元原始资本用于创办并经营新公司，公司在学年结束时结算，超过原始资本的利润作为大一年级学生开办慈善事业的基金。

2. 哈佛大学的"注重经验"模式

哈佛商学院针对创业管理建立了完整的资料和案例库，为研究者提供良好的学习环境。比如，"开创新企业"这门课着重探讨设立新公司时所需的技能技巧以及新企业发展的知识。学生组成小组，按创意概念展开，完成一个设立新公司所需的完整经营计划，并对计划付诸实施。"小企业的经营与成长"课程则采用小组的个案教学法，个案根据校友们的社会实践经验或工作中的遭遇反馈写成，重点探讨小企业生产与运作管理方面的问题，如怎样应对日常工作中的压力，如何拟定影响竞争优势的关键策略等，从而培养学生在苛刻的资源限制与不确定的环境下追求创业机会的能力，从容应对企业成长的挑战，有效回收创业成果。

3. 斯坦福大学的"系统思考"模式

斯坦福商学院在强调实际管理经验的同时，也强调对经济、金融、市场运转等理论的长期研究。学院共开设 17 门创业管理课程，提供了许多有关创业财务筹资的课程。他们也非常重视创业战略以及创业环境的研究，尤其注重创业过程中各阶段、各层面的策略与操作议题以及产、学合作，产业网络等环境方面的议题。还非常注重应用导向和学科间的优势互补，创业教育从创业者而非投资者的角度规划创业个案，学生必须学会评估创业机会，并且结合个人能力、专业特长以及面对的外部环境，采取具体的创业行动。比如，在课程设计上采取团队教学与两段式教学方式，由商学院及工学院的学生组成团队，进行市场调研与分析，激发创意并设计产品，进而在实验室开发、生产制造其欲推向市场的产品。这种全过程参与有助于学生探讨和处理创业过程中所涉及的全部议题，全面了解如何将一个"点子"转变为一个完整的企业，大大提升了学生成功创业的综合素质。

二、大学生创业教育的发展前景

（一）鼓励和引导大学生积极转变观念，营造创业氛围

有些大学生的思想观念远不能适应创业所面对的问题，高校应该通过全方位教育，鼓励和引导大学生积极转变观念，营造浓郁的创业氛围。

在高校营造创业氛围，一是可以通过新闻媒体、校园文化等手段加大创业事迹的宣传力度；二在校风、教风、学风建设中突出创新、创造，形成"学习为创造、创造中学习"的良性循环，潜移默化地培养和强化大学生的创业意识；三在学校的制度建设上，多鼓励师生创新、创造、创业；四是宣传成功创业者的创业事迹、创业方法和奋斗经历，为大学生树立学习榜样。

（二）积极推动教育教学改革，建立创业能力培养服务体系

培养大学生的创业意识和能力是高校的重要教育任务之一，应将创业教育全面渗透到学校的教学工作中，并建立比较完整的大学生创业能力培养服务体系，帮助有志于创业的大学生迈出创业的第一步。

创业能力培养服务体系应以"激发—实践—创业"为主线，全面满足大学生的创业需求。该体系应由创业基础理论、创业实践训练、创业教育导师辅导和创业孵化系统组成。这个体系可以为大学生提供从创业基础理论、普及性科技活动、学术性科技创新项目开发研究、创业计划大赛、创业实践训练到自主创业的完整学习过程，能有效提高大学生的创业能力具体如图7-1所示。

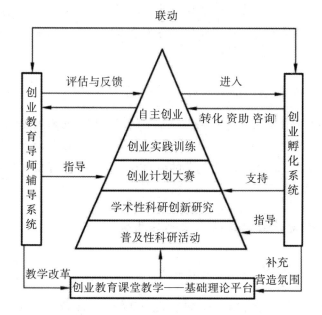

图 7-1 "实践型"创业能力培养服务体系

1.创业基础理论平台

创业基础理论平台主要提供职业生涯发展规划教育、专业教育、现代形势教育、创新创业教育和培训、基本素质养成教育。以帮助学生确立职业生涯发展目标为目的，帮助学生初步了解所学专业和行业，激发学生的创新创业意识。

2.创业实践训练模块

创业实践训练模块旨在拓宽创业能力培养渠道，利用各种实践条件培养创业能力。在基础理论模块之外，主要通过各类培训、创新项目和创业计划大赛实现。主要有如下几种形式：（1）创业计划大赛。定期举办学校创业计划大赛和参加"挑战杯"全国大学生创业计划竞赛等活动，促进创业实践的迅速发展，培养学生的创新精神和创业意识。（2）模拟创业活动。从寻找商机到制定创业计划、组建创业团队、进行创业融资和创业管理，对创业全过程进行模拟，提高学生对创业过程的感性认识，达到在实践中学习和提高的目的。（3）创业者系列讲座。邀请创业校友和在校教师为学生分享创业经验并进行知识交流，让学生从中了解创业的真实过程和其中的艰辛。（4）大学生创业项目支持计划。制定大学生创业项目支持计划，提供资金和场地，在校园中采取招投标的形式，让学生经营文印社、商店等。有条件的学校还可以与大学生创业园区合作，积极利用政府的政策，为学生创业项目提供专家指导，鼓励学生进行创业训练，在训练中培养学生的创业和管理能力。

3. 创业孵化系统

大学生创业孵化基地是一种新型的社会经济组织，它通过为大学生提供研究经营场地、通信网络与办公设施、系统培训和咨询服务以及政策、融资、法律和市场等方面的支持，降低大学生创业的风险和成本。这是提高大学生创业能力的重要途径。

（三）建设大学生创业孵化基地的策略

1. 为大学生创业孵化基地创造良好的政策环境

一是减免税收；二是在孵企业被认定为高新技术企业后，可优先享受孵化专项资金、科技三项经费支持以及享受孵化基地提供的综合服务和减免房租等有关优惠；三是政府要鼓励各类金融机构改进信贷服务，增加信贷种类，合理确定贷款期限，增加对在孵企业的信贷投入；四是各类担保机构和创业投资机构要优先为在孵企业提供信用担保。

2. 建立合理、高效的运行机制

以公益目的为出发点，服务体系的管理部门应根据工作的需要设置项目部、指导部、服务部、人力资源部、综合部、信息部等职能部门。建立集工商注册登记、企业年检、税务代理、财务会计代理、经济技术合同咨询、申请专利、商标注册、无形资产评估、商务谈判等咨询服务于一体的规范化综合服务系统。

3. 建设科学的管理机制

（1）资本管理机制。帮助创业项目解决资金运转问题，使创业项目得以继续，为大学生创业创造良好的物质环境。（2）项目管理机制。通过项目管理机制，加快科技成果的转化过程，对创业项目实施全面的价值评估，全面提高创业项目质量。（3）文化管理机制。营造合作、内部融合的文化。鼓动竞争对手变成同盟者，甚至合作者，以便在尽可能短的时间内取得最佳成果。这不仅有利于整合资源，还能为大学生提供有效帮助，提高孵化基地的智能化服务水平。

总之，高校大学生创业需要政府、学校、家庭、自身多方面努力。在不断创新创业教育理论的同时，要加强针对性的辅导与培训，以增加大学生创业的成功率；要为其提供更多的创业实践机会，注重各种形式的创业实践活动，从而最终提高大学生的综合素质，促进大学生就业与个人职业发展。

第二节　高等教育要厚植创新创业文化基础

在中华人民共和国第十二届全国人民代表大会第三次会议上，李克强总理在政府工作报告中指出要把"大众创业、万众创新"打造成推动中国经济继续前行的引擎之一。2015年5月4日，国务院办公厅发布《国务院办公厅关于深化高等学校创新创业教育改革的实施意见》，提出分步骤实施的总体目标：2015年起全面深化高校创新创业教育改革，2017年相关改革取得重要进展，2020年建成较为完备的高校创新创业教育体系。

由此可见，创新创业不仅是当前经济社会发展的重要行动纲领，也是当代大学进一步提升人才培养质量的教育要务。厚植高校创新创业文化是实现这一教育要务的核心与关键。

一、创新创业文化是经济社会发展的重要引擎

美国是当今世界上最大的单一经济体，近几年的研究数据表明，单就GDP而言，中美似乎已处于同一数量级。但是，我们应清醒地认识到，我国的人口基数约为美国的4倍。决定人们生活质量水平高低的是人均经济产值，美国人均国内生产总值是5万美元，而我国刚刚超过5000美元，而且这是经过价格差异调整后的数据。这样来看，美国遥遥领先于中国，中国还需在相当长的时间内保持经济高速增长才有可能赶上美国。

美国从19世纪90年代起就成为世界最强大经济体，并且经久不衰，许多学者将此归因于美国深厚的创新创业文化。美国商务部知识产权官员戴维·卡普斯曾表示，创新是国家经济发展的基石，第二次世界大战以来美国的经济增长有75%来自产业创新和技术革新。据福布斯近期发布的一项由国际研究团队开展的名为"全球创业观察"的研究表明，美国在2014年，参与创业或者经营企业的人数占到美国总人口的14%，其中，在25至34岁的人群当中选择创业或者经营新企业的比例达到18%，这两项数据在欧美发达经济体中遥遥领先。

二、高校教育是引领创新创业文化发展的重要力量

教育本质上是一种文化活动。高等教育是国家和民族文化传承的重要载体，不仅深受文化传统的影响，而且与社会政治、经济等诸方面有着密切的文化互动。与政治、经济等相比，文化与高等教育具有更深层次的本质联系。如果说教育最基本的社会任务是文化传承，那么高等教育对社会文化的传承具有更重要的意义。

文化的生命在于它不断创新，只有时时更新的文化才能源远流长，历久弥新。如果说普通教育的主要功能是文化传递、传播，那么高等教育在文化的选择与传递过程中不断地批判旧的文化，推动整个社会文化的演进。批判与创造文化是高等教育的特殊功能之一。

创新创业文化是我国经济社会发展到一定程度时，在社会文化层面上自觉与必然的选择。高等教育在引领社会创新创业文化方面，具有独特优势。大学是知识人才的聚集地，是前沿科学、尖端技术、先进文化的发源地，在引领社会文化发展中有人才和知识上的有利条件。人才培养是大学的核心使命，大学生是支撑未来社会进步发展的高素质主力军，大学生也是精力最充沛、思想最活跃、最富创新精神的青年群体，他们是大学引领社会创新创业文化的重要载体和不竭动力。

三、培育创新创业文化是大学自身改革与发展的内在要求

21世纪，我国高等教育进入了大众化发展阶段。1998年，我国普通高校招生规模为108万人，高等教育毛入学率为8%。2010年，我国普通高校在校生有2 385万人，高等教育在校人数是3 105万人，高等教育毛入学率达26.5%。截至2014年，我国高等教育的规模已经位居世界第一，高等教育的毛入学率达34.5%。《国家中长期教育改革和发展规划纲要（2010—2020年）》提出至2020年我国高等教育毛入学率将达40%，高等教育在学总规模将扩大至3 550万人。

我国高等教育规模的稳定增长带来两个重要命题，一个是持续提升教育质量的问题，一个是保证大学毕业生高效就业的问题。当今的高等教育，单纯强调培养掌握高级知识的专业人才已经变得不合时宜，更需要强调知识与能力的有机结合，品行与素质的协同提升，人才培养基本标准与鼓励个性化发展的相互协调。

相对于社会经济发展，我国高等教育一直以来采取的是适度超前发展的政策。2016年，我国大学毕业生达到765多万人，毕业人数再创历史新高。如此庞大的大学毕业生规模，我国最大的人才红利，但另一方面，因为我国社会经济正处在转型时期，能够提供的就业岗位相对不足，使大学毕业生整体就业形势异常严峻。

以创新引领创业，以创业带动就业，将是解决当下大学生就业难题的重要途

径。鼓励大学生创新创业，积极调动蕴藏在青年大学生群体中的无限潜力，造就一大批新兴初创公司，既是大学生自我设计、自我实现的有效途径，又是高等教育自身完善发展的内在要求，更是我国未来经济持续健康发展的希望。

四、创新创业文化需要通过多角度多途径培育

高等教育培植创新创业文化的基本途径无外乎组织有效的教育教学。1991年，东京创业创新教育国际会议从广义上把"创新创业教育"界定为培养最具有开创性个性的人，包括首创精神、冒险精神、创业能力、独立工作能力以及技术、社交和管理技能的培养。创新创业教育也有其特殊性，传统高校教育侧重于知识的发现与传递，创新创业教育却是实践性非常强的教育活动，侧重于知识的综合应用和对人们生产生活需求的敏锐把握，对人的综合素质与能力要求更高，其有效实施面临的挑战性更大。

一是重视创新创业平台建设。目前，很多国内大学都进行了积极尝试，建设了类似于初创公司孵化器的大学生创新创业中心，或者大学生创业园，为大学生创新创业训练和实践提供必要的硬件条件。同时，搭配相应的服务、扶持、奖励、资助和管理制度体系，即建立鼓励创新创业的软环境。

二是重视学生社团组织的纽带作用。大学在创新创业教育中应到位而不越位，鼓励学生自我觉醒、自我设计、自我成长。要积极发挥学生社团的广泛带动和发动作用，让兴趣相投、目标相近的人凝聚起来，形成一种交流、互助、启发的合力。

三是重视榜样的教育力量。大学科研活动中也应强调创新，但更主要的还是知识创新。换言之，大学教师在创新创业教育中并不具有经验优势。因此，在进一步加强大学教师国际化、工程化的同时，要积极联系、发掘知名校友、成功企业人士等社会资源，尤其联系更具话语权的、在创新创业实践中取得成绩的人士，通过创业讲座、实地考察、企业实践等途径开展创新创业教育。

四是正确理解创新的适度性。对于大学生创新创业而言，片面强调技术的创新和领先性既不现实，也无必要。苹果并非首个电脑品牌，却是让电脑更具人文艺术气质的领先者。阿里巴巴并非互联网的创建者，却是让中国互联网商业化的领先者。从某种程度上说，对社会需求的敏锐把握和商业模式上的创新更是初创企业生存和成长的关键。

2014年，时任美国国家科学委员会副主席 Kelvin K. Droegemeier 评论道："中国拥有大量的非常聪明的头脑，然而中国人并不擅长将发明创造转化为产品，而产品才是创新的标志。"此语固然尖刻，但委实令人警醒。中国的情况正在发生改

变，虽然距离我们的预期目标尚远。在我国打造创新型国家的征途中，高校应当扮演主力军的角色，而厚植创新创业文化是高等教育的一项长期使命，它本质上是文化传承创新的一项基因工程，让创新创业成为我们民族社会文化中发乎于心、流淌于血的东西。

第三节　中国大学生创业教育的未来

面向生机勃勃的未来世界，中国大学生创业教育应该是什么样子？如何开展？这是本节要回答的问题。

一、从"功利性"的创业教育到"全面性"的创业教育

尽管近几年来，创业教育被越来越多地大学和学者提倡、研究和推动，但是社会各界，包括大学的教育行政、教师和学生，对创业教育的必要性、重要性和紧迫性的理性认识尚未形成。有学者提出创业教育就是培养创业素质的教育，另有学者提出创业教育就是培养创业型人才，更有甚者，提出创业教育就是对大学生实施创业的全方位指导，包括理财、营销、经营等。对创业教育的此类理解的着眼点是创业的技巧和技能，存在急功近利的倾向。虽然创业教育确实包含这些内容，但是这些却远远不能囊括创业教育的全部内涵。随着对创业教育研究的不断深入，越来越多的高校、学者等认识到这些观点的局限性并加以改正。但是，持有以上观点的人仍然不在少数，或者即使在思想上认识到此类观点的局限性，但在实践中又浑然不觉地走向"歧途"，这类现象在高校中尤为突出，正如原河南科技大学管理学院院长席升阳教授所说的那样，大学开展创业教育活动的动机和目的，大多是为了"感性的功利"。

创业教育作为素质教育的具体化形式，它的目的和意义远不止这些，我们对创业教育的理解应当更加全面深刻。随着对创业教育研究的不断深入和各大学生创业教育实践的陆续开展，我国学者纷纷开始从不同角度对创业教育加以全面阐释。席升阳教授在其著作《我国大学创业教育的观念、理念与实践》中从"创业"的语义出发研讨创业教育，并限定在高等教育的"语境"中展开，最终将创业教育定义如下：创业教育是使受教育者能够在社会经济、文化、政治领域内进行行为创新，开辟或拓展新的发展空间，并为他人和社会提供机遇的探索性行为的教育活动。他认为创业教育的内核是关注人的本质力量的培育和主体性的塑造，并将人的自由与全面发展作为其核心的价值观。围绕这一内核和核心价值观，他提

出创业教育的内容必须具有全面性、系统性的特点，并建议将创业教育的内容分为创业精神学、创业知识论、创业实践论三大部分。

二、"大众化"创业教育与"差异化"创业教育相结合

"大众化"创业教育是"全面性"创业教育理念的题中应有之义。首先，从宏观角度看，现在国家重视培养整个民族的创新能力，创业是创新力的一种重要体现方式。随着高等教育规模的不断扩大，大学生队伍日益壮大，挖掘大学生这个最具潜力群体的创新能力和创业能力，不仅仅能够提升整个高等教育的质量，更是提升整个民族创新能力的一个重要方面。其次，从现实角度看，如前所述，当前大学生就业问题突出，大学生想从社会的"增压器"变为"减压阀"就需要接受创业教育，需要通过创业教育提升自我的就业力和竞争力。最后，从大学生自身的角度看，根据一项对全国六省市、近万名大学生的调查，近八成大学生有创业的意愿。厦门大学管理学院教师木志荣对厦门大学的大学生创业者进行的抽样调查更是显示94.5%的创业者认为创业教育有必要或非常有必要。因此，无论国家、社会、高校，还是大学生，都迫切希望创业教育实行"大众化"，尽量面向全体大学生。创业教育"大众化"是各高校的共同目标和美好愿望，即便如此，我们也必须清楚地认识到一个现实：不是所有人都想创业，不是所有人都能创业。这一差异化在大学生这一特殊群体中更加明显。不是所有大学生都有同等的创业意愿和创业潜质，他们对创业教育内容、目标的理解存在明显的不同。不同专业学生的知识基础各异，对创业教育的内容需求也各有侧重。"实践是认识发展的动力"，经调查发现，参加过创业计划竞赛的学生和自主创业的学生比一般在校学生对创业教育的需求更为强烈，因为他们在实践中发现自身知识与能力的欠缺，对接受创业教育更具有目标性，相对而言，他们接受创业教育的基础与能力也更好。当然，这并不代表不参加竞赛或不自主创业的学生就不需要接受创业教育。从大学毕业生的人生走向来看，选择创业的人只占小部分，大部分学生还是选择就业，大部分人接受创业教育的目的在于提高自身的综合能力。经调查发现，有将近70%的学生想提高自己的综合素质，为以后的就业或创业打下基础，还有将近25%的学生的目标很明确，希望通过创业教育使自己成功创业。对于这两大类不同需求的学生应当具体问题具体分析，加以区别对待。在面向全体大学生开展"大众化"创业教育的同时，对那些拥有创业热情、创业愿望和创业潜质的学生加以重点培养，集中优势创业教育资源，使他们能接受更有针对性的"精英化"创业教育。这样不仅能提高创业教育的质量和效率，更能在当前我国大学生创业教育资源相对匮乏的情况，节约创业教育资源。

三、大学生创业教育在中国的路径优化

从国内外的研究和实践看，创新创业教育的主要途径有三个，分别是课程教学、实践活动和校园文化。如何对这些途径进行组合、优化，以获得最大的教育效果是大学生创业教育的教育转化研究的核心问题。怎样优化？笔者认为要坚持三个原则：一是目的性原则，结合创新创业教育的目标设计路径，同时要体现抓主要矛盾和矛盾的主要方面的思想，在承认每一种途径多重功能的基础上突出其核心功能；二是系统性原则，不能孤立看待各个途径，要整体把握设计，注重各途径间的逻辑和相互联系；三是可行性原则，既要追求理想的路径设计，又要结合国内外的先进经验，尤其要立足于国内创业教育的发展基础之上。基于以上原则，笔者参考各方资料，设计了大学生创业教育的未来路径优化设计图，如图7-2所示。

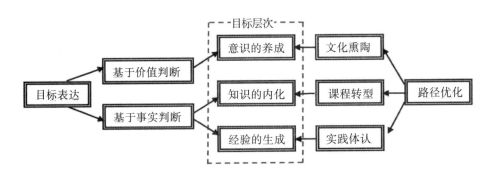

图7-2　大学生创业教育路径优化设计

（一）弘扬"挑战文化"，激发大学生创新创业意识

校园文化建设是实施创业教育的枢纽。出现比较早、发展较为成熟的美国高校创业教育的一个突出特点就是，以校园创业文化建设为枢纽，推进高校的整体革新。他们的经验表明，创新创业教育需要良好的文化氛围做支撑，这种氛围的核心作用在于激发学生的创新创业意识。然而，由于我国儒家传统文化强调稳定、贬抑变化，在很大程度上具有美国人类学家米德所说的"后喻文化"特征，即以重复过去为使命，对变化缺少认识。"后喻文化"特征深深影响着大学校园文化，具体表现为，形成了师授学承的模式，教师被视为当然的知识权威，于是，学生只能恪守师道、严承师说，这样培养出来的人才，多积累型而少发现型，多继承

型而少创造型。也就是说，当前高校与创业创新相关的校园文化核心是"崇尚权威"的文化，破解的关键也就是"挑战权威"，进而形成"挑战文化"。"挑战文化"的基本精神在于"崇尚创新、乐于挑战、勇担风险、宽容失败"。

怎样建设"挑战文化"？我们认为有三个努力的方向。

首先，把"挑战杯"进一步办成大学生的经常性的全民赛事。众所周知，"挑战杯"已经成为运行最为成功、影响力最大的全国在校大学生的科技学术盛会，它的积极意义在于，激发大学生创新的欲望和精神。参加"挑战杯"的选手们认为，比赛使他们更加意识到了理论、创新与实践的重要性与相关性，对以后的工作和学习有很好的指导与勉励作用，使自己不畏困难、勇于挑战和创新。但由于种种原因，目前的"挑战杯"大赛"表面上轰轰烈烈、实际上冷冷清清"，存在功利性强、参与范围小、受益人数少等问题。要进一步从创新创业校园文化建设的高度，开展经常性、多层次的"挑战杯"大赛，不断放大"挑战杯"创新创业意识的激发功能，引领大学生跨入创新创业人才大浪潮中。

其次，注重培育和宣传创业教育的典型。美国高校学生创业意识的迸发，在很大程度上是创业典型带动的。斯坦福大学特曼教授出资鼓励学生成功创立惠普公司，刺激了美国大学生的创业神经。美国的创业成功案例又刺激了英国、德国、日本乃至我国创新创业教育的迅速发展。而我国大学生的创业热情，也同样源于1999年"挑战杯"创业计划大赛上产生的"视美乐"等大学生公司的成功创办和运营。因此，要注意创业成功案例的运用，树立成功楷模，加强正向引导，增加成功暗示，正确处理创业失败的负面影响，从而提高学生创业成功意识。

最后，在大学校园中营造创业的良好氛围。如果单纯要求大学生创新创业，而学校和教师行动缓慢，那么便难以形成良好的创业文化。高校要立足于创建创新创业型大学，系统地进行教育教学改革。同时，积极鼓励教师创新创业，将自身的学术技能和科研成果及时转化为知识产权和市场化商品，鼓励教师积极创办企业，带动学生创业。

（二）坚持课程与教学改革同步、知识掌握与内化结合

课程体系改革是推进创业教育的重点所在。从广义上看，课程是学生在教师的指导下进行的各种活动的总和，是教育活动中教学目的、内容与实施过程的统一；从狭义上看，主要指学科课程。此处讨论的是狭义的课程。一般认为，课程居于教育的核心位置，是教育的心脏。对于创新创业教育而言，课程更是核心问题。创新创业课程建设主要有两个方面。

第一，改革现有课程体系，使其最大限度地发挥创新创业型人才培养的作用。

改革的目标主要是实现三个转变：一是从知识中心向内化中心转变，传统的课程以知识为中心，这样的课程等同于某一类专门知识，大学课程的逻辑结构和内容等同于知识本身的逻辑结构和内容，课程的目标就是让学生掌握并记住这些知识。如前所述，知识本身不带来创新，只有当其内化为自身的知识时才与创新密切相关。这就要求在课程目标的确定上，不能仅以知识结构为参照，更重要的是使课程结构适应于学生的心理结构，以促进学生形成良好的认知图式。二是从学科化向综合化转变。现在的课程都以学科为基础，按学科划分，知识被分割得过细。好的课程能适应社会、时代及科技发展需求。当今时代，重大科学技术创新需要高度分化基础上的高度综合性知识，技能创新往往产生于各学科的交叉领域，单靠某一学科已经很难实现大的创新和进步。进而，创新创业型人才不会是仅仅掌握单一学科的人，而是拥有综合化知识结构的人。这就要求在课程设置上突破学科的狭窄领域，淡化学科界限，注重多个学科的交叉、渗透。三是从限定性向选择性转变。创新创业教育的一个重要的思想就是把成才的选择权交给学生。而当前的课程限定性过强，一个专业的学生基本上学习同样的课程。这样的课程培养出来的学生是"被格式化的一代"，千人一面。正如《学会生存》一书所说，这样的教育"能扼杀创造性"。因此，要进一步实现真正意义上的选修制，除了极其必要的专业课程外，最大限度地允许学生按照个人兴趣选学，促进学生形成独特的知识结构。

第二，新建必要的创新创业教育专门课程。到底应该开设哪些具体的创新创业课程，是个十分复杂的问题，需要深入地研究及实践。目前，我们认为应坚持四个原则，以进一步建设创新创业教育专门课程。一是坚持学科站位。创新创业教育在国外已经发展成一门独立的学科。只有把创新创业作为一个独立的学科，才能深入系统地进行研究，构建、完善创新创业的理论体系，培养成批的专业教育人才，支撑创新创业教育的科学发展。二是层次性。不同高校类别、学历层次、年级阶段的学生，呈现出不同阶段特有的身心发展、知识能力水平，面临着不同的发展主题。创新创业教育课程的设置要适应不同类型学生的发展特点和成长需求，针对不同类型的学生侧重设计不同的课程，才能实现创新创业知识、能力的螺旋式提升。三是融合性。要注意创新创业教育课程与学生专业的融合，挖掘不同学科专业独特的创新创业教育内容。比如，历史学可以阐述创业者在人类历史长河中的作用；文学可以为学生提供创业者与创业故事的精彩描述；政府政策对创业影响的内容可以整合到政治学或政治经济学中。四是混合性。从学生的组织角度而言，创新创业教育课程不仅要突出各专业的特色，更要构建团队开发，利用商业创意，将经济、商业的相关专业学生和其他学院不同背景的学生混合在一起学习。

需要进一步指出的是，在改革调整课程体系的同时，也要同步改革人才培养模式，尤其改革教学方式。关于这一问题，现在探讨得相对深入一些，基本共识主要有四个方面。一不要把学生当作知识的容器，要注重引导学生内化知识；二不能单一地以课本为基本资源，要注重教学资源的时代性、实效性和多元化；三要注重教学过程中师生的交流对话，提倡问题教学、讨论式教学、案例式教学等；四去除教学中教师的权威和专制的角色特征，构建平等和谐的师生关系。究其实质，关键是注重"演绎式教学"和"归纳式教学"的有机结合，尤其要恰当实施"归纳式教学"。我们目前的教学方式是演绎式的，先将一个无可置疑的真理灌输给学生，然后才会用其解释或解决问题，不利于学生的创造性培养。"归纳式教学"并不预定标准答案，而是先从现象入手，给出多种理论，鼓励学生怀疑和批判，给学生很大的自主选择空间，有利于学生创新精神和创业能力的培养。

（三）打造"个性化"实践平台，丰富大学生的创新创业经验

实践教育在大学生创新创业教育中的价值是不言而喻的。如前所述，大学生创新创业能力培养是高校创新创业教育的核心内容之一。而大学生创新创业能力的形成依赖于实践，是个体在实践过程中通过构造、理解等方式逐渐形成的。只有通过系统的创新创业实践教育才能把有关知识转化成创新创业能力。当前，主要从三个方面入手，充分发挥实践的创新创业教育价值。

一把创新创业教育实践融入人才培养的大链条之中。大学生创新创业能力的提高离不开创新创业实践活动。但是，当前存在着为了实践而实践的问题，即表面上建立了形式多样、数量不菲的实践基地，开展了丰富多彩的实践活动，实际上却把实践教育与知识学习、意识培养等割裂开，其实际效用比较低，使大学生创新创业教育实践趋于表面化，影响了教育效果。进一步提高实践的作用，就要从大教育观的目标出发，把实践作为大学生创新创业教育体系中的一环，融入专业教育和人才培养全过程，紧密联系大学生的学科背景和身心特点等，设计和开展创新创业实践活动。

二进一步细化实践教育平台。实践教育平台建设是实践活动得以展开的基本保障。目前，随着国家对创新创业的高度重视，国家、地区、学校都在努力建设实践平台，建成了一批质量较好、影响较大的大学科技园、高校学生创业实习基地、实践教学基地等实践平台。这些实践平台对创新创业教育的开展发挥了巨大作用。但是，当前的实践平台多是粗放式、广谱式的，其针对性、实效性有待提高。创新创业实践能力是高度个性化的能力，需要个性化培养。这就需要建立完善且更具个性化的实践教育平台，既要紧密结合大学生学历层次、年级特征等因

素，从纵向上分层设计创新创业实践活动平台，又要结合大学生的创新创业能力的内容维度、发展水平、成长需求等因素，从横向上分类设计创新创业实践活动平台。

三加强实践中的教育引导。当前，高校开展的创新创业实践教育活动主要是创业讲座、论坛、模拟实践等，更多定位于实质性的经营活动或是一般性的社会实践，过多偏重于创业知识的传递，其目标是培养职业经理人或白领，而不是真正的创业者。这种简单的知识传递把创新与创造平庸化为单纯的技巧与操作，忽略了创新能力和创业能力的深层内涵。实际上，创新创业实践活动的价值主要在于促进学生创新创业经验的生成，引导学生在实践的同时深入思考，帮助学生把握创新创业的科学规律以及领悟创新创业成功的真谛。这种生成和领悟是一个很艰难的过程，不仅需要学生自身积极主动，更需要辅之以高质量的教育指导。这就对教师的素质提出了更高要求。目前，我国大学生创新创业教育师资主要是学生就业工作人员以及部分商学或经济学的专职教师。这些教师有完善的创新创业的知识体系，擅长知识传授，但受工作岗位和个人经历等的限制，一般缺乏创新创业的实战经验。这样的师资队伍很难在学生实践过程中给予有效的教育引导，从这个意义上讲，师资队伍建设成为大学生创新创业实践教育中亟待解决的核心问题。我国要尽快打造一支集理论和实践于一身的教师队伍，进而加强创新创业实践中对学生的教育引导。

参考文献

[1] 中共中央马克思恩格斯列宁斯大林著作编译局 . 马克思恩格斯选集 [M]. 北京：人民出版社，2012.

[2] 中共中央马克思恩格斯列宁斯大林著作编译局 . 列宁全集 [M]. 北京：人民出版社，1990.

[3] 彼得·德鲁克 . 创新与企业家精神 [M]. 蔡文燕，译 . 北京：机械出版社，2007.

[4] 杰弗里·蒂蒙斯，小斯蒂芬·斯皮内利 . 创业学（第 6 版）[M]. 周伟民，吕长春，译 . 北京：人民邮电出版社，2005.

[5] 高文兵 . 大学生创业教育的研究与实践 [M]. 长沙：湖南人民出版社，2012.

[6] 马斯洛 . 人的潜能和价值 [M]. 林方，译 . 北京：华夏出版社，1987.

[7] 维克多·黄，格雷格·霍洛维茨 . 硅谷生态圈：创新的雨林法则 [M]. 诸葛越，许斌，林祥，等，译 . 北京：机械工业出版社，2015.

[8] 约瑟夫·熊彼特 . 资本主义、社会主义和民主 [M]. 吴良健，译 . 北京：商务印书馆，1999.

[9] 吴霁虹 . 众创时代 [M]. 北京：中信出版社，2015.

[10] 约瑟夫·熊彼特 . 经济发展理论 [M]. 郭武军，吕阳，译 . 北京：华夏出版社，2015.

[11] 拉里·法雷尔 . 创业时代——唤醒个人、企业和国家的创业精神 [M]. 李政，杨晓非，译 . 北京：清华大学出版社，2006.

[12] 高志宏，刘艳 . 创新创业教育的理论与实践 [M]. 南京：东南大学出版社，2012.

[13] 顾庆良 . 企业家和创新创业精神 [M]. 北京：北京大学出版社，2016.

[14] 黄兆信，王志强 . 地方高校创业教育转型发展研究 [M]. 杭州：浙江大学出版社，2013.

[15] 梅伟惠.美国高校创业教育研究[M].杭州：浙江出版联合集团，2010.

[16] 李时椿，常建坤.创新与创业管理：理论·实战·技能[M].南京：南京大学出版社，2014.

[17] 李时椿，常建坤，杨怡.大学生创业与高等院校创业教育[M].北京：国防工业出版社，2004.

[18] 刘宝存.大学理念的传统与变革[M].北京：教育科学出版社，2004.

[19] 马健生.创新与创业：21世纪教育的新常态[M].济南：山东教育出版社，2015.

[20] 钱贵晴，刘文利.创新教育概论[M].北京：北京师范大学出版社，2009.

[21] 孙德林.创新创业多样化人才培养模式研究——基于"本科教学工程""专业综合改革"视角[M].北京：科学出版社，2014.

[22] 孙敬全，孙柳燕.创新意识[M].上海：上海科学技术出版社，2010.

[23] 谭蔚沁，林德福，吕萍.大学生创业教育概论[M].昆明：云南大学出版社，2011.

[24] 谢志远，吕一军，邹良影.大学生创业教育转型发展研究[M].杭州：浙江大学出版社，2012.

[25] 徐丽华，吴文胜，傅亚强.教师与学生创新行为的发展[M].北京：教育科学出版社，2011.

[26] 曾昭薰，陈岩.创业教育概论[M].长沙：湖南人民出版社，2005.

[27] 张昊民，马君.高校创业教育研究——全球视角与本土实践[M].北京：中国人民大学出版社，2012.

[28] 张家祥，钱景舫.职业技术教育学[M].上海：华东师范大学出版社，2001.

[29] 中国电子学会教育工作委员会.创新人才培养与实践教学改革[M].成都：电子科技大学出版社，2008.

[30] 李莉丽.我国大学生创业教育运行机制研究[M].济南：山东大学出版社，2009.

[31] 陈迎炜.中国社会创业案例集[M].北京：北京大学出版社，2013.

[32] 刘帆.大学生KAB创业精讲[M].北京：知识产权出版社，2013.

[33] 曹胜利，雷家骕.中国高校需要怎样的创新创业教育[N].中国教育报，2010-01-13（005）.

[34] 陈翠荣.大学创新教育实施困境的博弈分析[J].中国高教研究，2014（7）：81-84.

[35] 王殿文.新时代大学生创业精神的内涵、特征及辨析 [J]. 创新与创业教育，2018，9（6）：32-37.

[36] 陈汉聪，邹晓东.发展中的创业型大学：国际视野与实施策略 [J]. 比较教育研究，2011（9）：32-36+59.

[37] 陈奎庆，毛伟，袁志华.创业教育与专业教育融合的模式及实现路径 [J]. 中国高等教育，2014（22）：48-50.

[38] 陈宓宓.论产业结构升级背景下高校创业教育的实施 [J]. 继续教育研究，2016（3）：28-30.

[39] 陈夙，项丽瑶，俞荣建.众创空间创业生态系统：特征、结构、机制与策略——以杭州梦想小镇为例 [J]. 商业经济与管理，2015（11）：35-43.

[40] 吴恺，袁芳逸.论我国大学生创业教育的优化对策 [J]. 河北青年管理干部学院学报，2018，30（6）：58-62.

[41] 陈文，赖炳根，关福远.德国高校创业教育特点及启示 [J]. 学校党建与思想教育，2012（10）：93-94.

[42] 邓汉慧，刘帆，赵纹纹.美国创业教育的兴起发展与挑战 [J]. 中国青年研究，2007（9）：10-15.

[43] 邓淇中，周志强.大学生创新创业教育体系的问题与对策 [J]. 创新与创业教育，2014（1）：33-35.

[44] 吴立爽.创业环境对大学生创业意愿的影响研究——以在杭高校 2114 名大学生为例 [J]. 高等工程教育研究，2019（1）：184-189.

[45] 邓新民.自媒体：新媒体发展的最新阶段及其特点 [J]. 探索，2006（2）:134-138.

[46] 丁波，叶树江，蒲明.应用型本科院校创新创业教育的问题与对策研究 [J]. 黑龙江教育学院学报，2012，31（5）：10-11.

[47] 黄唯.服务区域经济发展与高校创业教育创新 [J]. 煤炭高等教育，2011，29（5）：77-79.

[48] 李慧勤，郭晓静.国外创新教育的发展及对我国的启示 [J]. 中国地质教育，2005，14（3）：125-127.

[49] 李家华，卢旭东.把创新创业教育融入高校人才培养体系 [J]. 中国高等教育，2010（12）：9-11.

[50] 李桃，马书琴，李增梅.我国高校创业教育健康发展问题探讨——基于外部环境建设视角 [J]. 企业家天地（下旬刊），2009（8）：161-162.

参考文献

225

[51] 李霆鸣.新加坡创业教育的发展及其对我国高校的启示 [J].职业技术教育，2008，29（7）：86-89.

[52] 李燕.从杜威的"从做中学"角度看我国的职业教育 [J].科教导刊（上旬刊），2014（3）：4-5.

[53] 林钟鹤.韩国高校创业教育发展与创新——以五所"创业研究生院"为例 [J].比较教育研究，2013（5）：63-67.

[54] 刘碧强.英国高校创业型人才培养模式及其启示 [J].高校教育管理，2014，8（1）：109-115.

[55] 刘刚，李强治.创业活动与中国经济增长的区域差异分析 [J].中共天津市委党校学报，2012（1）：61-67.

[56] 刘军.高校"创新创业"教育的内涵、问题与改革路径探析 [J].高教学刊，2016（10）：31-32.

[57] 刘敏.法国创业教育研究及启示 [J].比较教育研究，2010（10）：72-75.

[58] 刘伟.高校创新创业教育人才培养体系构建的思考 [J].教育科学，2011，27（5）：64-67.

[59] 欧阳伦四，郭岚.对我国高校创业教育课程体系现存问题的思考 [J].职教论坛，2011（9）：74-76.

[60] 彭文博.创新创业教育课程体系建设的探索与实践 [J].创新与创业教育，2010，1（4）：55-57.

[61] 邱化民，赵春雪，呼丽娟.主体性发展视角下的大学生创新创业教育研究 [J].北京教育（高教版），2015（10）：30-33.

[62] 沈东华.英国高校创业教育的发展历程与反思 [J].当代青年研究，2014（4）：124-128.

[63] 沈陆娟.美国社区学院全校性创业教育策略评析 [J].比较教育研究，2014（2）：53-59.

[64] 石巧君，雷虹，吴丹.促进大学生创业竞赛良性发展管窥 [J].创新与创业教育，2013（4）：98-101.

[65] 孙珂.21世纪英国大学的创业教育 [J].比较教育研究，2010（10）：67-71.

[66] 王文熙.新常态下大学生创业观的引导与教育 [J].现代交际，2019（1）：129-130.

[67] 孙晓萤.德国职业教育对我国职业教育发展的启示 [J].教学研究，2006，29（5）：384-387.

[68] 唐晓曦.杜威的"从做中学"对职业教育教学模式改革的启示[J].新课程研究(职业教育),2008(10):10+16.

[69] 王东明,刘姬冰.大学生创新创业教育存在的问题与对策研究[J].河北软件职业技术学院学报,2014,16(4):24-27.

[70] 王革,刘乔斐.高等学校一种新的教育理念——《中国大学创新创业教育发展报告》述评[J].中国高教研究,2009(9):56-57.

参考文献